JN356095

교토에 반하다

초판 인쇄일 _ 2014년 6월 20일
초판 발행일 _ 2014년 6월 27일
글 _ 송옥희
사진 _ 송옥희·김경우
발행인 _ 박정모
발행처 _ 도서출판 혜지원
주소 _ 서울시 동대문구 장안 1동 420-3호
전화 _ 02)2212-1227
팩스 _ 02)2247-1227
홈페이지 _ http://www.hyejiwon.co.kr

기획 _ 송유선
디자인 _ 이미소
영업마케팅 _ 김남권, 황대일, 서지영
ISBN _ 978-89-8379-823-7
정가 _ 16,000원

Copyright©2014 by 송옥희, 김경우 All rights reserved.
No Part of this book may be reproduced or transmitted in any form,
by any means without the prior written permission of the publisher.

이 책은 저작권법에 의해 보호를 받는 저작물이므로 어떠한 형태의 무단 전재나 복제도 금합니다.
본문 중에 인용한 제품명은 각 개발사의 등록상표이며, 특허법과 저작권법 등에 의해 보호를 받고 있습니다.

● 잘못 만들어진 책은 구입한 서점에서 교환해 드립니다.

이 도서의 국립중앙도서관 출판시도서목록(CIP)은 서지정보유통지원시스템 홈페이지(http://seoji.nl.go.kr)와
국가자료공동목록시스템(http://www.nl.go.kr/kolisnet)에서 이용하실 수 있습니다.(CIP제어번호: CIP2014017672)

PROLOGUE

"또 일본 가?"
"갔던 곳을 왜 또 가? 다른데 가!"
"모은 돈이 많은가 봐?"

귀에 딱지가 생길 정도로 많이 받는 질문들이다. 갔던 곳을 또 가는 건 일주일을 머물러도 그곳을 모두 둘러볼 수 없기 때문이다. 그만큼 그 도시의 매력에 빠져 버렸고, 더 알고 싶어졌기에 가고 또 가는 것이다. 만약 그 도시가 나를 설레게 하지 않았다면 내 손에 항공권을 쥐어 줘도 가지 않았을 것이다.

내 마음을 통째로 사로잡아 버린 일본의 도시는 바로 교토이다. 처음엔 일본 여행에 대한 동경이 있었기에 단순히 일본 땅이라도 밟아 보자는 마음에 부산에서 배를 타고 3일간 후쿠오카 여행을 다녀왔다. 두 번째 일본 여행에서는 좀 더 멀리 가 보고 싶은 생각에 비행기를 타고 오사카로 향하였다. 다들 여행하듯이 오사카, 교토, 나라, 고베를 4박 5일 동안 즐길 수 있었지만 하나를 보더라도 제대로 보고 싶어 오사카에 모든 일정을 투자하였다. 하지만 딱 하루, 그 하루는 교토에 양보했다. 바로 그 하루의 여행이 나를 '교토쟁이'로 만들어 버릴 줄은 상상도 하지 못했다.

비 오듯 땀이 흘러내리던 7월 초. 미치도록 무덥던 날 나는 교토와 운명적으로 만났다. 눈부실 정도로 밝은 연둣빛이 햇살 아래 싱그럽게 반짝였고, 그 빛이 마치 교토 전체를 감싸 안은 것만 같았다. 나는 그런 여름날의 교토에 홀딱 반해 버렸다. 교토와의 첫 만남이 너무 더웠던 기억들로만 머릿속에 깊이 자리 잡아 버렸지만, 그 기억들이 너무나 강렬해서 두 번째 교토 여행을 시작하게 되었다. 주변에선 '시집 갈 나이에 돈 다 모아 놓고 해외여행 가냐?'라는 말을 하곤 하지만 여행은 하고 싶을 때 하는 것이라고 당당히 말했다. 그리고 좋아할 수 있을 때 하는 것이라고. 누구나 할 수 있는 것이라고. 매일같이 열심히 일해도 연봉 2000만 원도 안 되지만 술 마실 돈, 쇼핑할 돈을 아끼고 아껴서 내가 가장 좋아하고 우선시하는 교토 여행을 하는 것일 뿐이다. 교토를 간다는 생각 자체만으로도 그동안의 걱정과 고민이 다 사라지는 것 같고 교토에 발을 내딛는 순간 '난 행복한 여자야'라는 생각에 빠져든다. 여행하며 부족한 부분도 많았고, 돌아오는 길은 늘 아쉬웠지만 그 아쉬움 속에서도 만족스러웠다. 셀 수도 없는 날들을 교토에서 보내며 배워 나가고, 스스로 반성하게 될 정도로 느껴지는 것들이 많았다. 역사가 가득한 교토의 옛 모습을 지켜내려는 마음들이 교토를 더욱 아름답게 빛내 주는 듯했다. 마치 시계 바늘을 억지로 느리게 돌아가도록 설정해 놓은 것처럼 교토의 시간은 '느릿느릿' 흘러갔다.

이 책을 준비하면서 매 순간이 힘들었지만 그동안 알지 못했던 것들을 알게 되는 공부가 되었다. 교토를 많이 알고 있다고 생각했지만 많이 부족하다는 것도 깨달았으며, 더 많이 알아야겠다는 목표도 생겼다. 내가 알고 있는 교토, 수많은 여행을 통해서 내가 느꼈던 교토에 관한 이야기를 하면서 내가 얼마나 교토에 푹 빠져 버렸는지 다시 한 번 느낄 수 있는 영광스러운 행복이었다. 이 책을 만들 수 있게 혜지원과의 인연을 만들어 준 김경우 님과 뒤에서 응원해 주던 모든 이들에게 감사를 드리며….

나는 오늘도, 그리고 내일도 교토로 떠난다. 앞으로도 나는 아마 계속 교토로 향할 것이다. 아직도 알고 싶은 곳들이 많기 때문에. 추억이 되어 버린 곳에서 그 추억들을 다시 마주하고 싶기 때문에. 그리고 교토에서의 또 다른 당당한 내 모습을 마주하고 싶기 때문에.

교토를 향한 진한 가슴앓이는 지금까지도 이어나가고 있는 중이다. 이 가슴앓이가 언제 끝날까라는 생각은 하지 않는다. 현재의 난 교토와의 사랑이 진행 중이니까.

저자 송옥희

• contents •

Prologue ⋯ 004
일본 전체 지도 ⋯ 010
교토 지도 ⋯ 011
교토 버스 노선도 ⋯ 012
교토 전철·지하철 노선도 ⋯ 014

chapter 01 진짜 교토 마니아라면 꼭!
난젠지+긴카쿠지 지역

001_긴카쿠지銀閣寺 ⋯ 020
002_데츠가쿠노미치哲学の道 ⋯ 026
003_난젠지南禅寺 ⋯ 032
004_에이칸도永観堂 ⋯ 038
005_무린안無燐庵 ⋯ 043
006_헤이안진구平安神宮 ⋯ 047
007_시센도詩仙堂 ⋯ 053
008_엔코지圓光寺 ⋯ 060
Special Tip_후회 없는 교 마치야 카페 ⋯ 068

chapter 02 교토 여행의 파워 1번지
기요미즈데라 지역

009_기요미즈데라清水寺 ⋯ 078
010_네네노미치ねねの道, 이시베코지石塀小路,
　　　니넨자카二年坂, 산넨자카三年坂 ⋯ 084
011_쇼렌인青蓮院 ⋯ 090
012_고다이지高台寺 ⋯ 094
013_야사카진자八坂神社, 지온인知恩院 ⋯ 100
014_마루야마 공원円山公園 ⋯ 106
Special Tip_교토에 있는 세계문화유산 ⋯ 110

chapter 03 교토의 꽃이자 번화가
기온+교토 시가지 지역

015_하나미코지花見小路 … 122
016_겐닌지建仁寺 … 128
017_미야가와초宮川町 … 132
018_본토초先斗町, 시조가라와마치四条河原町 … 137
019_니시키 시장錦市場 … 146
Special Tip_벚꽃, 단풍철 베스트 5 … 152

chapter 04 교토의 영혼이 숨 쉬는 곳
교토교엔 지역

020_교토고쇼京都御所, 교토교엔京都御苑 … 160
021_니조조二条城 … 169
022_신센엔神泉苑 … 174
023_니시진오리 회관西陣織会館 … 177
024_교토국제만화박물관京都国際マンガミュージアム … 182
025_교토부립식물원京都府立植物園
　　교토부립 도판 명화의 정원京都府立陶板名画の庭 … 186
Special Tip_교토의 마츠리(축제) 정보 … 194

chapter 05 고풍스러움과 첨단이 공존하는 곳
교토 역 지역

026_교토타워京都タワー, 교토 역京都駅 … 202
027_교토국립박물관京都国立博物館 … 206
028_도지東寺 … 210
029_교토수족관京都水族館 … 215
Special Tip_교토에서만 할 수 있는 쇼핑 정보 … 220

chapter 06 신과 술이 함께 숨 쉬는 고장
후시미 지역

030_도후쿠지東福寺 … 228
031_센뉴지泉涌寺 … 231
032_후시미이나리타이샤伏見稲荷大社 … 235
033_후시미伏見 … 242
034_다이고지醍醐寺 … 250
035_이와시미즈하치만구石清水八幡宮 … 255
Special Tip_교토의 다양한 티켓 디자인 … 260

chapter 07 낭만이 넘치는 오래된 골목
료안지+킨카쿠지 지역

036_킨카쿠지金閣寺 … 268
037_료안지龍安寺 … 273
038_닌나지仁和寺 … 279
039_묘신지妙心寺 … 285
040_기타노텐만구北野天満宮 … 291
041_히라노진자平野神社 … 296
042_코류지広隆寺 … 300
Special Tip_교토에서 즐기는 체험 정보 … 304

chapter 08 산에서 부는 산들바람 같은 곳
아라시야마+사가노 지역

043_치쿠린竹林, 노노미야진자野宮神社 … 314
044_텐류지天龍寺, 도게츠쿄渡月橋 … 320
045_사가노 도롯코嵯峨野トロッコ … 326
046_아라시야마 몽키파크嵐山モンキーパーク … 334
047_조잣코지常寂光寺 … 338
048_세이료지清凉寺 … 343
049_다이카쿠지大覚寺 … 347

chapter 09 | 교토의 자연에 묻혀 힐링하는 곳
오하라+우지+구라마 지역

050_산젠인三千院 … 358
051_호센인宝泉院 … 363
052_잣코인寂光院 … 369
053_보도인平等院 … 374
054_우지가미진자宇治上神社, 우지진자宇治神社 … 381
055_구라마鞍馬, 기부네진자貴船神社 … 386

chapter 10 | 교토 밖의 교토를 만나다
교토 외곽 지역

056_아마노하시다테天橋立 … 398
057_나가오카쿄長岡京 … 406
058_미야마초 가야부키노사토美山町かやぶきの里 … 411
059_간센지岩船寺, 조루리지浄瑠璃寺 … 415
060_엔랴쿠지延暦寺 … 419
Special Tip_주변 도시 정보 … 424

about kyoto … 433
index … 455

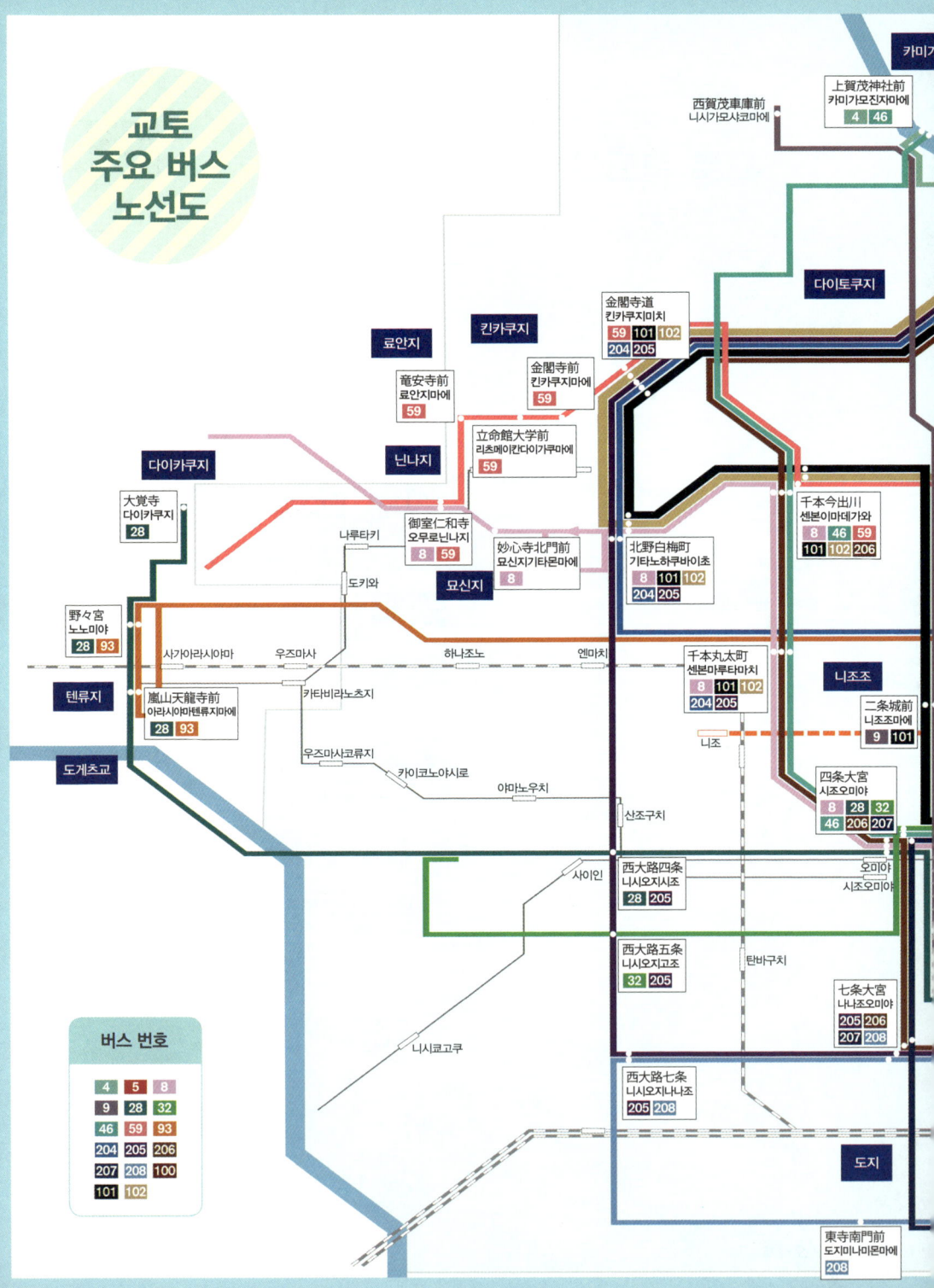

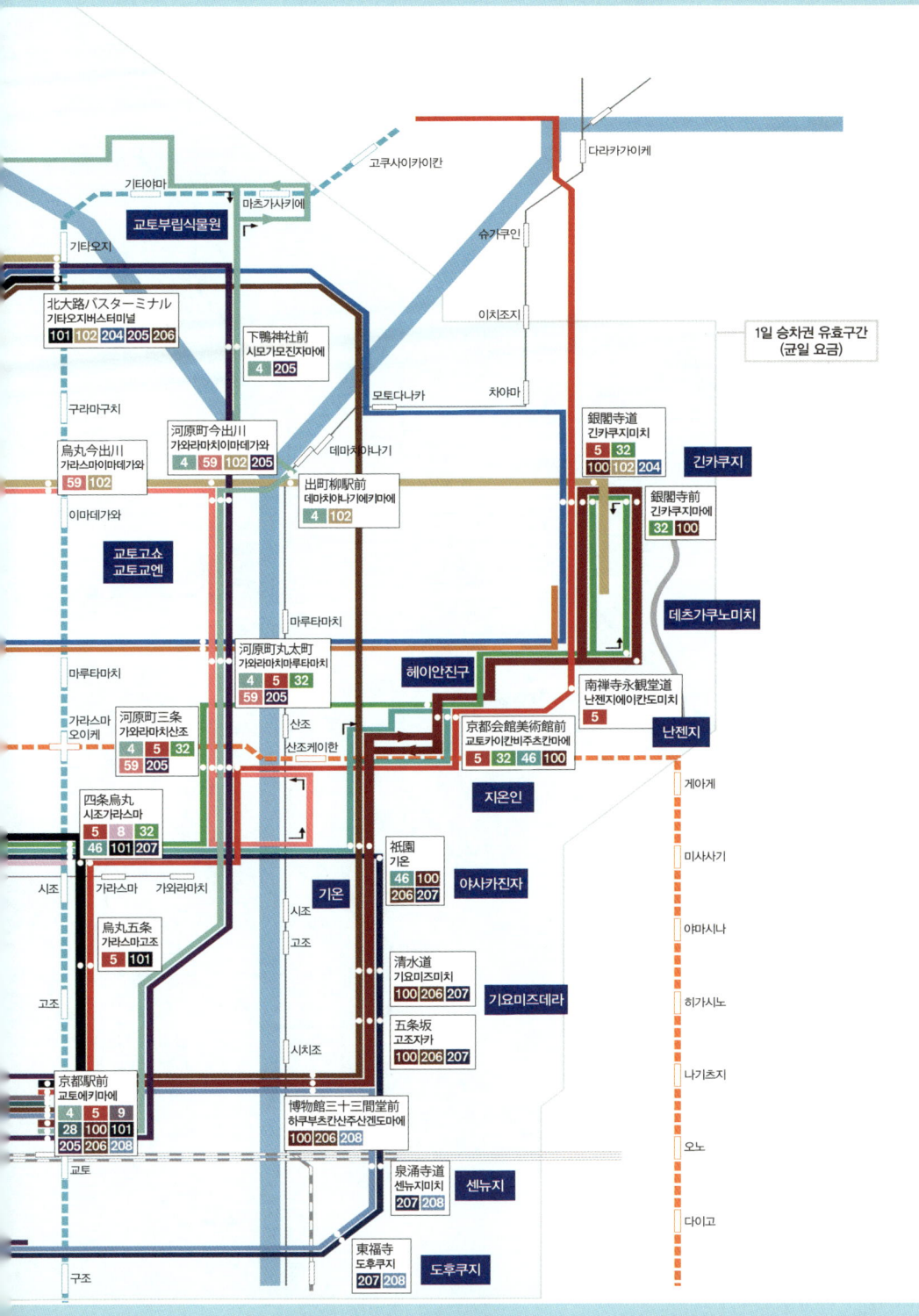

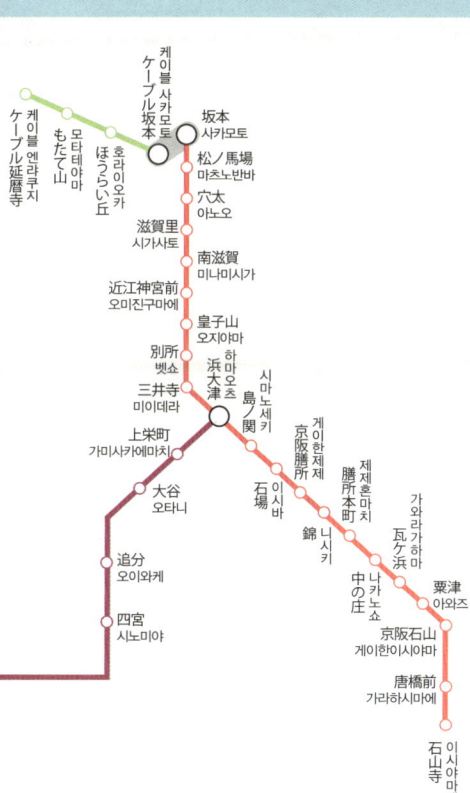

▬▬	叡山電鉄鞍馬線　에이잔 전철 구라마센
▬▬	叡山電鉄叡山本線　에이잔 전철 에이잔혼센
▬▬	京阪鴨東線　게이한오토센
▬▬	京阪本線　게이한혼센
▬▬	地下鉄烏丸線　시영지하철 가라스마센
▬▬	地下鉄東西線　시영지하철 도자이센
▬▬	近鉄京都線　긴테츠교토센
▬▬	京阪宇治線　게이한우지센
▬▬	京福電鉄北野線　게이후쿠 전철 기타노센
▬▬	京福電鉄嵐山本線　게이후쿠 전철 아라시야마혼센
▬▬	阪急嵐山線　한큐아라시야마센
▬▬	阪急京都線　한큐교토센
▬ ▬	JR嵯峨野線　JR사가노센
▬ ▬	JR京都線　JR교토센
▬ ▬	JR奈良線　JR나라센
▬▬	京津線　게이신센
▬▬	石山坂本線　이시야마사카모토센
▬▬	比叡山坂本ケーブル　히에이잔 사카모토 케이블
◯	환승구간

* 에이칸도

 도보 이동
 지하철·전철 이동
 버스 이동

PLAN 01. 7~8시간 코스

START → 긴카쿠지 銀閣寺 → 데츠가쿠노미치 哲学の道 → 난젠지 南禅寺 → 에이칸도 永観堂 → 무린안 無鄰庵 → 헤이안진구 平安神宮 → END

PLAN 02. 7~8시간 코스

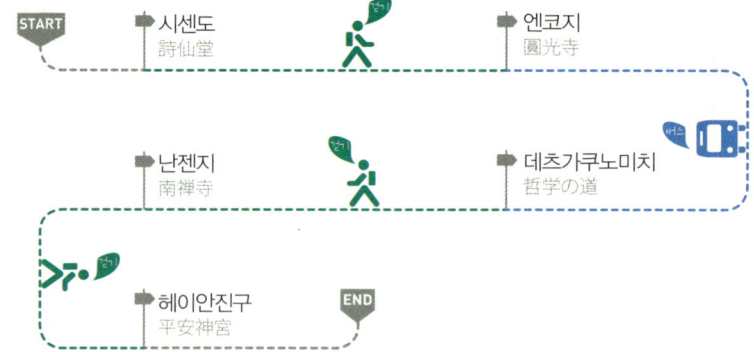

START → 시센도 詩仙堂 → 엔코지 圓光寺 → 난젠지 南禅寺 → 데츠가쿠노미치 哲学の道 → 헤이안진구 平安神宮 → END

★ 단풍 명소

001.
>>>>>>>>>>>

완성되지 않았지만
완성체보다 더 아름답다는
'와비사비'의 백미

_긴카쿠지 銀閣寺

> **간단정보**
>
> **주소** 京都府京都市左京区銀閣寺町2　**전화번호** 075-771-5725
> **홈페이지** www.shokoku-ji.jp　**이용시간** 3월~11월 08:30~17:00, 12월~2월 09:00~16:30
> **이용요금** 고등학생 이상 500엔, 초·중학생 300엔
> **찾아가는 길** 교토 역에서 버스 5, 17, 100, 203 또는 킨카쿠지金閣寺 C정류장에서 버스 102, 204번 타고 긴카쿠지미치銀閣寺道에서 하차 후 도보 10분 소요

　　우리말로 은각사, 일본 발음으로는 긴카쿠지라고 해 항상 '킨카쿠지(금각사)'와 헛갈리는 곳이 긴카쿠지다. '금은동'의 우선순위대로라면 긴카쿠지보다 그 서열이나 수준이 "한 수 아래요"라고 생각될 수도 있지만 천만의 말씀! 긴카쿠지란 이름은 킨카쿠지보다 서열이 아래여서가 아니라 절을 세운 아시카가 요시마사足利義政란 쇼군이 본래 절의 외관을 은으로 덮으려 했던 계획에서 온 것이다. 결국 그 계획은 실현되지 못하고 평범한 목조건물이 되어 버렸지만 교토 사람들은 애칭으로 긴카쿠지란 이름을 붙였다.

　　공식적인 명칭은 '히가시야마지쇼지東山慈照寺'이며(관광객들은 아무도 그렇게 부르지 않지만) 교토 시 사쿄 구에 위치하고 있는 500년이 넘는 연혁을 자랑하는 절이다. 교토의 17개 세계문화유산 중 하나이며 긴카쿠란 이름이 붙은 관음전은 일본의 국보다. 그만큼 '짱짱'한 이력을 갖추기도 했지만 긴카쿠지가 여행명소로 갖고 있는 매력요소는 그 본연의 아름다움과 하루 여행일정의 시작점이나 마무리 장소로 선택하기 좋은 위치의 편의성에 있다.

　　긴카쿠지의 진정한 아름다움은 관음전보다 정원에 있다고 할 수 있다. 대나무와 돌담의 조화로운 길을 따라 들어가면 모래 정원이 나타나는데, 정원 가운데에 솟아 있는 고게츠다이向月台는 모래와 물만으로 쌓아 올린 것이다. 일본의 모래 정원 양식인 카레산스이枯山水의 으뜸이라 일컬어지는 료안지龍安寺의 정원에 비해서도 손색없는 정형미를 갖추고 있다. 정원 위로는 어른 팔뚝만 한 굵기의 대나무 숲과 언덕을 빼곡하게 메운 이끼 동산이 어우러져 균형미를 이룬다.

모래 언덕인 고게츠다이는 이 사찰을 지은 아시카가 요시마사가 밤에 달빛을 감상하기 위해 만든 것이라고 한다. 긴카쿠지가 밤에는 출입이 금지되기 때문에 애잔한 달빛이 칼로 끊은 듯한 모래 언덕의 모서리에 날카롭게, 또는 은은하게 비출 그 아름다움을 상상만 할 수밖에 없어 아쉬울 따름이다.

　긴카쿠지에서 가장 매력적인 촬영 포인트도 이 모래 언덕인데 사진도 사진이지만 긴카쿠지를 건설한 요시마사의 인생 내력에 비추어서 감상한다면 뷰파인더로 본 풍경 이상의 감흥이 느껴지겠다. 무로마치 막부의 8대 쇼군이었던 아시카가 요시마사는 정치보다는 문화에 심취했던 군주. 정

23
/
난젠지 + 긴카쿠지 지역

사보다는 긴카쿠지 건축을 비롯한 건설 사업과 향연에 관심이 많았던 그는 후계 문제에서도 불협화음을 많이 일으켰다고 한다. 자신의 후사를 동생에게 물려 주려 하다 다시 자신의 아들인 요시히사를 후계자로 선택하는 등 우유부단한 태도로 다이묘(부하 성주)들의 불만이 많았다고 한다.

그런 위기도 아랑곳하지 않은 채 요시마사는 1460년 무렵 자신이 은퇴 후에 살 저택과 정원을 만들 계획을 세우고 긴카쿠지를 건설하기 시작하는데 1467년 후계 문제로 부하들이 일으킨 '오닌의 난' 때문에 절은 절반 정도 완성된 채 무기한 연기되었다. 은으로 덮은 구조물을 건설하려던 요시마사의 계획은 그가 죽기 전까지 실현되지 못하고 절의 현재의 모습은 요시마사가 마지막으로 보았던 모습과 같다고 여겨진다. 이러한 긴카쿠지의 미완성된 모습은 '모자란 듯 완성된 것에 비해 열등하지만 그 소박한 대로의 아름다움'이라는 일본의 미학인

'와비사비わび·さび'의 대표적 예로 꼽히기도 한다. 이후 요시마사의 말년은 불행. 결국 후계자가 된 아들 요시히사는 전쟁에서 죽고, 자신은 결국 1485년 불교로 귀의하여 승려가 되고 긴카쿠지의 누각에서 정원의 고요함을 감상하며 말년을 보냈다고 한다.

1490년 그가 죽은 뒤 저택의 목적으로 건설했던 긴카쿠지는 정식으로 불교 사찰이 되었고, 그의 불교명인 '지쇼지'라는 이름이 붙여졌다고. 그래서 일본의 전설적 정원건축가 소아미에 의해 설계된 것으로 추정되는 긴카쿠지의 모래 언덕은 그의 인생 역정과 오버랩되며 더 애잔한 매력이 느껴지는 것이다. 관광객 입장에서 '와비사비'라는 멜랑콜리한 일본 미의식을 이해할 수 없지만 요시마사의 인생에 비추어서 보면 와 닿는 느낌이 더 생생할 수밖에 없을 터. 긴카쿠지는 그렇게 미완성된 채로 수많은 관광객들을 불러 모으며 현재도 여전히 보수와 증축을 거듭하고 있다.

기억해 둘 것
긴카쿠지 앞에 대기 중인 인력거를 즐겨 보는 것도 또 하나의 추억이다.

포토 TIP. 긴카쿠지 사진 따라잡기!
미션 1 : 금동 봉황과 함께 카레산스이 모래 정원을 기품 있게 담아 보자.
미션 2 : 긴카쿠지 입구 앞의 미남 인력거꾼을 포커스해 찍어 보자.
미션 3 : 대자연 속에 아기자기하게 조성된 이끼 정원을 아름답게 찍어 보자.

✿ 벚꽃 명소 ✿ 단풍 명소

002.
>>>>>>>>>>>

교토에서
산책하기 가장 좋은
아름다운 길

_데츠가쿠노미치
哲学の道

> **간단정보**
>
> 주소 京都府京都市左京区大原来迎院町
> 찾아가는 길
> - 버스 5, 17, 100, 203번 타고 긴카쿠지미치銀閣寺道에서 하차 후 도보 5분
> - 버스 5번 타고 난젠지에이칸도미치南禅寺永観堂道에서 하차 후 도보 10분

번잡스러운 벚꽃놀이의 행락객들, 줄을 이은 수학여행 학생들, 카메라 렌즈가 아니면 세상을 보는 법을 잊어버린 관광객들, 교토는 이렇게 수많은 방문객들로 어지럽다. 그럼에도 모퉁이를 돌아가면 고즈넉한 강변과 아무도 들여다보지 않는 숲길, 백 년은 족히 넘은 듯한 침묵이 기다리고 있다. 교토가 수많은 문학인들의 산실이자, 책 한 권을 들고 오는 게 자연스러운 사색의 여행지가 되고 있는 이유다.

교토를 배경으로 하는 판타지 소설을 꾸준히 발표해 '교토의 소설가'라는 별명을 얻은 모리미 도미히코는 누군가 그에게 가장 교토다운 곳을 묻자 '철학의 길(일본어로 데츠가쿠노미치)'이라고 답했다. 참 고상한 이름이기도 하지. 앞장에 소개한 긴카쿠지銀閣寺에서 뒷장에 소개할 에이칸도永観堂로 이어지는 이 오솔길은 20세기 초반 일본에 서양철학을 들여온 교토대 철학교수 니시다 키타로가 즐겨 걷던 길이라 하여 이런 이름을 얻었다. 드문드문 작은 가게와 카페들이 기다리고 있는 이 벚나무길은 교토다운 차분함을 대표하는 장소이다.

철학의 길은 그 많고 많은 교토의 명소들에 비하면 특별한 볼거리가 있는 것도 아니고, 굉장한 유적이 있는 것도 아니다. 그러나 벚꽃이 만개한 봄, 신록이 싱그러운 여름, 불타는 듯한 단풍이 물드는 가을, 소복이 눈이 쌓이는 겨울 등 사시사철 소박한 아름다움을 보여주는 철학의 길은 그 아늑함 한 가지만으로도 엄청난 인파를 모으는 곳이니 관광객을 끄는 인력 면에서 가장 불가사의한 강도를 가진 곳이라 할 수 있겠다.

철학의 길이 명소가 되면서 일부러 이곳만을 찾기 위해 교토의 사쿄 구를 찾는 관광객도 있고 이 길만 걷고 정작 이 지역의 최고 명소인 긴카쿠지와 난젠지, 에이칸도 등을 방문하지 않는 촌극이 펼쳐지기도 한다. 철학의 길만 찾아 걸어도 꽤 괜찮은 여행의 시간이 되지만 이왕이면 아침부터 저녁까지 하루 정도 일정을 할애해 처음에 긴카쿠지를 구경하고, 이 철학의 길을 걸은 뒤 난젠지나 에이칸도 등의 명사찰을 찾으면 무척 충만한 하루를 보낼 수 있다(반대로 난젠지 쪽에서 시작해도 좋다).

긴카쿠지야 세계문화유산으로 지정된 두말할 필요가 없는 사찰이요, 난젠지나 에이칸도도 사시사철(특히 가을) 고풍스럽고 아름다운 모습으로 둘째가라면 서러울 명소로서 철학의 길이 아니더라도 꼭 찾아야 할 교토의 베스트 명소들. 항상 관광객으로 붐비는 곳인 만큼 이른 아침 난젠지 쪽을 찾아 한적함 속에서 사찰의 운치를 만끽한 다음, 철학의 길에서 산책을 하고, 아기자기한 식당이나 카페가 많은 철학의 길에서 점심식사를 한 뒤, 조금은 붐비는 듯한 느낌이 좋은 긴카쿠지를 구경하고 하루 코스를 마감하는 일정을 추천한다.

연중 언제 찾아도 좋은 철학의 길은 여름과 겨울에 상대적으로 한산해 100년 전 철학을 하며 여유롭게 사색을 즐겼을 니시다 기타로처럼 한적하게 타지에서 상념과 번뇌를 흘러가는 수로 속으로 던져 버릴 사색의 시간을 가질 수 있다. 벚꽃이 만발하는 봄철, 특히 4월 초가 사람이 가장 많이 찾는 시기지만 붉고 노란 단풍이 철학의 길 일대와 사찰을 물들이는 가을철(특히 11월 말)이 사실 최고의 방문 시점이다.

    철학의 길에는 울창한 벚나무길 사이사이로 젊은 여자 관광객들의 열광적인 지지를 받을 수 있는 아기자기하고 조그마한 소품가게들이나 카페들이 많다. 그리고 골목 구석구석에서 귀여운 길고양이들도 만날 수 있다. 번잡한 관광지가 싫은 사람이라면 철학의 길 쪽에 시간을 많이 할애해 교토뿐 아니라 전 일본에서도 하나밖에 없다는 오미야게(기념품)나 수제 의류들을 사도 좋고, 수로에서 흐르는 물소리와 함께 수려한 산수를 감상하며 식사나 차를 즐기는 낭만을 즐겨 봐도 좋겠다.

기억해 둘 것

- 긴카쿠지에서 난젠지까지 천천히 거닐면 한 시간 정도 소요된다.
- 최근 길고양이 마차가 생겨 그곳에서 여유롭게 시간을 보내고 있는 길고양이들을 볼 수 있다. 고양이를 좋아한다면 간식 등을 준비해서 주는 것도 좋을 듯하다.

포토 TIP. 테츠가쿠노미치 사진 따라잡기!

미션 1 : 철학자의 길 사이의 수로를 중심으로 피어난 벚나무, 단풍나무의 모습을 수로와 함께 찍어 보자.
미션 2 : 곳곳의 빈티지한 카페, 길고양이 등의 소소한 풍경을 담아 보자.

● 데츠가쿠노미치 근처에서 차을 마신다면?
　인근 맛집 베스트

마이코의 얼굴이 담긴 차 한 잔을 맛볼 수 있는 곳
── **요지야 카페 긴카쿠지점**よーじやカフェ銀閣寺店

주소 本京都府京都市左京区鹿ケ谷法然院町15
전화번호 075-754-0017
홈페이지 www.yojiyacafe.com
오픈 시간 10:00~18:00(화요일 휴무, 공휴일인 경우에는 영업)
추천 메뉴 맛차 카푸치노抹茶カプチーノ 630엔
찾아가는 길 긴카쿠지銀閣寺에서 난젠지南禅寺 방면으로 도보 5~10분 소요

스킨케어와 색조라인을 선보이는 요지야는 교토를 대표하는 화장품 브랜드라고 할 수 있다.
요지야에서는 다양한 특색을 갖춘 카페들을 선보이고 있는데,
그중 손꼽히는 카페가 철학의 길에 자리 잡은 요지야 긴카쿠지점이다.
교토의 분위기가 물씬 풍기는 일본식 목조건물에 아담한 산록이 숨 쉬는
정원이 마주하고 있어 그곳에서 창밖 풍경을 바라보며 차 한 잔을 즐길 수 있다.
그래서 교토에 요지야 지점들이 꽤 있음에도 불구하고 늘 줄 서서 기다려야만
들어갈 수 있을 정도로 많은 사랑을 받고 있다.
요지야만의 특색있는 메뉴로는 맛차 라테 또는 맛차 카푸치노가 있는데,
교토의 상징인 마이코상의 얼굴을 본떠서 만든 요지야의 로고가
고스란히 차 한 잔에 담겨 있으니 보는 재미도 쏠쏠하다.
마이코상의 얼굴이 흐트러지지 않도록 조심스레 끝까지 차를 다 마시게 되면
행복이 찾아온다는 재미난 스토리까지 담겨 있는 차 한 잔을 즐기며
잠시 쉬어가는 여유를 느껴 보자.

★ 단풍 명소

003.
>>>>>>>>>>

동양과 서양의
조화로운 아름다움과
조우하다

_난젠지 南禅寺

간단정보

주소 京都府京都市左京区南禅寺福地町86　　**전화번호** 075-771-0365
홈페이지 nanzenji.com
이용시간 3월~11월 08:40~17:00, 12월~1월 08:40~16:30(난젠인/호조 정원/산몬 동일)
이용요금 난젠지 경내 무료, 산몬·호조 정원 : 대인 500엔, 고등학생 400엔, 초·중학생 300엔 /
　　　　　난젠인 : 대인 300엔, 고등학생 250엔, 초·중학생 150엔
찾아가는 길
- 버스 5번 타고 난젠지에이칸도미치南禅寺永観堂道 하차 후 도보 7분
- 시영지하철 도자이센東西線 게아게蹴上 역에서 하차 후 1번 출구로 나와 오른쪽 길로 도보 15분

　한 달을 할애해도(아니, 어쩌면 일 년일지도 모르지!) 교토 안의 수많은 사찰과 신사들을 다 가 보기란 힘들다. 그렇게 대단한 절들이 많은 교토지만 교토 마니아들에게 그중 가장 보석 같은 절을 꼽으라면 아마 많은 이들이 이 난젠지를 꼽으리라. 교토의 시가지에서 조금 동북쪽으로 떨어져 있는 사쿄구를 긴카쿠지 때문에 가는 사람들이 대부분이지만 세계문화유산이라는 유명세를 덜어내고 나면, 사실 긴카쿠지의 매력은 난젠지의 다채롭고 화려한 매력에는 미치지 못한다.

　난젠지는 13세기에 세워진 선종 사찰로서 고려 현종 때 거란의 침입을 물리치기 위해 만든 우리나라 최초의 목판대장경인 초조대장경의 일부를 보관하고 있는 곳으로도 잘 알려져 있다. 난젠지 역시 긴카쿠지처럼 13세기 중반에 일본을 다스리던 가메야마 천황이 은퇴 뒤에 지낼 목적으로 지은 별장인데 곧 선종의 사찰로 변경되었다고. 그런 내력 때문인지 난젠지의 승려들은 1573년 오다 노부나가織田信長에 의해 멸망하기 전까지 200년 넘게 번성하였던 무로마치 막부의 쇼군들과 밀접한 관계를 맺었으며 국정이나 왕실의 행사에도 중대한 역할을 했다고 한다.

　그렇기에 현재까지 역사적으로도 꽤 중요한 절로 알려져 있는데 알 수 없는 역사의 미스터리는 제쳐 두고 사찰 자체의 매혹적인 아름다움만으로도 난젠지

를 찾아야 하는 명분은 충분하다. 특히 사진을 찍는 사람이라면 이준기가 주연으로 등장해 큰 화제가 되었던 한일합작영화 〈첫눈〉(2007년) 등 다양한 영화와 드라마의 로케이션 장소로 인기가 많은 난젠지의 매력에 주목해야 할 터. 방문객을 압도하는 거대함과 아울러 허리를 숙이고 꼼꼼히 찾아봐야 할 소소한 아름다움이 공존할 뿐 아니라, 동양적 색채가 지극히 강한 교토의 사찰 중에서 유일하게 서양의 건축미가 공존하는 곳이기 때문이다.

　난젠지의 입구에 도착하면 가장 먼저 방문자를 맞이하는 존재는 압도적으로 거대한 산몬=門이다. 일본에 주로 뿌리내린 선종의 사찰 양식에서 산몬은 속세와 사찰을 나누는 경계. 22m의 높다란 산몬을 건너고 나면 정말 속세와는 다른 세계가 펼쳐진다. 녹색 양탄자처럼 곱게 깔린 이끼 정원 위로 촘촘하게 이어진 산책로. 그리고 그 사이로 단풍철이면 불타는 듯 고운 색을 보여 주는 갖가지 단풍나무들. 그런 도원경 속에 선명한 보라색 승려들이 가끔 걸어가는 모

습을 보면 셔터를 누르는 손이 절로 바빠지리라. 그 아름다움이 먼 옛날에는 더했는지 일본의 전설적인 도둑 이시카와 고에몬이 도둑질을 하다 난젠지의 산몬에 올라 휴식을 취하는 중 그 풍경에 반해 넋을 놓고 있다가 그를 추적하던 추격대에게 잡혔다는 일화가 있을 정도.

산몬뿐만 아니라 난젠지 내에 있는 호조方丈 정원은 아름다운 액자 정원으로, 모래로 이루어진 카레산스이식 정원의 대표적인 료안지, 긴카쿠지와 더불어 교토에서 봐야 할 단풍 명소 10선에 꼭 들어갈 정도로 매혹적이다. 하지만 이런 사찰의 아름다움보다 일드(일본 드라마)에 심취한 젊은 여성들이 난젠지를 찾는 이유는 수많은 드라마에 등장한 아

치형의 수로각인 소스이바시疎水橋를 보기 위해서라고 해도 과언이 아닐 것이다. 로마 시대의 아치형 다리를 연상시키는 이 수로각은 19세기 말 인근의 일본 최대의 호수인 비와코琵琶湖의 물을 교토 시내로 끌어들이기 위해 건설되었는데 지금도 운용이 되며 원형 그대로의 웅장한 모습을 간직하고 있다.

　동양적 미학을 극대화한 난젠지의 정원 속에서 서양식의 벽돌 구조물이 언밸런스할 듯도 하지만 어쩌면 그렇게 조화로운지. 연인이나 친구와 함께 간다면 산몬이나 호조 정원을 제쳐 두고 이 앞에서 기념사진을 꼭 찍어야 할 정도로 교토의 대표적인 촬영 스폿이 되겠다.

🍵 포토 TIP. 난젠지 사진 따라잡기!
미션 1 : 난젠지를 빛내 주는 커다란 산몬과 어우러진 단풍길을 찍어 보자.
미션 2 : 아치형 수로각인 소스이바시를 기품 있게 담아 보자.

● 난젠지 근처에서 밥을 먹는다면?
　인근 맛집 베스트

살살 녹는 부드러움의 1인자, 두부요리를 코스로 즐길 수 있는
── **난젠지 준세이 본점** 南禅寺順正本店

주소 京都府京都市左京区南禅寺草川町60　　전화번호 075-761-2311
홈페이지 www.to-fu.co.jp　　오픈 시간 11:00~21:30
추천 메뉴 유도후 코스ゆどうふコース 4200엔(유도후 요리 최저 3200엔부터)
찾아가는 길 난젠지南禅寺 정문에서 도보 2분 소요

교토여행을 하게 되면 현대식 건물보다는 교토이기 때문에 일본식의 멋진 건물 안에서 식사나 차를 즐기고 싶은 로망이 있다. 난젠지 준세이가 모든 여행자들의 로망을 가득히 채워주는 조건을 가진 곳으로 멋진 일본식 가옥과 함께 눈까지 즐거워지는 아름다운 정원이 드넓게 펼쳐진 것이 특징적이다. 난젠지 준세이는 1839년 료케이 신구(1787~1854)가 의학교를 세웠던 것이 시초가 되어, 그때의 모습이 고스란히 현재까지 이어져 오고 있으며, 처음 학교를 세웠을 때의 이름 '준세이 쇼인'에서 '준세이'를 그대로 가져온 것이다. 준세이의 멋진 건물은 중요문화재로 지정되었을 정도로 꽤 웅장하고 멋진 모습을 자랑한다. 물이 맑아 두부가 맛있기로 유명한 교토의 대표적인 두부 요릿집이 준세이인데, 준세이의 유도후 코스 요리는 교토여행을 하면서 꼭 맛봐야 하는 요리 중 하나이다. 두부의 변신은 끝이 없다는 것을 알려주기라도 하듯이, 두유를 시작으로 구워진 두부, 차가운 두부, 맑은 물에 끓인 뜨거운 두부까지 다양한 스타일로 마련되며, 두부만의 진한 고소함과 담백한 맛이 일품이다.
또, 마지막 디저트로 나오는 빵의 모양이 교토에서 생산되는 농산물 모양인 것이 꽤 재미나다.

★ 단풍 명소

004.
>>>>>>>>>>

교토에서
단풍이 가장 아름다운
사찰

_에이칸도 永観堂

간단정보

주소 京都府京都市左京区永観堂町48   전화번호 075-761-0007
홈페이지 www.eikando.or.jp   이용시간 09:00~17:00(입장 16:30까지)
이용요금 대인 600엔, 초·중·고등학생 400엔(가을 시즌 1000엔)
찾아가는 길
- 버스 5번 타고 난젠지에이칸도미치南禅寺永観堂道 하차 후 도보 5분
- 시영지하철 도자이센東西線 게아게蹴上 역에서 하차 후 1번 출구로 나와 오른쪽 길로 도보 25분

불교신자라면 "하루 일하지 않으면 하루 먹지 않는다"라는 선종의 교리를 알고 있는 사람도 있을 터. 일본의 승려들이 단순히 수행에만 힘쓰지 않고 민생까지 고민했던 시절의 상징과도 같은 사찰이 있으니 바로 에이칸도다. 사찰의 원래 이름은 젠린지禅林寺이나 이 절의 7대 주지였던 '에이칸'의 이름을 따서 에이칸도로 불리게 되었는데, 의술에도 상당한 재능이 있었던 이 에이칸이라는 승려가 11세기 병고에 시달리는 교토 사람들을 아무 대가 없이 치료해 주고, 또 구휼에까지 힘쓴 덕분에 큰 존경을 받았다고 한다.

그런 내력 덕분인지 현재 에이칸도에서 모시고 있는 아미타 금불상은 일본 전역에서 가장 인기가 많은 부처상 중 하나라고 한다. 77cm 크기의 이 작은 불상은 특히 뒤를 돌아보고 있어 눈길을 끄는데 찾아온 방문객들을 외면하는 듯한 각도이다. '빤히 보이는 앞보다는 고개를 돌려 고생하는 사람들을 두루 널리 찾아보겠다'라는 뜻이겠거니 멋대로 상상을 해 보았지만 숨겨진 이야기는 여행자의 상상보다 훨씬 더 재미있다. 에이칸이 당시의 아미타여래상 주위를 돌며 수행을 하고 있는데 그 모습을 본 아미타여래가 단상에서 내려와 함께 주위를 돌며 수행을 하다 에이칸을 뒤돌아보며 "속도가 너무 느려"라고 핀잔을 준 데서 그 모습이 유래했다고 한다. 살짝 웃음이 나올 수밖에 없는 재미있는 설화이기도 하다.

그런 불교의 내력도 의미가 있지만 에이칸도의 유명세가 널리 떨쳐진 것은 다름 아닌 단풍이다. 교토 사람들뿐 아니라 일본 전역에 '가을의 단풍은 에이칸도'

라는 말이 있을 정도로 에이칸도의 단풍은 황홀하고 아름답다. 그 단풍이 얼마나 아름다우면 단풍철에만 입장료를 올려 받을 정도. 아무 대가 없이 민중의 병을 고쳐 주었던 자비로운 주지 스님을 모신 절에서 이렇게 상술을 펼치니 얄밉기도 하지만 가을철 경내를 둘러보고 나면 그런 얄미운 심정이 쏙 들어갈 정도로 에이칸도의 단풍은 진정 매력적이다.

단풍 색깔이 빨간 것은 삼척동자도 아는 사실이요. 특별히 이 에이칸도만 더 색깔이 고울 이유도 없지만 유독 에이칸도의 단풍은 새빨갛다. 사찰 뒤의 산인 히가시야마의 정기가 이 에이칸도에만 비춰 그런 것도 아닐 텐데 말이다(그렇다면 왜 같은 산을 끼고 있는 긴카쿠지나 난젠지의 단풍은 이보다 덜 아름다운 것일까). 결국 민중을 사랑했던 주지 스님 에이칸의 마음 덕분에 단풍이 더 곱게 물드는 것이라 또 제멋대로 상상하고 말 수밖에.

에이칸도는 워낙 가을의 유명세가 커서 가을에만 아름다운 절로 치부되기 마련이지만 봄이면 매화와 벚꽃, 여름에는 백일홍, 겨울에는 눈이 소복하게 쌓인 연못 정원이 또 무척 아름다운 곳이다. 특히 산을 깎지 않고 지형 그 위에 자연스럽게 지은 절이기에 굴곡이 있는 회랑도 참 독특하다. 인공적인 아름다움, 그러

니까 조형미에 집중한 여느 일본의 정원과 달리 자연미를 고려했다고 할까. 그래서 이 에이칸도에서 단풍 구경을 하고 빨간 우산 아래 마루에 앉아 진한 맛차 한잔 홀짝이며 경내를 감상하고 있을 때의 기분은 유독 더 아늑해진다.

　에이칸도는 위치적으로 긴카쿠지와 난젠지 사이에 있어 사쿄구 지역을 찾을 때 들르기 편한 곳이며, 난젠지를 먼저 본다면 철학의 길을 가기 위해서라도 지나쳐야 하는 곳이다. '모미지(일본어로 단풍)'를 즐기러 교토에 갔는데 이 에이칸도를 빼먹고 온다면 진정 앙꼬 없는 찐빵을 먹은 것과 다름없는 것이니 말이다.

　　🍵 포토 TIP. 에이칸도 사진 따라잡기!

　미션1 : 회랑식 복도의 경내를 담아 보자.
　미션2 : 유난히 붉디붉은 에이칸도만의 단풍을 아름답게 찍어 보자.

★ 단풍 명소

005.
>>>>>>>>>>

개인 정원이었다는
사실이 믿기지 않는
화려함

_무린안 無燐庵

난젠지 + 긴카쿠지 지역

간단정보

주소 京都府京都市左京区南禅寺草川町31　**전화번호** 075-771-3909
홈페이지 www.city.kyoto.jp/bunshi/bunka/murin_an/murin_an_top.html
이용시간 09:00~17:00, 12월 29일~1월 3일 휴무
이용요금 410엔(대인·소인 동일)
찾아가는 길
- 버스 5번 타고 난젠지에이칸도미치南禅寺永観堂道 하차 후 도보 7분
- 시영지하철 도자이센東西線 게아게蹴上 역에서 하차 후 1번 출구로 나와 오른쪽 길로 도보 10분

    교토 곳곳에서는 지나치기 쉬운 좁은 공간에도 일본 특유의 아기자기한 방식으로 자리하고 있는 일본 정원을 쉽게 마주할 수 있다. 그 수많은 정원 중에서도 개인 정원으로서 으뜸으로 손꼽히는 무린안이 난젠지 맞은편 비와코 수로를 따라 놓인 대지 사이에 있는 듯 없는 듯 조용히 자리하고 있다.

    '이웃집이 없는 초가'라는 뜻의 무린안은 본래 야마가타 아리토모의 개인 별장으로 메이지 시대(1868~1912) 정원 양식인 치센카이유池泉回遊 형식을 대표하는 일본식 정원이다. 메이지 시대와 다이쇼 시대를 살아온 권력가 야마가타 아리토모山縣有朋는 최초의 총리를 역임한 정치가이자 일본 육군을 창설한 군인으로 이토 히로부미伊藤博文와 함께 메이지 유신기에 성공한 대표적인 인물이다. 일본의 근대화를 이끌고 원로 중의 원로로 존경받으며 막강한 영향력을 발휘하였던 야마가타 아리토모는 도쿄에서 주로 활동하다가 돌연 1894년 교토에 별장을 짓게 되었다. 2년 후에 완공된 별장은 넓은 정원뿐만 아니라 차실, 안채, 서양관을 함께 만듦으로 인해 근대적인 일본 정원의 예시가 되고 있다.

    무린안은 일본 정원에 있어서 최고의 선구자라 손꼽히는 정원사 오가와 지헤이小川治兵衛가 만든 곳으로서 비와코 수로의 물을 끌어들여 만든 치센카이유 정원을 선보였는데 무린안뿐만 아니라 헤이안진구의 신엔, 마루야마 공원, 닌나지 정원, 다이토쿠지 정원 등 교토 대부분의 정원들이 그의 손에 의해 만들어졌다. 한 사람의 손에 의해 태어난 정원인데도 각기 다른 매력이 있으며 모든 이를

푸근히 다독이는 듯 평온함이 가득하다.

지금은 무린안 주변으로 대표적인 관광명소가 자리하고 있어 사람들과 차로 북적이게 되었지만 무린안 내는 마치 투명한 보호막을 입혀 놓은 것처럼 조용해서 사색에 잠기기 좋다. 초록빛 융단을 입은 것 같은 푸른 산과 물, 나무들이 자리하고 있는 이곳을 개인 정원으로 만들었을 정도이니, 그 당시 야마가타 가문의 재력을 가늠할 수 있다.

개인 정원이었던 무린안은 1941년 야마가타 사후에 유족들이 교토 시에 기증하였고 그 뒤로 10년 후에 국가 명승지로 지정되었다. 자그마한 무린안 속 안채의 마루턱에서는 한없이 내 귓가에 사그락거리며 음색을 만들어 주는 바람소리에 쉬어가는 여유를 누릴 수 있다. 누구의 간섭도 받지 않는 공간 속에서 똑딱거리는 시계가 멈춘 듯이 구름 위에 앉아 있는 듯한 무린안에는 다소 어울리지 않

는 서양관이 자리하고 있다.

　교토의 유서 깊은 건물들에는 그 아름다운 이면에 역사적 음모가 숨어 있는 곳이 많은데, 무린안도 그러하다. 1903년 4월 21일 서양관 2층에서 야마가타 아리토모는 카츠라 타로, 이토 히로부미, 코무라 주타로 등과 함께 러일전쟁을 일으키기로 결정했으며, 이는 '무린안 회의'라 불린다. 그 당시 회의를 하였던 테이블과 의자가 지금까지도 그대로 보존되고 있다고 하니 푸른 정원을 거닐다 오묘한 심정으로 만나 보는 것은 어떨까.

🍵 포토 TIP. 무린안 사진 따라잡기!
미션1 : 치센카이유 형식의 푸른 정원을 담아 보자.
미션2 : 일본식 가옥의 안채와 정원이 어우러진 한 폭의 그림을 찍어 보자.

✿ 벚꽃 명소

006.
>>>>>>>>>>

일본에서
가장 큰 도리이를
만날 수 있는 신사

_헤이안진구 平安神宮

> **간단정보**
>
> 주소 京都市左京区岡崎西天王町 전화번호 075-761-0221
> 홈페이지 www.heianjingu.or.jp 이용시간 경내 06:00~18:00, 신엔 08:30~17:30, 연중무휴
> 이용요금 경내 무료, 신엔 대인 600엔, 소인 300엔
> 찾아가는 길 교토 역에서 버스 5, 100번 또는 기온祇園에서 버스 46번 타고 교토카이칸비주츠칸마에京都会館美術館前 하차 후 도보 5분

　인도의 타고르에 이어서 동양인으로는 두 번째로 노벨문학상을 받은 일본의 대표적 문인 가와바타 야스나리川端康成. 그가 교토를 무대로 쓴 『고도古都』라는 소설에는 낯이 간지러울 정도로 교토에 대한 찬사가 많이 펼쳐지는데 『고도』에 등장하는 명소 중에서도 그가 가장 예찬을 보낸 곳은 '헤이안진구'다. 어찌나 이곳 헤이안진구의 벚꽃이 매력적으로 표현되어 있는지 소설을 읽고 봄철 헤이안진구의 벚꽃을 보기 위해서라도 일본행 비행기 티켓을 끊어야 할 정도.

　헤이안진구는 1895년 교토가 수도로 세워진 지 1100년이 된 것을 기념해 세운 신사로, 현재 일본에서 가장 거대한 도리이鳥居(신을 맞이하는 붉은 기둥)가 세워져 있기도 하다. 20m가 넘는 크기의 콘크리트 도리이는 세워졌을 당시 교토인들에게 혹평을 받기도 하였지만 지금은 헤이안진구의 빼놓을 수 없는 자랑거리가 되었다.

　초록 빛깔의 기와, 그와는 대조적인 듯한 붉게 옻칠 된 궁궐은 햇살과 어우러져 강렬한 빛을 낸다. 헤이안진구라 하면 누구나가 '붉은빛'이 먼저 생각날 정도라고. 본래의 궁궐보다 작게 축소되어 지어졌다고는 하지만 교토의 그 어떤 신사에 비해 확연히 큰 부지에 자리하고 있다.

　헤이안 천도 당시의 일왕이었던 제50대 간무 천황과 마지막 제121대 고메이 천황을 제신으로 모시고 있기에 신사 중에서도 격이 있는 신궁으로 분리되는 헤이안진구는 교토에서도 손꼽힐 정도로 아름다운 정원 '신엔神苑'을 품고 있어서

난젠지 + 긴카쿠지 지역

화려한 봄날의 명소로 손꼽힌다. 일본 정원에 있어서 으뜸이라고 불리는 정원사 오가와 지헤이의 대표적인 정원 중 하나로, '신의 동산'이라는 뜻을 담고 있는 신엔은 총 4개의 단지로 나뉜다. 따스한 봄날에는 눈꽃 송이 같은 벚꽃이 바람결에 휘날리고, 무더운 여름날에는 보랏빛 붓꽃과 심청이가 나올 것만 같은 연꽃이 만발하니 그 어떤 모습이 더욱 아름답다 말할 수 있으리.

 푸른 숲 속의 오솔길을 걷다 보면 신엔의 아름다움 사이에 주축이 되는 큰 연못이 하나 보인다. 연못 한가운데에 아름다운 정자가 있으니, 일반적인 정자와는 달리 길다란 회랑이 연못을 가로지르고 마치 용이 누워 있는 것처럼 보인다

고 하여 '가류쿄臥龍橋'라고 불린다.

가류코에서 바라보는 신엔의 큰 연못과 어우러진 싱그러운 초록빛, 그리고 연못에 반사되어 반짝이는 햇살과 봄날의 아름다운 벚꽃은 단연코 최고. 더군다나 신엔에서 마주하는 시다레자쿠라しだれ桜(능수벚꽃)의 빗줄기처럼 흘러내리는 꽃잎들은 깜깜한 헤이안진구를 더욱 화사하게 밝혀주니 가와바타 야스나리가 왜 그리 교토를, 그리고 이곳 헤이안진구를 침이 마르도록 칭찬을 하고 사랑에 빠질 수밖에 없었는지 비로소 느낄 수 있을 정도이다.

기억해 둘 것
- 4월 초 벚꽃 시즌에는 신엔에서 엄청난 벚꽃들이 야간 라이트업으로 인사를 건넨다.
- 주변에 있는 오카자키 공원과 더불어 있는 교토시미술관, 국립근대미술관, 교토시동물원 등을 함께 둘러보는 것도 좋다.

포토 TIP. 헤이안진구 사진 따라잡기!
미션 1 : 진한 다홍빛의 경내를 담아 보자.
미션 2 : 신엔의 아름다운 풍류가 담겨진 가류쿄를 담아 보자.

● 헤이안진구 근처에서 달콤한 디저트를 즐긴다면?
　인근 맛집 베스트

교토에서 프랑스의 달콤함을 맛볼 수 있는
— 라바추르 LA VOTUIRE

주소　京都府京都市左京区聖護院円頓美町47-5
전화번호　075-751-0591
오픈 시간　11:00~18:00(월요일 휴무)
추천 메뉴　타루토 타탕タルトタタン 630엔, 구루미노타르트クルミのタルト 470엔,
　　　　　오페라オペラ 470엔
찾아가는 길　헤이안진구平安神宮 입구를 정면으로 마주한 채로 왼쪽 교토회관京都会館 쪽으
　　　　　로 걸으면 강이 나오고 그 강을 바라본 채로 오른쪽으로 3분 정도 걸어가면 왼쪽
　　　　　에 있다.

프랑스를 여행하며 맛보았던 타르트 타탱의 맛이 그리워 1971년 프랑스 레스토랑으로 문을 열었다고 한다. 이후 타르트 타탱의 인기가 높아져 1980년대부터는 타르트 전문카페로 자리하게 되었다. 타르트 타탱은 프랑스 요리의 마지막에 등장하는 달콤한 디저트 중 하나로 사과 한 개가 통째로 들어간 것이 독특한데, 일본의 사과가 프랑스의 사과에 비해 산미가 적어서 요구르트가 타르트 타탱 위에 뿌려져서 나온다. 사과가 통째로 담겨진 타르트 타탱의 진한 달콤함에서 전해져 오는 행복, 그 달콤함을 홍차 한 잔과 함께 느껴보는 건 어떨지.

★ 단풍 명소

007.
>>>>>>>>>>

음색이 어우러진
운치 있는
정원

_시센도 詩仙堂

난젠지 + 긴카쿠지 지역

> ✦ 간단정보
>
> **주소** 京都市左京区一乗寺門口町27　**전화번호** 075-781-2954
> **홈페이지** www.kyoto-shisendo.com　**이용시간** 09:00~17:00
> **이용요금** 대인 500엔, 중·고등학생 400엔, 초등학생 200엔
> **찾아가는 길**
> - 버스 5번 탑승 이치조지사가리마츠초一乗寺下り松町에서 하차한 후 도보 10분 소요
>   (교토시버스 1일권(500엔)을 사용하면 160엔 추가 금액 발생함)
> - 에이잔叡山 전차 타고 이치조지一乗寺 역 하차 후 도보 15분 소요

집집마다 담벼락 너머로 은은하게 퍼지는 소나무 향에 취해 이치조지의 골목 구석구석을 거닐다 보면 어디선가 마치 경고음을 내는 듯한 소리가 들려온다. 귀 기울이며 그 소리의 근원지를 찾아 발걸음 해본다.

대나무로 엮은 사립문을 따라 차곡차곡 쌓아 놓은 돌계단에 발을 디뎌 대나무로 엮어낸 문 안으로 한걸음 들어서면 아라시야마의 치쿠린과는 사뭇 다른 대나무 숲이 양팔을 벌려 환영해 준다. 햇살이 빗줄기가 되어 쏟아지고, 귓가에 대나무의 청아한 소리가 바스락거리며 들려오는 숲길을 걸어 본다. 빽빽하게 들어선 대나무 숲길의 캄캄하고 짧은 터널을 벗어나면 도쿠가와 정권의 무장이자 문인이었던 이시카와 조잔이 여생을 지냈다는 운치 있는 정원인 시센도를 마주할 수 있다. 워낙에 손꼽히는 정원들이 많은 교토에서 시센도는 마치 숨바꼭질하듯 빛을 못 보는 곳 중 한 곳이지만, 오히려 교토를 대표하는 정원이 아니기에 친구처럼 편안한 안식처가 되어 주는 소박한 매력이 있다.

일본식 가옥과 단정하게 정돈된 새하얀 모래 정원이 함께하는 시센도. 신발을 고이 벗어 던지고 다다미와 마루가 오묘하게 뒤섞인 바닥에 발을 내딛으며 삐거덕거리는 소리를 벗 삼아 한 걸음씩 거닐어 보니, 한 폭의 풍경화를 그려 놓은 듯한 작은 액자와 같은 시센도만의 소박한 정원에서 눈을 뗄 수 없다. 액자의 틀이 되어 주는 기둥 밖으로는 흰 모래, 그리고 꽃과 나무들이 계절마다의 아름다움을 뽐내며 유혹한다. 봄과 가을은 두말할 것도 없이 어떤 표현을 하지 않아도

그 아름다움을 알 수 있지만, 시센도에 머물렀던 조잔이 생전에 좋아했던 모습은 겨울의 시센도라고 한다. 겨울철 모래 위에 흩날리는 하얀 꽃잎의 산다화山茶花는 시센도만의 최고의 절경이란다.

시센도에는 자연이 주는 아름다운 선물뿐만 아니라 곳곳에 귀한 작품들이 가득하다. 나무뿌리로 만들어진 장식품부터 부채 모양의 벽걸이까지 어떤 갤러리보다도 더욱 진귀하기만 하다. 그리고 방의 윗부분부터 '여백이란 있을 수 없다'라고 말하듯 국보급 화가였던 카노 탄유狩野探幽가 그린 인물 그림들이 빼곡하게 채워져 있고, 중국의 유명한 36명의 시 구절을 골라 조잔이 직접 쓴 글귀들이 걸려 있다.

왼쪽 마루 끝에 마련된 파란색 슬리퍼를 신고 마당으로 내려가면 시센도의 정원을 더욱 가까이에서 만날 수 있는데, 작은 숲 속 마을을 고스란히 갖다 놓은 것처럼 물고기와 연못도 보이고, 또르르 흘러내리는 물소리도 들려오니 그 어떤 곳을 산책하는 것보다 머릿속이 맑아지며 평화로워진다. 그 평화로움을 감히 훼방 놓기라도 하듯이 정기적으로 들려오는 소리가 있었으니.

"탁, 탁, 탁."

물이 흐르는 곳에 조잔이 발명하였다는 '시시오도시ししおどし'가 바로 그 근원지이다.

시시오도시는 대나무의 일부분을 잘라 내어 흐르는 물이 대나무 통으로 들어갈 수 있게 시소처럼 장착을 해 두고, 물이 가득 차오르면 그 무게로 인해 자연스레 대나무 통이 한쪽으로 기울어지게 만든 도구이다. 흐르는 물을 담아내는 대나무 통 반대편 바닥에 절구통과 같은 돌을 놓아두니 차오른 물의 무게에 못 이겨 대나무 통이 고개를 숙이며 물을 뱉어내고, 그와 동시에 가벼워진 대나무 통이 빠르게 위로 치솟으며 반대편 대나무 통 끝 부분이 돌과 자연스럽게 부딪히며 소리를 내었던 것이다. 시시오도시는 본래 산짐승들의 접근을 막기 위해서 고안해 놓은 장치로, 어느덧 평화롭기만 한 시센도의 정원과 하나가 되어버린 음색이다.

아름다운 자연이 들려 주는 음색이 어우러진 숲 속 같은 시센도에서의 하루. 복잡한 곳을 피하고 싶은 이들에게 평화로운 시센도 정원 여행을 권해 본다.

기억해 둘 것

- 시센도의 시시오도시 소리에 꼭 귀 기울여 보자.
- 시센도 주변으로 곤푸쿠지, 엔코지, 만슈인 등 가 볼 만한 정원들이 많으니 함께 둘러보는 것도 좋다.

포토 TIP. 시센도 사진 따라잡기!

미션 1 : 시센도 입구의 대나무 문과 대나무 숲이 하나가 된 모습을 담아 보자.
미션 2 : 기둥을 액자 틀로 삼아 사시사철 아름다운 시센도 정원의 모습을 기품 있게 담아 보자.
미션 3 : 시시오도시의 재미난 모습을 찍어 보자.

● 시센도 근처에서
  또 다른 명소를 찾고 싶다면?

한없이 여유를 즐기고 싶어지는 포근한 정원
── 곤푸쿠지 金福寺

주소 京都府京都市左京区一乗寺才形町20 **전화번호** 075-791-1666
이용시간 09:00~17:00 **이용요금** 대인 400엔, 중·고등학생 200엔, 소인 무료
휴일 매년 12월 30일~12월 31일 / 1월 16일~1월 31일 / 8월 5일~8월 20일
찾아가는 길 시센도 詩仙堂에서 엔코지 圓光寺 반대편 골목 300m 거리

얼마 동안이나 사람들의 발걸음이 없었을까 싶을 정도로 이치조지 주택가 골목 사이에 조심스레 숨어 있는 곤푸쿠지는 864년 창건된 곳으로 현재는 임제종 난젠지파 관할의 사찰이다.
곤푸쿠지의 존재조차도 알 수 없을 정도로 멋이 가득한 정원들이 가득한 교토에서 마음이 편안해지고 내 걱정거리까지도 품어줄 것 같은 포근한 정원이라 칭하고 싶다. 아담한 크기의 곤푸쿠지의 정원은 크고 작은 돌들이 박혀 있고, 작은 꽃나무들이 아름답게 감싸 안고 있으며 정원의 뒷동산은 엄마의 품처럼 병풍이 되어 준다.
봄에는 아름다운 벚꽃 잎이 휘날리고, 벚꽃이 지면 붉은빛 가득한 철쭉이 포근하게 감싸 안아 준다. 무더운 여름에는 신비스런 보랏빛 도라지꽃이 하얀 모래 정원 틈 사이로 피어나며, 가을에는 빼놓을 수 없는 오색 빛 단풍이 곤푸쿠지의 꽃이 되어 준다.
또 겨울에는 새하얀 눈이 곤푸쿠지만의 멋을 만들어 주니, 사시사철 아름답지 않을 때가 없다. 뒷동산을 오르면 짚으로 지붕을 만들어 놓은 자그마한 바쇼암 芭蕉庵이 있는데, 하이쿠의 성자 바쇼를 기린 곳으로서 '하이쿠의 성지'라고도 불리며, 하이쿠를 중흥시킨 요사 부손의 묘비도 있다. 곤푸쿠지의 또 다른 매력으로 뒷동산에서 살짝 엿보이는 교토의 시가지 모습도 빼놓을 수 없다.

✿ 벚꽃 명소 ✿ 단풍 명소

008.
>>>>>>>>>>

5만여 개의
목판활자를
소장하고 있는

_엔코지 圓光寺

간단정보

주소 京都府京都市左京区一乗寺小谷町13　**전화번호** 075-781-8025
홈페이지 www.enkouji.jp
이용시간 09:00~17:00
이용요금 대인 500엔, 중·고등학생 400엔, 초등학생 300엔
찾아가는 길
- 버스 5번 탑승 이치조지사가리마츠초一乗寺下り松町에서 하차한 후 도보 10분 소요(교토시버스 1일권 (500엔)을 사용하게 되면 160엔 추가금액 발생함)
- 에이잔叡山 전차 타고 이치조지一乗寺 역 하차 후 도보 15분 소요

엔코지는 교토의 대표적인 단풍 명소로 알려진 곳이지만 커다란 수양벚나무가 여러 그루 자리하고 있어 숨겨진 벚꽃 명소이기도 하다. 진한 분홍빛이 감도는 벚꽃 뒤편으로는 새하얀 모래들과 돌이 어우러진 엔코지만의 카레산스이식 정원을 마주할 수 있고, 벚나무 뒤편으로 마련된 벤치에서 정원이나 벚꽃 감상을 즐길 수도 있다. 또한 시원스레 펼쳐진 이치조지의 전망도 만나 볼 수 있는 매력적인 곳이다.

일반적인 교토의 정원은 일본식 가옥과 그곳에 앉아 감상할 수 있는 정원으로 이루어져 있지만 엔코지의 정원인 혼류테이奔龍庭는 독특하게 매표소를 지나자마자 집 앞의 마당처럼 먼저 반겨 준다. 물결이 춤을 추는 듯한 모래 정원의 사이로 바위들이 보이고, 정원의 가운데에 놓인 돌계단을 통해 엔코지의 내부로 더 깊숙이 들어갈 수 있다.

엔코지는 도쿠가와 이에야스德川家康가 일본을 통일하고 나서 세운 임제종 난젠지파의 수행도장이 된 절로 당시의 목판활자 5만여 개를 중요문화재로 소장하고 있는 곳이다. 처음에는 후시미 지역에 1601년 학교로 설립되었지만 1667년 지금의 이치조지 지역으로 이전해 왔다.

엔코지에서 보존하고 있는 목판활자가 조선 시대의 금속활자에 영향을 받아

만들어졌다는 말도 있고, 조선에서 직접 가져왔다는 말들도 있지만 아직까지 정확하게 밝혀진 건 없다고 한다. 하지만 임진왜란 때 조선에서 많은 서적들과 활자를 들여와서 수많은 책들을 출판하게 되었고, 그때의 활자들로 만들어진 책들을 후시미판과 엔코지판으로 구분하고 있다. 엔코지는 목판활자뿐만 아니라 천수관음상과 에도 시대의 화가 마루야마 오우쿄가 그린 대나무 병풍 〈죽림도〉 등 다양한 예술작품들도 소장하고 있다.

 단풍나무들이 서로 어우러져 타오를 듯 붉게 엔코지를 감싸 안은 모습에 누구도 반하지 않을 수 없을 것이다. 초록빛이었던 정원의 바닥에는 붉은색 단풍이 수북이 쌓여 있고, 그 사이로 보이는 대조적인 대나무 숲의 색감은 엔코지

를 더욱 아름답게 빛내 준다. 교토의 그 어떤 명소들처럼 일본식 가옥을 지탱하는 기둥들이 액자의 틀이 되어 단풍을 감상할 수 있는 또 다른 액자 정원의 본보기를 보여 준다.

단풍군락지 옆 본당 입구에는 일본 정원 양식에서 흔히 볼 수 있는 스이킨쿠츠水琴窟를 만나볼 수 있다. 엔코지의 스이킨쿠츠는 커다란 접시 형태의 돌 항아리에 물을 가득히 채워 놓고 그 위에 대나무를 엎어 놓은 것으로, 대나무에는 계절마다 피는 꽃들을 꽃꽂이하듯 꽂아 일본 특유의 아기자기한 멋을 한껏 뽐내고 있다. 돌 항아리에서 흐르는 물방울들이 떨어지면서 부딪히는 소리가 거문고 소리처럼 들린다고 하여, 조용한 정원에서의 아름다운 선율을 즐길 수 있는 곳이다.

> 🍵 포토 TIP. 엔코지 사진 따라잡기!
>
> 미션 1 : 입구에서부터 반기는 카레산스이식 정원을 찍어 보자.
> 미션 2 : 엔코지의 스이킨쿠츠의 모습을 담아 보자.
> 미션 3 : 붉게 타오를 듯한 단풍 숲을 담아 보자.

● 엔코지 근처에서
또 다른 명소를 찾고 싶다면?

책방이지만 책방 같지 않은 묘한 매력
── 케이분샤 이치조지점 恵文社一乗寺店

주소 京都府京都市左京区一乗寺払殿町10
전화번호 075-711-5919
홈페이지 www.keibunsha-books.com
오픈 시간 10:00~22:00
찾아가는 길 에이잔叡山 전차 탑승 후 이치조지一乗寺 역에서 하차한 후 도보 5분 소요 / 버스 5번 탑승 이치조지사가리마츠초一乗寺下り松町에서 하차한 후에 도보 10분 소요

교토조형예술대학이 있는 이치조지 곳곳에는 멋스러운 곳들이 꽤 많다. 그중 외국인의 마음까지 사로잡은 케이분샤는 그림책, 잡지, 동화책, 사진집, 요리책, 디자인 책 등 다양한 서적들을 판매하고 있는 서점이지만 생활에 필요한 다양한 잡화들과 핸드메이드 제품들도 함께 판매하고 있다. 1977년 문을 연 케이분샤는 단순히 출간되는 책들을 판매하는 일반 서점과는 달리 직접 한 권 한 권 선별해서 전시 및 판매하고 있는 곳으로, 일본에서 출간되는 책뿐만 아니라 다른 나라에서 출간된 책이 전시되어 있는 경우도 꽤 있다. 또, 교토조형예술대학 학생들 작품이나 이름이 알려지지 않은 다양한 아티스트들의 작품들이 전시되기도 한다.
책을 구매할 일이 없어도 케이분샤를 가게 만드는 건 분위기도 한몫한다.
멋스러운 카페에 뒤지지 않는 인테리어는 편안함을 선사해 주고,
그 어느 곳보다 조용해서 한 걸음 한 걸음 거니는 것만으로도 조심스러운 곳이지만
케이분샤에서 풍기는 묘한 매력에 그 누구도 반하지 않을 수 없다.
오랜 세월의 흔적이 묻어난 색 바랜 간판부터 케이분샤의 모든 걸 말해 주는 듯하다.

🟦 엔코지 근처에서 밥을 먹는다면?
　　인근 맛집 베스트

갤러리 카페에서 즐기는 오가닉 런치
― 키사라도 きさら堂

주소 京都府京都市左京区高野玉岡町49 グリーン'28 1F
전화번호 075-724-8802
오픈 시간 11:30~22:00(수요일 휴무)
추천 메뉴 쿄노고항 今日のご飯 850엔
찾아가는 길
- 에이잔叡山 전차 탑승 후 이치조지一乗寺 역에서 하차 후 도보 5분 소요
- 버스 5번 탑승 이치조지사가리마츠초一乗寺下り松町에서 하차 후 도보 10분 소요

아기자기한 멋이 풍기고, 매력적인 카페들이 즐비한 이치조지에 위치한 키사라도는 작은 식당 겸 카페이다. 이치조지에 있는 교토조형예술대학 학생들의 다양한 예술 작품들이 새하얀 벽에 걸려 있어서 키사라도의 인테리어를 더욱 빛내 준다. 작은 공간 안에 배치되어 있는 나무 의자와 테이블, 그리고 은은한 조명들이 편안한 분위기를 만들어 주고, 조용하게 흐르는 음악과 귓가에 맴도는 시계추 소리가 정겹기까지 하다. 시간이 멈춘 듯한 키사라도에서 꼭 즐겨야 하는 '오늘의 밥(쿄노고항)'이라는 메뉴는 계절에 따라서 반찬 스타일이 달라진다. 더군다나 매일 신선한 채소로 최대한 조미료를 사용하지 않는 건강식으로 음식을 내놓는 것이 인상적인데, 너무 싱겁지도 않고 채소만의 아삭함이 살아 있어서 엄마가 건강식을 챙겨주는 듯한 두둑함을 맛볼 수 있는 곳이다.

앤티크한 인테리어가 돋보이는 오가닉 카페
── **소우겐 카페** そうげんカフェ

주소 京都府京都市左京区北白川上終町10-2
전화번호 075-724-4046
홈페이지 www.sowgen.com
오픈 시간 11:30~21:30(부정기 휴무)
추천 메뉴 쇼코라노파르페ショコラのパフェ 680엔
찾아가는 길 버스 5번 탑승 카미하테초교토조케이게이다이마에上終町京都造形芸大前 하차 후 도보 1분 소요

새하얀 작은 건물 앞으로 아기자기한 식물들이 자리하고,
녹색 칠판 위에 흰색 분필로 쓰인 메뉴의 글귀들이 소우겐 카페로 향하게 만든다.
작은 건물에 비해 비교적 큰 나무 문을 조심스레 열고 들어서면 자연과 하나가 된 듯
나무 느낌이 고스란히 살아 있는 탁자와 의자로 구성된 인테리어가 돋보인다.
곳곳에 자리한 소품 하나하나와 종이를 천에 덧대어 만든 메뉴판이 특이하고,
테이블마다 놓인 작은 화분들이 '초원'이라는 뜻의 카페 이름과 맞는 듯해 인상적이다.
1년여라는 시간 동안 주인이 하나하나 직접 꾸몄으며, 손님들이 편안하게
맛있는 요리를 즐겼으면 하는 마음으로 이 카페를 오픈했다고 한다.
계절에 맞는 유기농 채소를 적절하게 사용하여 건강을 한 번 더 생각하는
요리들로 사랑받고 있으며, 달콤한 디저트들로 교토조형예술대학 학생들의
입맛을 사로잡은 곳이기도 하다.

Special
Tip

"교토의 전통가옥에서 달콤한 디저트를 맛보고 싶다면?"
후회 없는 **교 마치야 카페**

* 교 마치야(京町家) 카페 : 교토의 오래된 전통 가옥을 허물지 않고 유지한 채로 그 멋을
  그대로 살려 내어 카페로 개조한 곳

1. 은은한 불빛 아래에서 즐기는 맛있는 이야기 **료키덴** 綾綺殿

주소 京都府京都市上京区下立売通智恵光院西入下丸屋町520-5
전화번호 075-801-3125
홈페이지 ryokiden.com
오픈 시간 평일 10:00~20:30, 토 · 일 · 공휴일 10:00~18:00(수요일 휴무)
추천 메뉴 에비호타테난방정식エビ＆ホタテ＆南蛮定食 1350엔, 카푸치노カプチーノ 540엔
찾아가는 길 버스 206, 201, 46번 탑승 센본데미즈千本出水 하차 후 도보 10분

평범한 주택들이 즐비해 있는 마을의 골목길에서 만난 료키덴은 우리나라의 화려한 간판처럼 눈에 띄지 않아 그냥 지나치기 쉬운 외관의 평범한 일본식 가옥이다.
옛날 헤이안 시대의 천황이 살던 궁내에서 한 번씩 연회를 열었는데, 그 장소를 료키덴이라고 일컬었고 지금의 료키덴이 있는 곳이 그 옛날 연회가 열렸던 장소였기에 이 이름이 붙었다고. 그래서인지 료키덴에서 맛보는 음식들은 더욱 맛깔스럽기만 하다.
가족들끼리 와서 편안하게 즐길 수 있는 분위기와 빼놓을 수 없는 맛있는 향기. 그리고 이야기와 함께하는 커피 한 잔의 행복함. 캄캄한 밤이 찾아오면 와인파티가 열리기라도 하듯이 외롭지 않게 술 한잔 기울일 수 있는 색다른 멋이 담겨진 료키덴. 알고 보면 료키덴은 기름집이란다. 이탈리아에서 발견한 장인의 올리브 오일을 교토인들에게 알리고 싶어서 맛깔스러운 음식을 만들어 선보이게 된 것이 지금의 료키덴이라고. 그래서인지 튀김의 고소하고 은은한 향기가 코끝을 자극시키고, 한입 베어 무는 순간 들

려오는 바삭한 소리에 그 누구도 반하지 않을 수 없을 터. 천장이 높기에 답답함도 없고, 심신까지 편안하게 해 준다는 나무로 이뤄진 모든 인테리어들이 엄마의 품처럼 아늑하고 따사롭게 해주는 교 마치야 카페이다.

2. 일본의 화과자와 양과자가 공존하는 이치조지 나카타니 一乘寺 中谷

주소 京都市左京区一乗寺花ノ木町5番地
전화번호 075-781-5504
홈페이지 ichijouji-nakatani.com
오픈 시간 09:00~19:00(수요일 휴무)
추천 메뉴 기누고시 료쿠차티라미스絹ごし緑茶てぃらみす 395엔, 양과자 세트(커피+디저트) 730엔
찾아가는 길 교토 역에서 버스 5번 탑승하고 이치조지사가리마츠초一乗寺下り松町에서 하차한 후 오른쪽 대각선 방면에 있음(교토시버스 1일권(500엔)을 사용하게 되면 160엔 추가금액 발생함)

교토만의 화과자를 맛볼 수 있는 곳들이 꽤 있지만 나카타니는 전통 화과자와 양과자를 콜라보레이션으로 내놓은 맛있는 디저트가 더욱 눈길을 끄는 곳이다. 이른 아침부터 달콤한 디저트와 차 한 잔을 즐기는 여유를 느끼게 해주고 계절마다 색다르게 내놓는 한 끼의 식사마저도 마음을 행복하게 해 주는 나카타니는 벌써 3대째 맛있는 이야기를 전해 오고 있다.

나카타니에서 꼭 맛봐야 하는 디저트가 있는데, '기누고시료쿠차티라미스絹ごし緑茶てぃらみす'라는 녹차맛 티라미수로 달콤하면서도 살살 녹는 부드러움은 몸이 노곤해질 정도로 환상적이다. 그도 그럴 것이, 두유가 녹차와 만나 어우러져 부드러운 크림이 감싸 주니 그 어떤 풍미가 따라잡을 수 있겠는가. 직접 맛보지 않고서는 논할 수 없을 정도이다.

3. 부드러운 천연 아이스크림과 베리의 상큼함이 만난 쿄 키나나 京きなな

주소 京都市東山区祇園町南側 570-119
전화번호 075-525-8300
홈페이지 www.kyo-kinana.com/gionkinana/index.htm
오픈 시간 11:00~19:00(라스트오더 18:30)
추천 메뉴 베리베리키나나ベリーベリーきなな 1100엔
참고사항 카드결제 불가, 전석 금연, 포장 가능
찾아가는 길 하나미코지花見小路로 들어와서 오른편의 두 번째 골목으로 들어간 후 왼편 첫 번째 골목

일본식 2층 가옥을 개조해 만든 카페로 천연재료를 이용하여 몸을 먼저 생각하는 아이스크림을 만드는 곳이다. 키나나는 키나코(콩가루)의 아이스를 뜻하는 말로 콩가루를 시작으로 엄선된 천연재료를 이용하여 화학적인 색료, 보존료는 일절 사용하지 않고 지방성분도 최대한 억제하여 제조하고 있다.

몸에 좋고, 믿고 먹을 수 있는 아이스를 만들겠다는 신념 하에 출시된 다양한 6종류의 아이스크림을 맛볼 수 있다. 또, 부드러운 천연 아이스크림과 상큼한 베리가 어우러진 파르페가 일품이다.

모든 메뉴를 주문받기 전 기본적으로 제공되는 따뜻한 호지차에서 키나나의 배려를 느껴볼 수 있다. 그 외에도 쿠키, 콩가루를 이용한 키나나만의 가공식품들이 판매되고 있다.

4. 빈티지한 카페에서 즐기는 디저트 카페 마블 Cafe marble

주소 京都市下京区仏光寺通高倉東入ル西前町378
전화번호 075-634-6033
홈페이지 www.cafe-marble.com
오픈 시간 11:30~22:00(일요일 11:30~20:00)
추천 메뉴 키슈브레도キッシュブレド 850엔
찾아가는 길 시영지하철 가라스마센烏丸線 시조四条 역 하차 후 5번 출구에서 도보 5분

평범한 주택가 마을, 귀여운 곰 한 마리가 차 한잔을 즐기는 그림의 간판을 보게 된다면 그곳이 바로 '카페 마블'이다. 마블은 일본식 가옥을 개조한 교 마치야의 대표적인 카페로서 맛있는 타르트와 키슈를 주메뉴로 내놓는 곳이다.

마블 안으로 들어가 다소 캄캄한 듯한 조명 아래에 한 자리 차지하고 나서 주변을 살펴보면, 사방으로 아기자기하게 책이 꽂혀 있고 서로 다른 의자들과 테이블들이 가득히 채워져 있는 모습을 볼 수 있다. 어떻게 보면 정신 산만한 모습이지만 그 모습들이 잘 어우러진 것이 마블의 또 다른 매력.

마블에서 즐기는 런치 메뉴들은 다른 곳에 비해 특히 간단하지만 맛은 빼어나며, 그림으로 자세히 그려진 메뉴판이 인상적이다. 고소하고 따스한 스프가 나오고, 간단한 샌드위치나 타르트가 뱃속을 든든하게 채워 주니 차 한 잔의 시간까지도 소중하기만 하다.

소박한 멋을 가득히 담은 마블에서의 시간. 그 편안하고 아늑한 분위기 속에서 교토의 또 다른 맛을 느껴 보자.

5. 교토의 전통 차 맛을 느끼고 싶다면 잇포도차호 一保堂茶舖

주소 京都市中京区寺町通二条上ル常盤木町52
전화번호 075-211-3421
홈페이지 www.ippodo-tea.co.jp/shop/kyoto.html
오픈 시간 09:00~19:00
추천 메뉴 우지차 세트(화과자 포함) 788엔,
호지차 세트(화과자 포함) 525엔
찾아가는 길 시영지하철 도자이센東西線 교토시야쿠쇼마에京都市役所前 역 11번 출구에서 도보 5분

1717년에 창업해서 300년 넘게 오로지 차의 맛으로 지켜내 온 곳이다. 1846년 에도 시대 말기 일본 왕족인 야마시나노미야가 '차 하나만큼은 지켜달라'는 당부와 함께 잇포도라는 이름을 하사하여 교토에서 가장 맛좋은 차로 알려진 곳이다.

교토인들에게 "맛있는 찻집이 어디인가요?"라고 묻는다면 "당연히 잇포도지."라는 말이 나올 정도로 손꼽히는 전통찻집으로 맛차, 센차, 반차, 호지차 등 다양한 차를 판매하고 맛볼 수 있으며, 직접 맛차 체험도 가능하다.

6. 잔잔한 조명 아래 아기자기한 멋과 어우러진 고토바노하오토 ことばのはおと

주소 京都府京都市上京区油小路通下長者町下ル大黒屋町34
전화번호 075-414-2050
홈페이지 www.kotobanohaoto.net
오픈 시간 11:30~17:30(월, 화 휴무)
추천 메뉴 청춘플레이트고항青春プレートごはん1000엔, 냥코파르페にゃんこパフェ 750엔
찾아가는 길 버스 9, 12, 50번 탑승 호리카와시모초자마치堀川下長者町 하차 후 도보 5분

일본 특유의 검은색 기와에, 안이 보일 듯 말 듯한 일자형 나무 빗살의 창가로 이루어진 고토바노하오토의 노렌을 들추고 미닫이 문을 열어 조심스레 안으로 들어서면 오렌지색 불빛이 은은하게 방안을 감싸 안은 포근한 모습이 먼저 반겨 준다. 다다미방에서 들려오는 삐거덕거리는 소리가 소음으로 내비춰질 정도로 조용해서 조심스러워진다.

고토바노하오토는 '말의 날개 소리'라는 뜻으로 누구나 쉬었다 갈 수 있고, 누구나 즐기다 갈 수 있는 편안함을 선물해 준다.
벽면에 오래된 책들이 가득 채워져 있어 마치 책방에 온 듯 자유로운 시간을 보낼 수도 있다. 뿐만 아니라 주인의 손길로 만들어 낸 듯한 아기자기한 소품들과 특히 돋보이는 다양한 고양이 소품들을 보는 것만으로 시간 가는 줄 모른다.

청춘플레이트고항은 평범한 듯하지만 건강식 위주의 메뉴이고, 냥코 파르페는 아이스크림, 쇼콜라 케이크, 바나나, 카스텔라로 이루어진 파르페로 귀여운 고양이의 얼굴이 담겨진 것이 특징이다. 특히나 보이지 않는 고양이의 뒷모습과 꼬리, 뒷발, 수염 하나까지 세심하게 만들어 놓은 모습이 인상적이다. 그리고 직접 만든 핸드메이드 소품들을 판매하고 있다.

Chapter 02.

교토
여행의
파워 1번지

기요미즈데라 지역

* 고다이지

 도보 이동
 지하철·전철 이동
 버스 이동

PLAN 01. 6~7시간 코스

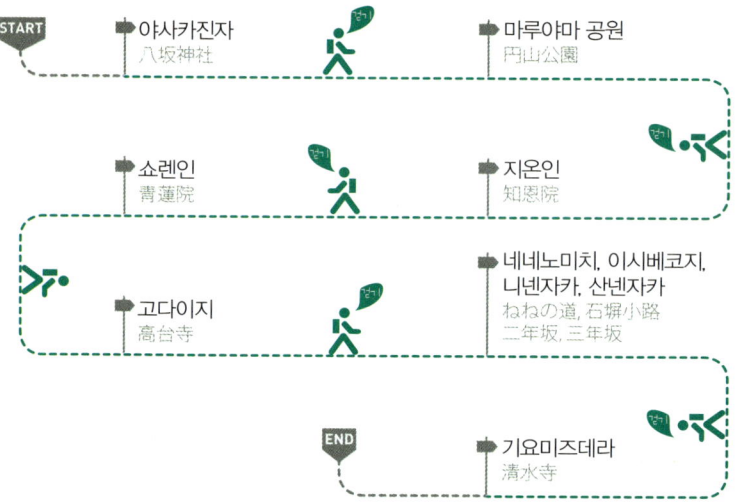

✿ 벚꽃 명소　✿ 단풍 명소

009.
>>>>>>>>>

명실상부한
교토 관광의
으뜸 명소

_기요미즈데라 清水寺

간단정보

주소 京都府京都市東山区清水1-294　　**전화번호** 075-551-1234
홈페이지 www.kiyomizudera.or.jp
이용시간 06:00~18:00, 야간 라이트업(벚꽃·단풍시기 때만) 18:30~21:30
이용요금 고등학생 이상 300엔, 초·중학생 200엔(야간 라이트업 400엔)
찾아가는 길
- 버스 100, 206번 타고 기요미즈미치清水道 또는 고조자카五条坂 하차 후 도보 10~15분
- 게이한혼센京阪本線 기요미즈고조清水五条 역 하차 후 도보 20~30분

　　한 시간만 정방향으로 걸어도 가는 길에 들러야 할 곳이 열 곳은 넘는 교토. 볼거리가 너무 많아서 어디를 갈까 두리번거리며 자꾸 걸음을 멈추게 해 가뜩이나 시간을 부족하게 만드는 무서운 곳이 교토다. 그렇게 많은 명소 중에서도 으뜸 가는 한 곳을 꼽으라면 가장 많은 사람들이 그 이름을 부르는 곳이 있으니 교토에서 기본코스처럼 첫 번째로 향하는 곳이 청수사, 바로 기요미즈데라이다.

　　수많은 여행객들, 국내에서도 해외에서도 많은 인파가 몰려들어 늘 몸살을 앓고 있는 곳이지만 그만큼 많은 이들에게 사랑받는 일본의 대표적인 절. 교토에서 손꼽히는 역사적인 건조물로 그 자태가 아슬아슬한 절벽 위에서 웅장함을 잃지 않고 당당하게 뽐내는 모습이 너무나도 매력적이니, 감히 교토의 대표적인 명소라는 말을 부끄럽지 않게 만든다.

　　기요미즈데라는 교토 동쪽 수목들이 우거진 오토와 폭포와 어우러진 언덕 위에 778년 세워졌다. 지금의 기요미즈데라는 1633년 도쿠가와 이에미즈에 의해 재건된 곳으로 과거에는 일본 불교에서 가장 오래된 종파인 법상종(홋쇼슈)과 연이 닿아 있었지만 1965년에는 기타홋소슈로 독립하였고 1994년에 유네스코 세계문화유산으로 등재된 곳이기도 하다.

　　기요미즈데라로 향하는 길목은 조금이라도 쉬어갈 수 있는 여유가 과연 있을까 싶을 정도로 늘 바삐 움직이고 북적인다. 하지만 많은 이들이 향하는 만

큼 다양한 기념품 가게와 레스토랑, 전통 찻집, 료칸(일본식 전통 숙소)들이 즐비하고 있어 소박한 매력은 아니지만 교토의 고풍스러움을 한껏 느낄 수 있다. 또 기모노나 유카타를 입은 수많은 여행객들과 마주치다 보면 그 유명세를 실감하게 된다.

언덕 위로 한 걸음씩 오르다 보면 붉은빛이 반짝이는 커다란 니오몬仁王門을 만날 수 있다. 다홍빛이 진하게 옻칠되어 있어서 아카몬赤門이라는 별명을 갖고 있다. 웅장함이 느껴지는 니오몬으로 들어서면 일본 최대 규모의 30m 삼층탑을 볼 수 있는데 기요미즈데라의 대표적인 볼거리인 이 삼층탑 또한 1632년에 재건된 것이다.

139개의 느티나무 기둥이 받치고 있는 기요미즈데라의 본당에서는 십일면관음입상을 모시고 있으며 본당 곳곳에 자리하고 있는 화려한 문양들의 장식들도 눈길을 끈다. '기요미즈노부타이淸水の舞台'라고 불리는 본당의 툇마루는 교토에서 최고로 멋진 전망을 선물해 주는 곳이기도 하다. 그 아름다운 전망 속에서 교토의 대표적인 뷰포인트인 교토타워와의 언밸런스한 만남도 특색 있다.

기요미즈데라에서는 오토와산音羽山 깊은 곳에서 흘러나오는 맑은 물을 마셔 보는 일을 그냥 지나치지 말자. 누구 하나 알려주지 않아도 이미 명소 중의 명소라서 많은 이들이 물 한 모금을 마시기 위해 길게 줄을 서서 기다림을 당연한 것처럼 받아들이고 있다. 오토와노타키音羽の滝는 기요미즈데라 본당 절벽 아래에 오토와산의 맑은 물이 흘러나오는 곳을 일컫는데 마치 작은 폭포滝(일본어로 타키)와 같은

기요미즈데라 지역

느낌을 준다고 해서 오토와노타키라고 칭한다. 3개의 물줄기에서 물이 흘러나오는데 각각 장수, 학업, 사랑이 이뤄진다는 뜻이 담겨 있다고 한다.

　기요미즈데라에서 또 다른 추억을 만들고 싶다면 본당 뒤편에 꼭꼭 숨어 있는 자그마한 지슈진자地主神社로 향해 보자. 지슈진자는 인연을 맺어 주는 신을 모시는 곳으로서 연애, 결혼의 인연을 맺어 준다 하여 많은 여성들 사이에서 엄청난 인기를 자랑하고 있다. 신사 앞마당에는 18m의 거리로 떨어진 두 개의 사랑바위가 있는데 두 눈을 꼭 감은

채 코끼리코를 하고서 20바퀴를 뱅글뱅글 돌아 한쪽 바위에서 다른 쪽 바위까지 무사히 걸어가면 사랑이 이뤄진다는 속설이 있다. 믿거나 말거나이지만 나의 인연을 찾아 뱅글뱅글 돌아 보자. 혹시 아는가, 진짜로 기요미즈데라에서 인연을 만들게 되는지.

기억해 둘 것
봄과 가을 시즌의 야간 라이트업 기간을 필히 기억해 두고 찾아 보자.

포토 TIP. 기요미즈데라 사진 따라잡기!
미션 1 : 기요미즈부타이와 교토 시내의 전경을 담아 보자.
미션 2 : 기요미즈데라의 입구에 있는 붉은색 니오몬과 어우러진 삼층탑을 담아 보자.

✿ 벚꽃 명소

010.
>>>>>>>>>

꼭 거닐어 봐야 하는
로맨틱한 교토의 거리

_네네노미치ねねの道
이시베코지石塀小路
니넨자카二年坂
산넨자카三年坂

간단정보

니넨자카 二年坂
주소 京都府京都市東山区清水1丁目294　전화번호 075-752-0227

이시베코지 石塀小路
주소 京都府京都市東山区下河原町　전화번호 075-752-0227
찾아가는 길 야사카진자八坂神社에서 기요미즈데라清水寺까지 이어진 길에 네네노미치, 이시베코지, 니넨자카, 산넨자카가 있다.

잘 알지 못할 때는 복잡한 거리에 길치가 된 것마냥 갸우뚱거리며 고생하게 되지만, 그 구조를 알고 나면 누워서 떡 먹기 신공으로 속속들이 담겨진 재미난 교토의 거리들. 교토의 중심이라 일컫는 기온 주변에도 수많은 이름을 갖고 있는 거리들이 가득하고, 그중 야사카진자를 시작으로 기요미즈데라까지 향하는 로맨틱한 길이 있으니 그곳이 바로 네네노미치, 이시베코지, 니넨자카, 산넨자카, 고조자카, 야사카도리이다.

별것 아닌 거리일지라도 거니는 것만으로도 행복함이 절로 풍기고, 북적북적한 사람 사는 향이 가득히 풍기면서도 곳곳에 아기자기한 상점가부터 대표적인 맛있는 요리들이 즐비하니, 여행객들이라면 꼭 거닐어 보게 되는 필수코스로 손꼽힌다. 또 곳곳에 일본 전통 가옥을 개조한 상점들에서 다양한 매력을 느낄 수 있고 가옥들 사이사이로 마이코 체험을 하는 이들을 가장 많이 만날 수 있는 거리이다.

도요토미 히데요시豊臣秀吉의 부인 네네가 도요토미 히데요시의 극락왕생을 기원하기 위해 고다이지를 만들었다면, 바로 그 앞에는 네네를 위한 길이 자리하고 있다. 네네의 이름을 따서 지은 네네노미치는 전봇대 하나 보이지 않는 깨끗함이 물씬 풍기는 곳으로서 길 옆으로는 쉬어갈 수 있는 공원과 전통 음식점들이 즐비하고 교토만의 인력거들도 상시대기 중이다.

네네노미치 사이의 좁은 골목길로 들어서면 이시베코지를 만날 수 있는데 이시베코지는 마치 다른 세상에 온 것만 같은 착각이 들 정도로 일본의 느낌이 가득한 골목길이다. 다이쇼 시대(1912~1926) 초기에 조성된 길로 좁은 골목길이지만 곳곳에 돌벽과 돌바닥이 멋스럽게 깔려 있다. 목조 가옥들이 양쪽으로 반겨 주고, 어디선가 멋진 무사라도 나타나서 함께 거닐어 줄 것 같은 로맨틱한 상상에 잠시 빠져 본다.

　기요미즈데라로 향하는 길에는 니넨자카와 산넨자카가 '당연히 나를 밟고 가야만 해'라고 알리는 듯이 의기양양하게 자리하고 있는데, 이 길 또한 이시베코지처럼 다이쇼 시대 초기에 조성된 곳으로 꽤 넓은 돌담길이다. 한 걸음씩 걸

을 때마다 또각또각 소리가 날 것 같이 정갈하고 깨끗하다. 또 단층 구조의 일본식 목조 가옥들 사이로 운치 있는 기념품 가게와 전통의 맛을 자랑하는 카페나 레스토랑이 가득하다.

산넨자카를 걷다 넘어지면 3년 안에 재앙이 찾아오고, 니넨자카를 걷다 넘어지면 2년 안에 재앙이 찾아온다는 속설이 전해지고 있다. 아무리 속설이라지만 괜히 넘어져서 뒤통수가 찜찜해진다면 가까운 신사에서 액땜 부적을 사서 재앙을 물리치길.

기억해 둘 것

골목 구석구석 독특한 소품, 맛있는 먹거리들이 즐비하니 마음껏 즐겨 보자.

포토 TIP. 교토의 아름다운 거리 사진 따라잡기!

미션 1 : 이시베코지에서 일본 시대극의 한 장면처럼 고품스럽게 찍어 보자!
미션 2 : 돌담길을 사뿐히 거니는 기모노 입은 여성, 마이코 체험하는 여성들을 담아 보자!
미션 3 : 언덕길에 올라 일본식 가옥들이 양쪽으로 즐비한 모습을 찍어 보자!

● 네네노미치에서 차 한 잔을 마신다면?
　인근 맛집 베스트

특색 있는 기온 퐁듀를 맛볼 수 있는
── **주반셀 기온점** ジュヴァンセル祇園店/JOUVENCELLE

주소 京都府京都市東山区八坂鳥居前南入清井町482
전화번호 075-551-1511
홈페이지 www.jouvencelle.jp
오픈 시간 11:00~19:00
추천 메뉴 기온 퐁듀祇園フォンデュ 1365엔, 사가노지さがの路 케이크 세트 972엔
찾아가는 길 야사카진자八坂神社 남문에서 도보 3분 소요

프랑스말로 '아가씨'라는 의미를 담고 있는 주반셀은 1988년 교토 기온 마츠리 때 탄생한 양과자점으로 케이크류의 모든 디저트들은 여성의 손으로 만들어진다고 한다. 언제나 가득히 줄을 서서 기다릴 정도로 사랑받는 주반셀은 프랑스에서 꼭 먹어야 한다는 퐁듀를 교토스타일로 만든 메뉴가 사랑받고 있는데, 교토만의 다양한 과일, 케이크, 당고 등을 달콤한 맛차 시럽에 찍어 먹는 퓨전식으로 내놓고 있다. 퐁듀를 모두 즐긴 후에는 맛차 시럽 위에 우유를 부어서 맛차 라테로도 즐길 수 있어서 아이디어가 돋보이기도 하다. 뿐만 아니라 쫄깃한 식감이 살아 있는 사가노지 케이크 세트도 사랑받는 메뉴 중 하나. 부드러운 케이크와 차 한 잔의 행복을 알게 해 주는 곳이다.

주반셀은 교토에 기온점 외에도 고이케점과 모모야마점이 있는데, 구매만 가능하고 기온점에만 카페 공간이 형성되어 있다. 단, 기온 퐁듀의 인기가 높아서 조금만 늦어도 맛볼 수 없다는 것을 명심하도록 하자.

011.
>>>>>>>>>

800년 넘게 꿋꿋이 지켜 온
녹나무의
위엄을 자랑하는

_쇼렌인 青蓮院

간단정보

주소 京都市東山区粟田口三条坊町　전화번호 075-561-2345
홈페이지 www.shorenin.com
이용시간 09:00~17:00, 야간 라이트업 기간(봄, 가을) 18:00~22:00
이용요금 대인 500엔, 초·중·고등학생 400엔(야간 라이트업 : 대인 800엔, 초·중·고등학생 400엔)
찾아가는 길
- 버스 5번 타고 진구미치神宮道 하차 또는 지온인知恩院에서 도보 5분, 헤이안진구平安神宮에서 도보 10분
- 시영지하철 도자이센東西線 히가시야마東山 역 하차 후 도보 5분

오하라의 산젠인과 더불어 천태종 몬제키門跡 중 하나인 쇼렌인에는 입구의 거대한 녹나무를 포함해 총 다섯 그루의 녹나무가 있는데 모두 천연기념물로 지정되어 있다. 커다란 녹나무가 쇼렌인의 지붕이 되어 주듯 그늘을 드리우고, 그 거대함에 한없이 고개가 뒤로 젖혀지게 하는 살아 있는 전설과도 같은 소중한 보물이다.

오랜 세월 동안 수많은 일을 겪으며 꿋꿋이 쇼렌인 앞을 지켜 온 녹나무는 거대한 가지를 쭉쭉 뻗어 내면서 수령 800년을 살아오며 수없이 변하고, 수없이 아파했던 쇼렌인 곁을 동무와 같이 늘 함께 하였다. 노벨문학상 수상작가인 가와바타 야스나리의 소설인 『고도』에도 등장하는 꽤 유명한 녹나무이다.

몬제키라 함은 황족이나 섭정귀족의 자제가 주지를 맡은 사원이라는 뜻으로 특히 쇼렌인은 왕족 출신의 주지들이 유독 많았다. 에도 시대인 1788년 대궐에 큰 화재가 났을 때 임시황궁으로 사용되면서 이곳의 지명을 따라 아와타 고쇼 또는 쇼렌인 몬제키라고 불리기도 하였다. 어디에나 없을 수 없는 화재가 역시나 쇼렌인에도 찾아 들었으니, 지금의 건물은 1893년에 일어난 화재로 인해 다시 재건된 것.

아름답다고 소문난 쇼렌인의 정원은 신발을 벗어던지고 마루의 차가움을 느

끼며 한 걸음씩 내딛다 보면 만나 볼 수 있는데, 후스마(미닫이문)에서 세월의 흔적을 고스란히 느낄 수 있다.

쇼렌인의 대표적인 정원은 에도 시대의 다이묘이자 정원사로 이름을 알린 고보리 엔슈小堀遠州가 만든 기리시마 정원霧島の庭이다. 그의 다른 작품인 고다이지, 니조조의 니노마루와 같은 특유의 아기자기한 멋은 부족해서 다소 아쉽지만 푸른 정원과 연못의 환상적인 조화가 심신을 안정시켜 주는 묘한 매력을 지니고 있다.

봄과 가을에는 야간 라이트업이 개최되는데, 푸른 별빛들이 반짝이는 모습을 표현한 곳곳의 모습들이 마치 우주와 같이 묘해서 낮에 만난 편안한 안식처와는

색다른 느낌이다. 면적은 작지만 시원스럽게 뻗어 있는 대나무 숲이 쇼렌인 내에 있으며, 히가시야마 지역의 전망을 내려다볼 수 있는 뷰포인트도 지니고 있다. 쇼렌인 내에는 수많은 문화재들이 보존되어 있는데, 검푸르게 그렸다 하여 아오후도靑不動라고 불리는 부동명왕 2동 자화상이 국보로 지정되어 있기도 하다.

포토 TIP. 쇼렌인 사진 따라잡기!

미션 1 : 수령 800년을 지켜내 온 녹나무의 위엄을 담아 보자.
미션 2 : 고보리 엔슈가 만든 특유의 정원을 아름답게 담아 보자.
미션 3 : 야간 라이트업 때 수많은 불빛이 반짝이는 모습을 찍어 보자.

❀ 벚꽃 명소 ❀ 단풍 명소

012.

>>>>>>>>>

도요토미 히데요시를
사랑했던 한 여인이
그를 기리는 절

_고다이지 高台寺

간단정보

주소 京都府京都市東山区下河原通八坂鳥居前下る下河原町526　**전화번호** 075-561-9966
홈페이지 www.kodaiji.com
이용시간 09:00~17:00
이용요금 600엔
찾아가는 길
- 버스 206번 타고 히가시야마야스이東山安井 하차 후 도보 10분 소요
- 야사카진자八坂神社에서 기요미즈데라清水寺로 향하는 길인 히가시야마구의 네네노미치ねねの道 근처

교토의 히가시야마 지역에 유독 눈에 띄는 절이 하나 있으니, 깊은 사랑과 시로를 배려하고 생각하는 애틋함을 고스란히 담아낸 아름다운 정원과 대나무 숲에 둘러싸인 고다이지이다.

고다이지는 임제종 겐닌지파의 사찰로 고다이쇼주젠지 또는 네네의 절, 마키에의 절이라고 불리는데, 도요토미 히데요시의 부인이었던 네네(기타노만도코로)가 그의 극락왕생을 위해 1605년에 건립한 사찰이다. 정략결혼이 당연했던 당시의 시절, 도요토미 히데요시와 네네는 드물게도 연애결혼을 하였고 부부금실도 아주 좋았다고 한다. 도요토미 히데요시는 조선을 침략하여 임진왜란과 정유재란을 일으킨, 우리에게는 원수 같은 존재이지만 네네에게는 평생 동안 바쳐도 부족할 만큼 사랑을 베푼 살가운 남편. 그래서인지 네네는 남편이 죽자 머리를 깎고 출가해 고다이인이라는 법명으로 고다이지를 창건하여 평생을 비구니로 살다 갔다.

하급무사의 아들로 태어난 도요토미 히데요시가 일본을 통일한 무장이 되기까지 그 곁은 늘 네네가 지켰다. 도요토미 히데요시는 후에 내분의 다툼을 전쟁으로 무마시키려고 하였다가 정유재란 중에 후시미 성에서 사망하였다. 고다이지는 도쿠가와 이에야스의 막대한 지원을 받아 도요토미 히데요시가 천하를 평정하였던 것을 생각해서 웅대하게 지어졌으나 수차례의 화재가 일어나면서 지금의 모습만이 남아 있을 뿐이다. 수많은 미술 공예품, 회화 등의 문화재 중 일

부 작품은 고다이지 내의 쇼미술관掌美術館에서 공개되기도 한다.

　도요토미 히데요시가 아내를 무척이나 사랑하여 만든 기온의 네네노미치, 그 길에서 계단을 오르고 오르면 그곳에 고다이지가 자리하고 있고, 옻칠 위에 금이나 은가루를 화려하게 뿌린 기법으로 만들어진 본당을 만날 수 있다. 또한 고다이지에 올라서면 히가시야마와 교토의 중심부를 고스란히 품에 안은 듯한 절경에 가슴이 탁 트인다.

　고다이지는 특히 정원이 아름다운데 국가의 명승지로 지정된 특유의 카레산스이식 정원과 치센카이유식 정원이 아름답다. 유독 아름다운 정원과 사찰이 가득한 교토에서는 '그 나물에 그 밥'이라고 생각할 법한 모습이기도 하겠지만 봉긋 서 있는 모래 정원 위로 봄이 되면 분홍빛이 가득한 수양벚나무 한 그루가 그곳을 더욱 빛내니 더 이상 아름답지 않다 어찌 말할 수 있으랴.

고다이지의 정원은 에도 시대 초기 다이묘 다도가로 유명한 고보리 엔슈의 작품 중 하나로서 니조조의 니노마루 정원과 다이토쿠지의 고보안도 그의 손에 의해 태어난 작품이다. 약간은 냉기가 느껴지는 서늘한 본당의 마루턱에 앉아 외로이 서 있는 벚나무 한 그루와 어우러진 모래 정원에서 네네의 사랑을 느껴보며 한 걸음 쉬고, 지붕이 있는 회랑식 복도를 따라 걸었을 때 나타나는 자그마한 대나무 숲에서 또 한 걸음 쉬어 본다.

매년 봄과 가을에는 야간 라이트업을 하는데 색다른 고다이지의 로맨틱함에

빠질 수 있는 좋은 시기다. 용의 등과 닮았다고 하여 가료로臥龍廊라고 불리는 회랑을 걸으며 그 앞으로 드넓게 펼쳐진 연못 가료치臥龍池를 보고 있으면 마치 구름다리를 건너는 기분을 느낄 수 있다.

고다이지 바로 옆에는 24m나 되는 거대한 석조 관음상인 료젠칸논靈山觀音이 자리하고 있는데, 푸른 산에 둘러싸여 더욱 하얗고 거대해 보이기만 한다. 멀리서는 산에 가려 잘 보이지 않지만 고다이지로 다가서게 되면 그 거대함을 정면에서 마주할 수 있다. 료젠칸논은 대부분 그냥 지나치고 마는데, 세계대전 전몰자 및 희생자를 추모하기 위해 세운 것이라고 한다.

☕ 포토 TIP. 고다이지 사진 따라잡기!
미션 1 : 고운 모래밭 위에 외로이 서 있는 벚나무를 찍어 보자.
미션 2 : 치센카이유식 정원과 어우러진 가료로를 기품 있게 담아 보자.
미션 3 : 작은 대나무 숲의 청아한 모습을 찍어 보자.

● 고다이지 근처에서 밥을 먹는다면?
  인근 맛집 베스트

매콤한 카레 육수가 매력적인 우동
— **미미코우** 味味香

주소 京都府京都市東山区祇園町南側528-6
전화번호 077-525-0155
홈페이지 www.mimikou.jp
오픈 시간 11:30~20:30
추천 메뉴 도리텐카레우동とり天カレーうどん 850엔
찾아가는 길 야사카진자八坂神社에서 기요미즈데라清水寺 방면으로 도보 5분

1969년 오픈한 미미코우는 포장마차로 시작해 40년을 운영해 오다가 나무간판을 내걸고 입소문을 타면서 지금의 기온에 자리하게 되었다.
칼칼하고 진하게 풍겨 오는 육수와 다양한 고명이 어우러진 맛이 별미이다. 카레우동의 노란 국물이 튈까봐 준비된 아기 턱받이용 티슈가 왠지 재미나다. 좁은 가게 안에 다닥다닥 붙어 앉아서 맛보는 카레우동의 통통한 면 한 줄기에 속이 다 시원해진다.

013.
>>>>>>>>>>

교토사람들에게는
친구와 같은 신사

_야사카진자八坂神社
　지온인知恩院

> ➤ 간단정보
>
> **야사카진자 八坂神社**
> 주소 京都府京都市東山区祇園町北側625   전화번호 075-561-6155
> 홈페이지 www.yasaka-jinja.or.jp   이용시간 24시간 개방   이용요금 무료
> 찾아가는 길 버스 타고 기온祇園에서 하차 후 바로 앞
>
> **지온인 知恩院**
> 주소 京都府京都市東山区林下町400   전화번호 075-531-2111
> 홈페이지 www.chion-in.or.jp   이용시간 09:00~16:00
> 이용요금 경내는 무료, 호조 정원·유젠엔 공통권 500엔
> 찾아가는 길
> - 버스 타고 지온인마에知恩院前 하차 후 바로 앞
> - 게이한혼센京阪本線 기온시조祇園四条 역 7번 출구, 시영지하철 도자이센東西線 히가시야마東山 역에서 하차 후 도보 5분 소요
> - 야사카진자八坂神社에서 지온인知恩院까지 도보 10분 소요

늘 북적이고 활기가 넘쳐나는 기온 거리. 그 기온 거리를 거닐다 보면 굳이 찾지 않아도 넓은 도로를 가운데에 둔 진한 다홍빛의 야사카진자에 시선이 꽂히게 된다. 야사카진자의 동쪽에는 벚꽃 명소로 알려진 마루야마 공원이 있고, 서쪽으로는 기온 거리가 있으며 남쪽으로는 네네노미치를 시작으로 기요미즈데라까지 갈 수 있다. 대부분 큰 도로에 마주하고 있는 다홍빛의 문이 정문인줄 알지만 사실 남쪽으로 향한 문이 정문이다.

야사카진자는 교토에서 가장 오래된 신사 중 한 곳이다. 교토에서 손꼽히는 3대 마츠리 중 하나인 기온 마츠리가 열리는 곳이기도 하며, 본래 이름은 기온샤 또는 간신인이었는데 불교적이라는 이유로 메이지 시대 고대 지명인 야사카八坂에서 이름을 따왔다. 교토 사람들은 사람을 부르는 호칭인 '상さん'을 붙여 '기온상祇園さん'이라 부른다고 하니 좀 더 친근하게 다가온다. 우리나라와도 깊은 인연이 숨겨져 있으니, 일본 신화에 나오는 신라신 '스사노오노미코토'를 모시고 있는 곳이라서 '고구려대사'라고도 불렸다.

102
/
교토에 반하다

뜨거운 태양빛이 내리쬐는 7월이 되면 교토 전체가 들썩이게 되는 기온 마츠리가 야사카진자 앞에서 진행된다. 헤이안 시대부터 시작된 기온 마츠리는 처음엔 교토에 역병이 돌아서 이를 물리치기 위해 66자루의 창을 세워 기온사에서 신센엔까지 신의 가마를 보낸 제사가 가마에 창을 단 모습으로 바뀌며 지금까지 이어온 것이다. 잠시 오닌의 난으로 인해 중단되기도 하였지만 1500년경 교토가 부흥하게 되면서 시민들의 축제로 화려하게 부활하였다. 7월에 시작되는 기온 마츠리는 창고에 고이고이 보관해 두었던 가마와 창들을 꺼내 조립하고, 7월 중순쯤 일주일 정도 전야제를 한 후에 17일에 화려한 막을 연다. 그 열정이 어찌나 대단한지 교토 시민이 존경스러울 지경이다.

야사카진자의 동쪽에 있는 마루야마 공원을 통해 거닐다 보면 커다란 목조의 산몬三門이 당당히 위엄을 자랑하고 있는 지온인을 마주하게 된다. 7대 불가사의가 숨어 있는 신비한 절이라고 하는 지온인은 야사카진자처럼 교토인들에게 '지온인상知恩院さん'이라고 불리기도 한다. 지온인의 산몬은 그 규모에서 압도당하게 되는데, 1621년에 도쿠가와 제2대 쇼군이었던 도쿠가와 히데타다가 건립한 폭 24m, 높이 50m 크기로 현존하는 일본 사원의 산몬 중 최대 규모이다.

산몬은 문이 3개라는 뜻이 아니라 공, 무상, 무원의 깨달음을 일컫는 것으로 슬픈 이야기가 전해지는 곳이기도 하다. 도쿠가와의 세력이 휘어잡고 있을 당시 고미 킨우에몬은 산몬을 지으라는 명을 받았다. 좋은 나무를 찾느라 예산이 초과되자 산몬이 완공된 뒤에 책임을 지고 부인과 함께 자결을 하였다고 전해진다. 이를 알고서는 이들의 혼을 달래기 위해 산몬 안에 부부의 목각을 안치하였다고 하니 불당 안에 일개 장인의 사당을 만들었다는 것이 독특하기만 하다. 그 위엄에 놀란 것도 잠시, 문을 통과하면 경사가 급한 돌계단인 오토코자카男坂와 경사가 완만한 온나자카女坂가 나온다. 어느 쪽으로 올라서도 지온인의 미에이도御影堂로 향하게 된다.

전국에 7000여 개의 사원을 거느린 정토종의 총본산인 지온인은 할리우드 영

화 〈라스트 사무라이〉의 무대이기도 하였다. 그리고 산몬을 비롯하여 대부분의 건조물들이 국보와 중요문화재로 지정된 것들이다. 어느 방향에서 보더라도 보는 이의 눈을 정면으로 마주 본다는 고양이 그림이나 하룻밤 만에 넝쿨이 자라나서 꽃을 피우고 열매가 열렸다는 거대한 바위 등의 다양한 이야기들이 지온인만의 불가사의들로 아직까지 풀리지 않는 수수께끼라고 한다. 문화재가 가득한 교토에서는 이웃집 건너 또 이웃집, 그리고 또 이웃집마저도 온통 중요한 국보급 사찰 및 정원들이 즐비하니, 하루 종일 걷는 것만으로도 교토와 좀 더 가까워진 느낌이 든다.

> 📷 포토 TIP. 야사카진자와 지온인 사진 따라잡기!
> 미션 1 : 야사카진자의 다홍빛 가득한 입구의 문을 담아 보자.
> 미션 2 : 환한 불이 켜져 있는 야사카진자의 멋진 야경을 찍어 보자.
> 미션 3 : 지온인의 거대한 산몬을 위엄있게 담아 보자.

● 야사카진자 근처에서 밥을 먹는다면?
　인근 맛집 베스트

에도 시대에 즐겨 먹던 교토의 향토 초밥을 즐기고 싶다면
── **이즈주** いづ重

주소 京都市東山区祇園町北側292-1
전화번호 075-561-0019
오픈 시간 10:30~20:00(수요일 휴무)
추천 메뉴 사바즈시鯖寿司(고등어 초밥) 2000엔, 이나리즈시いなり寿司(유부 초밥) 700엔, 하코즈시箱寿司 1500엔
찾아가는 길 야사카진자八坂神社 길 건너 맞은편

220년의 역사를 지닌 좁디좁은 일본식 가옥에서 오랜 세월 전해 내려오는 교토 향토 초밥을 즐겨 볼 수 있는 곳이다. 바다가 없는 교토에서는 성질이 급해서 금방 죽어 버리는 고등어를 소금과 식초로 간을 해서 김밥 말듯이 둥글게 말아 다시마로 감아 놓았다가 먹기 직전에 썰어 다시마를 벗긴 후 먹는다고 한다. 그 외에도 나무틀에 밥과 다양한 생선살을 넣고 그대로 눌러 적당한 크기로 네모나게 잘라서 먹는 하코즈시 또한 별미 중 별미이다.

014.
>>>>>>>>>>

교토인들과
추억을 공유하며
오랜 세월 사랑받고 있는 공원

_마루야마 공원 円山公園

> **간단정보**
>
> **마루야마 공원(마루야마코엔)**
> 주소 京都府京都市東山区円山町473他   전화번호 075-561-0533
> 이용시간 24시간 개방
> 이용요금 무료
> 찾아가는 길
> - 버스 타고 기온祇園에서 하차 후 도보 5분 소요
> - 시영지하철 도자이센東西線 히가시야마東山 역에서 도보 10분 소요

교토에서 100년 전통을 내세우는 일은 참으로 가소로운 일인지도 모른다. 300~400년 된 집도 있기에 100년 정도의 내력은 가게 입구에 붙이기도 부끄러울 정도로 오래된 명소들과 맛집들이 즐비한 교토. 그중 교토에서 가장 오래되었으며, 오랜 기간 자리한 만큼 많은 이들에게 사랑받는 공원이 있는데 바로 마루야마 공원이다.

마루야마 공원은 1886년 메이지 시대에 기온의 중심부에 자리 잡은 붉은빛이 가득한 야사카진자의 일부로 만들어진 공원으로 교토에서 가장 큰 공원이다. 많은 이들이 울고 웃고, 그 모든 추억을 한꺼번에 담아내고 있는 마루야마 공원은 늘 사람들이 끊이지 않으며 봄이 되면 최고의 벚꽃 명소라는 말이 무색하지 않을 정도로 아름답다.

현재 교토 시에서 운영하고 있는 마루야마 공원은 사계절 중 단연코 봄이 가장 아름답다고 내세울 수 있다. 팝콘 같은 벚꽃이 가득히 피어날 때쯤에는 모든 이들이 함께 즐길 수 있는 야타이屋台(일본식 포장마차)들이 가득 채워져, 벚꽃이 질 때까지 시끌벅적하게 즐길 수 있는 편안한 휴식처가 되어 준다.

도심 속에서 힐링을 원하는 이들을 위한 마루야마 공원에는 빼놓을 수 없는 마스코트가 하나 있으니 그것은 바로 수양벚나무, 시다레자쿠라이다. 교토의 도심 속에 자리 잡은 공원의 외로움을 함께하듯이 오랜 세월 동안 같은 추억을 공

유해 온 시다레자쿠라는 마루야마 공원의 대표적인 마스코트이다. 원래 220년 동안 그 자리를 지켜 온 1대 벚나무가 있었는데, 그 나무가 죽어 버려서 1949년 2대 벚나무를 새로 심었다고 한다. 폭포가 흘러내리는 듯한 시다레자쿠라의 아름다운 모습에 그 누가 반하지 않을까.

　10만 평 정도의 넓은 면적으로 조성된 마루야마 공원 중심부에는 약속장소로 하기에 적절한 시계탑과 큰 연못이 있는데, 그 주변으로도 약 800여 그루의 벚나무가 반겨주니 감히 봄의 여신이라 칭하지 않을 수 있으랴. 아무것도 하지

않아도 곳곳의 벚나무와 연못이 어우러져 멋진 경치를 선사해 주니, 잠시 산책해 보는 것만으로도 최고의 선물이 되지 않을까 한다. 또한 마루야마 공원 주변으로 교토의 명물 요리인 토란 요리점들과 다양한 료칸 및 교토스타일의 빈티지한 카페들이 즐비하니 지루한 시간은 과감히 떨쳐 버리자.

기억해 둘 것
천천히 마루야마 공원을 산책하며 바로 옆에 자리 잡은 야사카진자와 지온인도 함께 둘러보면 좋다.

포토 TIP. 마루야마 공원 사진 따라잡기!
미션 1 : 80년이 넘은 시다레자쿠라의 위엄을 담아 보자.
미션 2 : 벚꽃 시즌에 야간 라이트업되는 마루야마 공원의 모습을 찍어 보자.
미션 3 : 큰 연못과 어우러진 벚나무들을 담아 보자.

Special Tip

"세계문화유산만 17개"
교토에 있는 세계문화유산 정보

1. 기요미즈데라 清水寺(p.78)

주소 京都府京都市東山区清水1-294
전화번호 075-551-1234   홈페이지 www.kiyomizudera.or.jp
이용시간 06:00~18:00   이용요금 고등학생 이상 300엔, 초·중학생 200엔

교토의 첫 번째 관광명소로 칭해지는 곳으로 아슬아슬한 절벽 아래에 자리 잡은 웅장한 모습들로 인해 늘 북적임을 벗으로 삼고 있는 곳이다. 139개의 기둥으로 15m의 높이를 떠받치고 있는 목조 건축이 굉장하고, 시원한 폭포 물줄기가 뿜어져 내려오며 교토의 전망을 시원스레 조망할 수 있어서 꼭 찾게 되는 명소.

2. 도지 東寺(p.210)

주소 京都府京都市南区九条町 1
전화번호 075-691-3325   홈페이지 www.toji.or.jp
이용시간 3월 20일~9월 19일 08:30~17:30 / 9월 20일~3월 19일 08:30~16:30
이용요금 500엔

796년 헤이안 시대 고보대사弘法大師 쿠카이空海가 지은 사찰로서 교오고코쿠지教王護国寺라고 불리기도 한다. 국가를 수호하는 사찰로 세워졌으며 진언종의 총본산이다. 화려한 조각으로 장식된 남쪽 문과 도요토미 히데요시가 재건한 커다란 본당, 목조로 만들어진 일본에서 가장 높은 오층탑이 큰 볼거리 중 하나이다. 그 외에도 다양한 조각, 회화, 서적 등 진언종에 관한 문화재들을 다수 소장하고 있다.

3. 가미가모진자 上賀茂神社

주소 京都府京都市北区上賀茂本山339
전화번호 075-781-0011   홈페이지 www.kamigamojinja.jp
이용시간 24시간   이용요금 무료

678년에 창건한 왕실의 숭배가 두터운 신사로서 국보로 지정된 본전을 소유하고 있는 곳이다. 가모와케이카즈치진자賀茂別雷神社라고도 불리며 헤이안으로 수도가 정해졌을 때 국가 수호의 신사로 관심을 받은 곳이다. 교토의 3대 마츠리 중 하나인 아오이 마츠리가 열리고 각종 신사 및 제사 무대로도 자주 이용되는 곳.

4. 시모가모진자 下鴨神社

주소 京都府京都市左京区下鴨泉川町59
전화번호 075-781-0010   홈페이지 www.shimogamo-jinja.or.jp
이용시간 06:00~17:00   이용요금 대인 500엔, 초등학생 이하 250엔(경내는 무료)

언제 창건되었는지 확실치 않지만 기원전 2년에 복원되었다는 기록만 남아 있는 신사로 가모미오야진자賀茂御祖神社라고 불리기도 한다. 두 개의 본전을 붙여 놓은 독특한 구조로 이뤄져 있는데 동서에 있는 두 개의 본전이 국보로 지정된 사찰이다.

5. 다이고지 醍醐寺 (p.250)

주소 京都府京都市伏見区醍醐東大路町
전화번호 075-571-0002   홈페이지 www.daigoji.or.jp/index_k.html
이용시간 산보인 정원, 콘도(금당)·고주노토(오층탑) : 3월~11월 09:00~17:00 / 12월~2월
         09:00~16:00
         레이호칸 : 3월 24일~5월 6일 / 9월 19일~12월 6일 09:00~17:00
이용요금 산보인 정원, 콘도(금당)·고주노토(오층탑), 레이호칸 각 대인 600엔, 중·고등학생 300엔
         2매 공통권 1000엔, 3매 공통권 1500엔

수많은 국보와 중요문화재를 소장하고 있는 곳으로 헤이안 시대인 874년에 창건되었다. 진언종 다이고파의 총본산으로 이원대사 쇼보에 의해 창건되었으며 일본 불교사상 중요한 위치를 차지하는 교토에서 가장 오래된 목조건축물인 오층탑을 보유하고 있는 곳이다. 1598년 도요토미 히데요시가 벚꽃 시즌에 성대한 연회를 베풀었던 것이 계기가 되어 매년 4월에는 그때의 호화스러운 행렬을 재현하는 행사가 열리며 교토 최고의 벚꽃 명소로 손꼽힌다.

6. 긴카쿠지 銀閣寺(p.20)

주소 京都府京都市北区金閣寺町1
전화번호 075-461-0013   홈페이지 www.shokoku-ji.jp
이용시간 3월~11월 08:30~17:00, 12월~2월 09:00~16:30
이용요금 고등학생 이상 500엔, 초·중학생 300엔

킨카쿠지가 금으로 둘러싸여 있듯이 긴카쿠지 또한 은장식으로 감싸려 하였지만 뜻대로 되지 않아 다소 볼품없는 듯한 목조로 지어진 전각이 연못 사이로 고즈넉하게 자리하고 있다. 특유의 하얀 모래로 이뤄진 카레산스이식 정원이 마주하고 있다. 긴카쿠지만의 푸르름은 평범한 전각과 자연이 아름답게 어우러진 멋을 알려 준다.

7. 엔랴쿠지 延暦寺(p.419)

주소 滋賀県大津市坂本本町4220
전화번호 077-578-0001   홈페이지 www.hieizan.or.jp
이용시간 도토 08:30~16:30 / 요카와, 사이토 09:00~16:00
이용요금 요카와, 사이토, 도토 공통권 대인 550엔, 중·고등학생 350엔, 소인 무료 / 국보전(보물관) 대인 450엔, 중·고등학생 200엔, 초등학생 이하 100엔

788년 히에이잔比叡山 정상에 승려 사이초가 세운 일본 천태종의 총본산으로 헤이안 시대의 불교 모습이 고스란히 담겨진 대표적인 사찰이다. 험한 수행이 오늘날까지도 계속되고 있는 대표적인 불교의 성지이다.

8. 혼간지 本願寺

주소 京都府京都市下京区堀川花屋町下
전화번호 075-371-5181   홈페이지 www.hongwanji.or.jp
이용시간 05:30~17:30   이용요금 무료

동쪽에 있는 히가시혼간지와 서쪽에 있는 니시혼간지로 나뉜다. 히가시혼간지는 1895년에 재건된 곳으로 나라 현의 다이부츠덴 다음으로 큰 목조건물 고에이도로 유명한 곳이다. 니시혼간지는 1272년에 히가시야마에 창건된 것을 1591년에 다시 지금의 위치로 옮겨 놓은 것으로 일본에서 가장 큰 불교 종파인 정토진종의 본산으로서 신도들에게 절대적인 존경을 받고 있다.

9. 니조조 二条城(p.169)

주소 京都府京都市中京区二条堀川西二条城541
전화번호 075-841-0096   홈페이지 www.city.kyoto.jp/bunshi/nijojo
이용시간 08:45~17:00   이용요금 대인 600엔, 중·고등학생 350엔, 초등학생 200엔

에도 막부의 창시자인 도쿠가와 이에야스가 자신과 후계자들이 교토에서 머물기 위해 숙소로 만든 곳이다. 1867년 도쿠가와 시대는 막을 내렸고, 그 이후에 교토 시의 소유가 되면서 잠시 황제궁으로 쓰였으며 일본 막부시대를 대표하는 성의 화려한 건축양식들이 돋보인다. 삐거덕거리는 니노마루를 거닐어 보는 건 니조조에서 꼭 해 봐야 하는 일.

10. 닌나지 仁和寺(p.279)

주소 京都府京都市右京区御室大内33
전화번호 075-461-1155   홈페이지 www.ninnaji.jp
이용시간 09:00~16:30
이용요금 정원 대인 500엔, 중·고등학생 300엔, 본당 무료 /
         본당(벚꽃 시즌에만) 대인 500엔, 중·고등학생 200엔

888년에 창건된 진언종 오무로파의 총본산으로 당시의 황제 연호를 따 '닌나'라고 불리게 된 것이 시초가 되었다. 일왕이 각별한 애착을 갖고 있어서 오무로(일왕의 거실)를 만들어 오무로고쇼(황거)라고 불리기도 하였지만 헤이안 시대 중기부터 가마쿠라 시대에 이르기까지 황실과 귀족의 비호를 받으며 교세를 확장하다가 오닌의 난으로 인해 모두 소실되어 버렸다. 그 후 약 100년 뒤에 도쿠가와 막부의 3대 장군인 도쿠가와 이에미츠가 지금의 모습으로 다시 재건하였다. 교토에서 가장 늦게까지 벚꽃을 볼 수 있는 봄꽃 명소로 특이종 오무라자쿠라를 볼 수 있다.

11. 료안지 龍安寺(p.273)

주소 京都府京都市右京区龍安寺御陵／下町13
전화번호 075-463-2216   홈페이지 www.ryoanji.jp
이용시간 3월 1일~11월 30일 08:00~17:00 / 12월 1일~2월 말 08:30~16:30
이용요금 대인·고등학생 500엔, 중·초등학생 300엔

1450년 무로마치 막부의 무사 호소카와 가츠모토가 가택을 물려받으면서 별장으로 개조하여 살았던 곳이다. 오닌의 난으로 인해 소실되었다가 사후에 선종에게 양도되면서 선종의 정신을 느낄 수 있게 만든 묘신지파에 속하는 임제종 사찰이다. 오로지 모래와 15개의 돌로 이뤄진 호조 정원은 료안지의 대표적인 볼거리. 무채색의 정원에서 가만히 앉아 생각하게 만드는 것이 료안지의 매력이다.

12. 킨카쿠지 金閣寺 (p.268)

주소 京都府京都市左京区銀閣寺町2
전화번호 075-771-5725 홈페이지 www.shokoku-ji.jp
이용시간 09:00~17:00 이용요금 대인·고등학생 400엔, 초·중학생 300엔

3층으로 이뤄진 전각 모두가 화려한 금빛 옷을 입고 강렬하게 반짝이는 곳이다. 1397년 요시미츠 쇼군이 은퇴한 후에 새로운 거주지의 일부로서 금각사의 건축이 시작되었고, 1408년 요시미츠가 죽은 후에 선종의 절로 바뀌었다. 1층은 헤이안 시대의 귀족양식, 2층은 무사들의 양식, 3층은 중국식으로 이루어져 있어 하나의 전각에서 느껴 보는 다양한 건축양식들이 재미있다. 가까이 볼 수 없다는 것이 다소 안타깝지만 그 화려함만큼은 어느 곳에서도 빠지지 않는다.

13. 텐류지 天龍寺 (p.320)

주소 京都府京都市右京区嵯峨天龍寺芒ノ馬場町68
전화번호 075-881-1235 홈페이지 www.tenryuji.com
이용시간 08:30~17:30(10월 21~3월 20일 17:00까지)
이용요금 정원 대인·고등학생 500엔, 초·중학생 300엔 /
 제당 참배 시 대인·고등학생 600엔, 초·중학생 400엔

아름다운 자연이 살아 있는 아라시야마를 대표하는 사찰로 1255년 왕실의 별궁으로 지어졌다가 1339년에 고다이고 일왕을 위해 절로 개축한 곳이다. 일본의 제1호 국가 특별 명승 사적으로 지정된 텐류지는 아름다운 소겐치曹源池 정원을 중심으로 만들어진 치센카이유식 정원이 계절마다 서로 다른 매력을 뽐낸다.

14. 보도인 平等院(p.374)

주소 京都府宇治市宇治蓮華116
전화번호 0774-21-2861   홈페이지 www.byodoin.or.jp
이용시간 08:30~17:30
이용요금 대인 600엔, 중·고등학생 400엔, 초등학생 300엔, 보도인 내 호오도(봉황당) 별도로 300엔 추가

1053년 창건된 곳으로 특정 종파에 속하지 않는 자유로운 불교 사원이다. 본래 헤이안 시대(998년)에 후지와라 미치나가가 시골 별장으로 만들었는데 그 후 1052년 후지와라노 요리미치에 의해 별장은 불교 사원으로 탈바꿈하게 되었다. 1336년에 내전으로 인해 부속 건물들이 불에 타 버리고 그 나머지 건물들이 지금의 보도인의 얼굴로서 자리하게 되었다. 창건 당시의 아름다운 건축미가 고스란히 남아 있는 유일한 곳으로 아미타여래상이 안치되어 있다. 그리고 흔히 접하게 되는 일본 동전 10엔의 주인공이기도 하다.

15. 우지가미진자 宇治上神社(p.381)

주소 京都府宇治市宇治山田59
전화번호 0774-21-4634   이용시간 09:00~16:30
이용요금 무료

보도인이 만들어지면서 그 절을 지키는 수호신을 모시기 위해 건립되었으며 신사 건축으로서는 가장 오래된 것이다. 경내는 혼덴과 하이덴으로 이뤄져 있다. 앞마당에는 새끼줄로 틀을 만들어 그 사이로 원뿔 같은 봉긋한 모래더미 2개가 마주하고 있다. 다소 소박하고 볼거리 없는 듯한 작은 신사에 불과하지만 늘 만나던 모래정원과는 또 다른 모습이 왠지 재밌기도 하다. 또 그 어디에도 빼놓을 수 없는 양식들을 엿볼 수 있다.

16. 고잔지 高山寺

주소 京都府京都市右京区梅ケ畑栂尾町 8
전화번호 075-861-4204 홈페이지 www.kosanji.com
이용시간 08:30~17:00 이용요금 600엔

774년에 창건하고 가마쿠라 시대 재건된 사찰로서 중요문화재를 1만여 점이나 보유하고 있는 곳이다. 자연과 조화로운 세키스이원石水院이 있고, 경내에는 호쿄인토宝篋印塔와 노호쿄토如法経塔가 있다. 또한 다양한 그림들을 보유하고 있는 곳으로 신라 시대의 두 명승 의상과 원효의 전기가 그림 설명과 더불어 에피소드 형식으로 이뤄진 '화엄종조사회원(화엄연기華嚴緣起)'이라는 긴 두루마리 그림이 큰 볼거리 중 하나이다.

17. 사이호지 西芳寺

주소 京都府京都市西京区松尾神ケ谷町56
전화번호 075-391-3631 이용시간 엽서에 원하는 날짜를 적어서 신청
이용요금 3000엔

729년에 창건한 사찰로서 현재의 다양한 정원에 큰 영향을 미친 유명한 정원을 갖고 있는 이끼가 많은 사찰이다. 고케데라苔寺라고도 불리는데 1469년에 전쟁 때 건축물들이 훼손되었지만 정원만큼은 무소 소세키가 정돈한 기름진 땅과 돌장식과 이끼가 덮여 있었던 덕분에 잘 보존되었다고 한다. 가을이 되면 붉은 단풍들이 주변을 모두 감싸 안고, 그 사이로 푸른 이끼들이 꿈틀거리듯 보호하고 있으니 그 어느 정원보다도 으뜸으로 자연 자체가 숨 쉬는 곳이다. 참고로 사이호지는 예약이 필수이다. 더군다나 일본 내 주소가 반드시 필요하기 때문에 묵고 있는 호텔 측에 부탁하도록 하자.

Chapter 03.

교토의 꽃이자 번화가

기온+교토 시가지 지역

* 하나미코지

 도보 이동
 지하철·전철 이동
 버스 이동

PLAN 01. 4~5시간 코스

START → 니시키 시장 錦市場 → 겐닌지 建仁寺 → 하나미코지 花見小路 → 미야가와초 宮川町 → 가모가와 鴨川 → 본토초 先斗町 → END

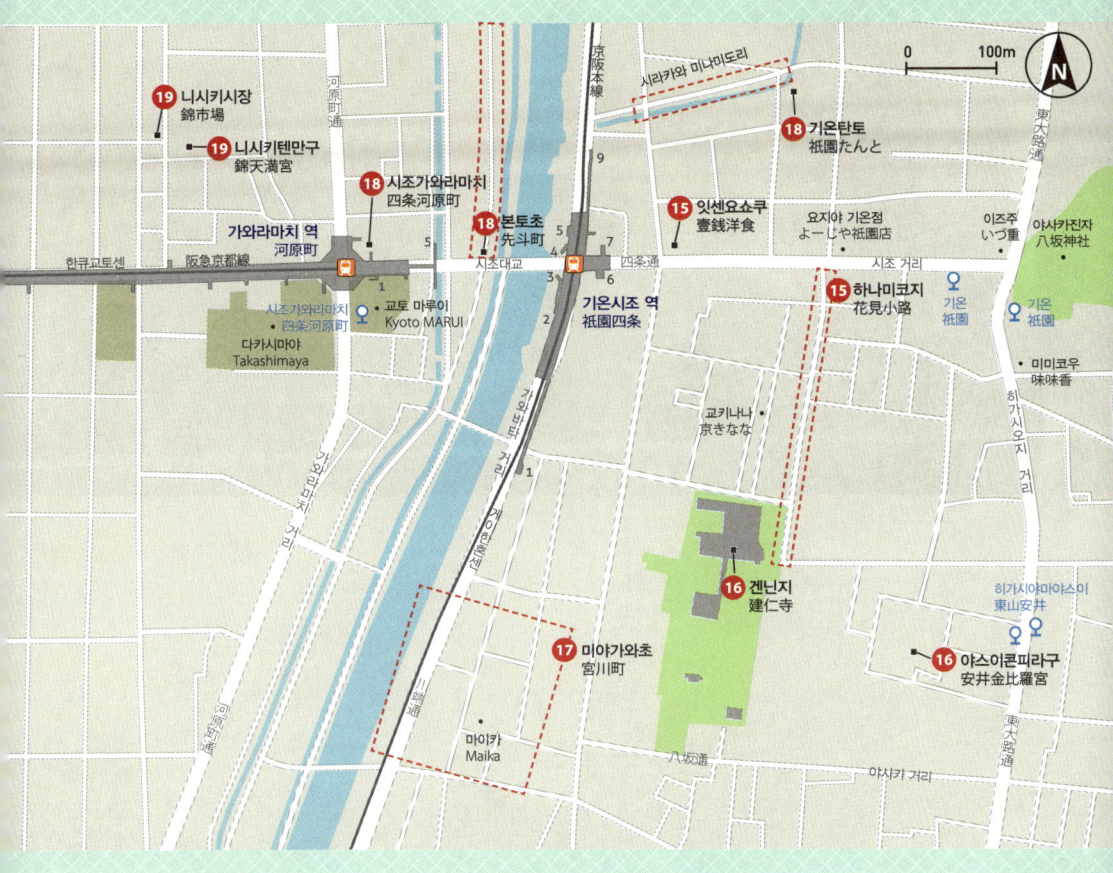

015.
>>>>>>>>>>

일본의 꽃
게이샤를
만날 수 있는 곳

_하나미코지 花見小路

간단정보

주소 京都府京都市東山区祇園町南側570-128   전화번호 075-561-0704
찾아가는 길
- 한큐교토센阪急京都線 가와라마치河原町 역에서 도보 10분 소요
- 버스 12, 46, 100, 201, 202, 203, 206, 207번 탑승 후 기온祇園 하차
- 하나마치花街 : 게이샤의 공연과 접대를 만날 수 있는 거리를 '하나마치'라고 한다. 하나마치는 기온 코부, 기온 히가시, 본토초, 미야가와초, 마기시치켄, 시마바라까지 총 6개 지역을 가리키며, 유흥가를 뜻한다. 현재 게이샤들을 가장 많이 볼 수 있는 거리는 기온 코부와 본토초다. 기온 코부는 '하나미코지'로 더 알려져 있다. 게이한혼센京阪本線 기온시조祇園四条 역에서 도보 10분 소요.

새하얀 얼굴에 도드라진 빨간 입술, 화려한 기모노를 입고 앙증맞은 접이식 우산을 든 채 새침하게 웃고 있는 모습. 누구나 엽서나 책자 등을 통해 한 번쯤은 봤을 게이샤의 이미지는 낯설지 않다. 〈게이샤의 추억〉 같은 영화에서부터 〈나비 부인〉 같은 오페라까지. 일찍이 그 신비로운 아름다움에 매혹된 서양인들은 숱한 대중문화에 그녀들의 상상력을 보탠 게이샤의 이미지를 등장시켰다. 어쩌면 그녀들은 동양에서 탄생한 첫 월드스타였던 셈이다.

그러나 아이러니하게도 외국인 관광객이 게이샤를 실제로 만나는 것은 불가능에 가깝다. 막연히 일본 교토에 가면 게이샤를 볼 수 있겠거니 기대하지만 진짜 게이샤는 길거리에서조차 마주치기 어렵다. 메이지 시대에는 교토에만 천 명이 넘는 게이샤들이 있었다고 하지만 지금 현재는 그 수가 200명이 채 안 되기 때문. 교토 관광 1번지인 기요미즈데라 일대에서 게이샤들을 봤다는 목격담이 많지만 게이샤 일일체험을 하고 있는 관광객일 가능성이 100%다. 살아 있는 화석과도 같은 그녀들을 보기 위해 수많은 관광객들이 교토를 찾지만 교토 토박이 지인이라도 없으면 게이샤를 '알현'하기란 여간 어려운 게 아니다.

그래서 교토 거리를 걷다가 우연히 진짜 게이샤를 발견하는 것은 교토 여행의 가장 큰 행운이다. 교토에서 게이샤를 마주칠 확률이 가장 높은 곳은 기온의 하나미코지. 게이샤들이 공연을 하고 술자리 시중을 드는 가게인 '오차야お茶屋'가

가장 많이 밀집해 있는 지역인 하나미코지는 가장 대중적인 관광명소임과 동시에 여전히 수많은 비밀스러움을 간직한 신비로운 장소다.

교토사람들이 게이샤들을 보기 위해 하나미코지를 찾는 외국인들에게 잊지 않고 해 주는 언질이 하나 있는데 교토에서는 게이샤를 게이코芸子라고 불러야 한다는 것. 원래 게이샤는 예술을 뜻하는 '芸(게이)'와 사람을 뜻하는 '者(샤)'를 합친 말로 실제로 '예술하는 사람'을 뜻한다. 교토에서는 '者' 대신 '子(코)'를 붙이는데 혹독한 수련의 과정을 거쳐 달인 수준의 예술 소양을 갖춰야 '子'의 칭호를 얻을 수 있다고 한다. 그래서 '게이코'가 되기 전의 수련생들이 존재하는데 그들을 '마이코舞妓'라 부른다. 마이코가 되고 싶은 소녀는 중학교까지 졸업해야 지원할 수 있으며 지망생들은 '오키야'라는 기숙사에서 '넨키'라는 수련 기간을 거쳐야 한다. 약 1년의 기간 동안 가족의 면회도, 하루의 휴일도 없이 엄격한 수련을 거쳐야 하는데 그 혹독함은 상상을 초월한다고 한다. 어디 수련뿐이겠으랴.

 마이코가 되기 위해서는 높이가 10cm나 되는 '오코보'라는 나막신을 신느라 발가락이 부르트고, 특유의 머리 모양을 유지하기 위해 목침을 베고 자느라 정수리가 벗겨지고, 한여름에도 20kg에 육박하는 기모노를 입고 다녀야 하는 불편한 삶을 감내해야 한다. 이렇게 힘든 넨키 과정을 거쳐야 마이코가 되고 약 5년 정도가 지나면 비로소 게이코가 되는데 게이코가 되면 금전적으로나 명예적으로 큰 보상이 따른다고.

 이렇게 불편하고 힘든 게이샤의 세계를 이 스마트한 시대에 누가 지망하겠냐 싶지만 천만의 말씀! 1950년대를 기점으로 급격하게 줄어들어 지난 세기 말 명맥이 끊어질 뻔한 적도 있지만 최근 들어 지망생들이 급격히 늘고 있다고 한다. 교토 출신의 경제학자 니시오 구미코가 지은 『교토 하나마치 경영학』이라는 책에 따르면 2004년에 불과 58명인 마이코의 수가 5년이 지난 2009년에는 약 77명으로 늘었는데 이 추세는 점점 더 가파르게 상승하고 있단다. 게이샤가 되고 싶다며 엄마, 아빠 손을 잡고 오키야를 찾은 중학생 소녀부터 심지어 가정주부까지 있다고 한다. 마이코가 〈마이코 한!!!〉(2007)을 비롯한 영화나 CF에까지 등장하면서 생긴 일종의 '팬덤 현상'이라는 분석도 있지만 세태에 비례하지 않는 흐름이 흥미로울 따름이다.

이런 게이샤들의 이색적인 모습을 꼭 사진에 담고 싶은 분들을 위한 팁 하나를 알려 드리자면 게이샤의 출근 시간은 오후 4시부터 6시. 그 시간에 기온 코부(하나미코지)의 주요 오차야 앞에서 인내심을 갖고 기다리면 100% 마이코와 게이코들을 만날 수 있다. 워낙 플래시 세례에 익숙한 그녀들이기에 망설이지 말고 과감히 셔터를 누르도록 하자.

마지막으로 게이샤를 볼 수 있는 가장 점잖고 편안한 방법을 알려 드리자면 계절마다 열리는 오도리(무용 공연)를 감상하는 것이다. 교토에서는 벚꽃이 피는 봄과 단풍이 지는 가을에 맞춰 오도리가 열리는데 이 계절에 맞춰서 간다면 예능의 진수를 맛볼 수 있다. 봄의 절정을 맞은 3~4월에는 하나미코지에 있는 기온 코부 등의 극장에서 다양한 공연이 열리니 교토의 벚꽃과 함께 그녀들의 춤사위를 만끽해 보도록 하자.

🍵 기억해 둘 것

- 게이코를 직접 만나 보고 싶다면 해가 지려고 할 즈음에 하나미코지의 골목을 찾는 것이 좋다.
- 편리하게 '게이코'라 칭하지만 대부분 게이코가 되기 위한 수련생인 '마이코'라는 것만 알아 두자.

☕ 포토 TIP. 하나미코지 사진 따라잡기!

미션 1 : 해가 지려고 할 쯤 골목 구석구석에서 마이코, 게이코의 모습을 기품 있게 담아 보자.
미션 2 : 교 마치야의 모습을 고풍스럽게 찍어 보자.

교토 서민들이 즐겨 먹는 오코노미야키
잇센요쇼쿠 壹錢洋食

주소 京都府京都市東山区祇園町北側238
전화번호 075-533-0001
홈페이지 www.issen-yosyoku.co.jp
오픈 시간 평일 10:00~03:00 / 주말·공휴일 10:30~22:00(연중무휴)
추천 메뉴 오코노미야키お好み焼き 650엔
찾아가는 길 한큐교토센阪急京都線 가와라마치河原町 역에서 도보 5~10분 / 야사카진자八坂神社에서 도보 5~10분 / 기온祇園의 하나미코지花見小路 맞은편

기온 중심가에 자리 잡은 잇센요쇼쿠는 1900년대 교토 서민들이 즐겨 먹던 오코노미야키를 1전에 맛볼 수 있는 서양의 음식이라는 의미를 담고 있는 곳이다.

일반적인 오코노미야키와는 달리 계란부침을 얇게 깔아서 그 속에 파, 가츠오부시, 생강, 쇠고기 등 다양한 야채들과 고기를 넣었다. 그래서 밀가루만의 텁텁함보다는 오히려 담백한 맛을 그대로 느낄 수 있고 흔히 생각하는 오코노미야키의 스타일을 벗어난 다소 파격적인 모습이 '오코노미야키'라는 표현보다는 '부침개'라는 표현이 더 어울린다.

가게로 들어서는 입구에는 소년이 도망가고 그 뒤로 강아지가 바지를 물어뜯는 듯한 마네킹이 놓여 있어 재미를 선사하고 가게 내부만의 독특한 19금 에마들도 재미나다. 혼자 찾은 손님들을 위한 것인지 테이블 곳곳에 앉아 있는 마네킹들도 즐거움을 선사해 준다.

오코노미야키는 단품으로만 판매되고 있으며 늘 찾는 이들로 인해 북적북적한 모습들이 행복하게 느껴지는 곳이다.

016.

>>>>>>>>>

교토 최초의
선종사찰

_겐닌지 建仁寺

> **간단정보**
>
> **주소** 京都府京都市東山区大和大路通四条下る四丁目小松町584　**전화번호** 075-561-0190
> **홈페이지** www.kenninji.jp
> **이용시간** 10:00~16:00
> **이용요금** 대인 500엔, 중·고등학생 300엔
> **찾아가는 길**
> - 버스 타고 히가시야마야스이東山安井에서 하차 후 도보 5분 소요
> - 하나미코지花見小路, 기온祇園에서 도보 5~10분 소요

　　기온을 조금만 벗어나면 수많은 사찰들이 가득히 자리하고 있는데, 그중 게이코를 많이 접한다고 알려진 하나미코지의 끝자락에 교토 최초의 선종사찰인 겐닌지가 있다. 기온의 북적임과는 사뭇 다른 소박함으로 인해 마치 다른 세상에 온 듯한 착각에 빠져드는 겐닌지로 들어서는 길. 겐닌지는 교토오산 중 한 곳으로 가마쿠라 시대의 승려 에이사이榮西가 창건한 사찰이다.

　　에이사이는 일본에 처음으로 선종 사상과 차茶 종자를 들여온 승려로서, 당시 가마쿠라 막부의 쇼군 미나모토 사네토모가 숙취로 늘 고생을 하자 차와 함께 그 효능에 관한 글을 쓴 『끽차양생기』를 집필하여 바쳤다고 한다. 그 이후에 차가 널리 퍼지게 되었고, 특히 우지차는 막부의 전용차로 지금까지도 교토에 가면 꼭 맛봐야 하는 것 중 하나로 손꼽힌다. 겐닌지 내로 들어서면 국보로 지정된 독특한 병풍 한 쌍이 맞이해 주는데, 교과서에도 나오는 〈풍신뇌신도(후진라이진즈)〉가 빼놓을 수 없는 겐닌지만의 볼거리로 타와라야 소타츠의 생애 최고 작품이라는 명성을 듣고 있다. 금빛이 반짝이는 바탕 위로 우스꽝스러운 얼굴의 바람신과 번개신이 뛰어노는 듯한 모습이 그려져 있는 게 재미나서 함께 미소 짓게 된다.

　　겐닌지는 차분한 일본식 정원을 지니고 있는데 모래와 물로만 의미를 담아 표현한 카레산스이식 정원으로 한가롭게 시간을 보내며 일상생활의 소란에서 벗어나 차분한 마음을 되찾을 수 있는 매력을 지니고 있다. 풍신뇌신도 외에 천장

에 커다랗게 그려진 용 그림도 대표적인 겐닌지만의 얼굴. 또한 특유의 창을 통해 바라보는 '□○△정원'의 모습이 독특하다. 가지각색의 창틀이 또 하나의 액자틀을 대신해 주어 살아 있는 액자를 만들어 내는데, 세 가지의 도형은 선종사상을 표현한 것으로 우주의 근원이라 일컫는 땅, 물, 불을 상징한다. 가을이 되면 가을만의 붉은 기운이 세 가지 도형에 각각 담기니, 수많은 교토의 명소에서 뒤처지겠지만 손꼽히는 아름다움을 만나볼 수 있는 곳이기도 하다.

기억해 둘 것

매월 둘째 주 일요일 오전 8시부터 좌선과 설법 모임을 실시하는데, 누구나 무료로 참가할 수 있다.

포토 TIP. 겐닌지 사진 따라잡기!

미션 1 : 풍신뇌신도 병풍 그림을 재미있게 찍어 보자.
미션 2 : □○△의 모양새가 액자틀을 대신해서 만들어 내는 작품을 기품 있게 담아 보자.
미션 3 : 겐닌지의 대표적인 얼굴인 천장의 용 그림을 찍어 보자.

● 겐닌지 근처에서
  또 다른 명소를 찾고 싶다면?

악연을 끊고 새 인연을 만들어 준다는 부적 이글루
── **야스이콘피라구** 安井金比羅宮

주소 京都市東山区東大路松原上ル下弁天町70
전화번호 075-561-5127
홈페이지 www.yasui-konpiragu.or.jp
이용요금 무료
찾아가는 길 겐닌지建仁寺에서 도보 5분 소요

히가시야마 산기슭에 자리하고 있는 작은 신사이다. 악연을 끊어주는 곳이라 해서 작지만 꽤 유명한 신사이다. 1.5m의 높이와 3m의 폭의 새하얀 부적으로 이뤄진 거대한 이글루가 독특해서 시선을 사로잡는데, 그 모든 것들은 많은 이들이 '남편과 바람 상대와의 인연을 끊어주세요'라던가 '그대와 행복하게 결혼할 수 있게 해주세요'라는 귀여운 바람이 적힌 글로 가득하다.
동굴 같은 큰 돌을 감싸고 있는 부적 이글루를 통과하면 악연이 끊어지고 새 인연을 만들어 준다 하여 많은 이들이 긴가민가하면서도 간절한 마음으로 찾게 되는데, 부적에 소원을 적어 돌에 붙인 후 바깥쪽에서부터 구멍을 통과하면 악연이 끊어지고, 반대로 안쪽에서부터 구멍을 통과하면 좋은 인연을 만들어 준다고 한다.

017.
>>>>>>>>>

교토에서
게이샤를 만나고
또 체험할 수 있는 곳

_미야가와초宮川町

간단정보

주소 京都府京都市東山区宮川筋４丁目
찾아가는 길
한큐교토센阪急京都線 가라와마치河原町 역 1A 출구로 나와 기온 쪽으로 이동, 시조 다리를 건너자마자 오른쪽 도로(가모가와 강변도로)를 따라 약 5분쯤 가다 보면 왼편에 놀이터가 보인다. 놀이터 왼편으로 좁게 이어진 골목이 미야가와초, 정확하게는 미야가와초 4번가다. 또는 게이한혼센京阪本線 기온시조祇園四条 역 1번 출구에서 직전해서 왼쪽 골목.

한때 교토에는 게이샤들이 명성을 떨치던 6대 하나마치(게이샤들이 접대를 하는 고급요정이 몰려 있는 유흥가)가 존재했었다. 교토의 정재계 인사들을 불러 모으며 은밀한 정치, 경제적 결정이 이뤄지던 밀담의 장소. 기온 코부(하나미코지)를 비롯, 기온 히가시, 기온 미야가와초, 기온 본토초, 기타노텐만구 동쪽의 가미시치켄, 시마바라까지 총 여섯 곳이 번성하던 과거와는 달리, 현재는 관광지로 변화한 기온 코부만이 게이샤를 만날 수 있는 곳으로 알려져 있다.

그러나 사실 교토에서 게이샤를 가장 쉽게 만날 수 있는 곳은 하나미코지가 아니라 기온의 겐닌지 너머에 있는 미야가와초다. 기온에서 겐닌지를 가로질러 가다 보면 금세 가모가와鴨川에 못 미쳐 동그란 유등이 줄지어 매달려 있는 골목을 만날 수 있는데 이곳이 다름 아닌, 교토에서 가장 살아 있는 게이샤 거리인 미야가와초. 특히 교토에서 게이샤를 꼭 한 번 제대로 사진으로 담고 싶었던 사람이라면 기온의 하나미코지보다는 이곳을 찾는 게 훨씬 현명한 방법. 기온에 비하면 관광객들이 덜하고, 미로 같은 기온의 게이샤 골목과 달리 한 방향으로만 길이 나 있기 때문에 게이샤를 마주쳤을 때 촬영하기가 수월하다.

게이샤들의 가게들이 밀집해 있다는 것 외에는 다른 명소나 여행객들을 위한 식당과 편의시설이 전혀 없기에 게이샤 사진을 촬영할 사람이 아니라면 굳이 찾을 필요는 없지만, 진짜 '오리지널' 게이샤의 세계를 엿보고 싶다면 으스름이 지는 으슥한 시간, 이 골목을 찾아도 좋겠다. 또한 미야가와초에는 관광객을 대상으로 게이샤 분장과 의상을 체험해 볼 수 있는 가게도 많으니 교토에서 게이샤

134
/
교토에 반하다

로 분해 보고 싶은 여성이라면 다른 지역에 비해 비교적 한적하게 체험을 즐길 수 있다.

　　게이샤의 본산인 미야가와초까지 왔으니 게이샤들이 응대를 해 주는 가게는 어떨지 궁금한 사람들도 많겠지만, 이곳의 가게들은 가격도 가격이거니와 무척 폐쇄적이라 처음 방문한 관광객이 아무 가게나 들어갈 수 있을 것이란 생각은 버리자. 우리가 게이샤로 알고 있는 마이코와 게이코들의 세계는 여전히 그네들만의 규칙과 터부로 움직이며, 여전히 외부인의 접근이 힘든 신비의 세계다. 그럼에도 불구하고 미야가와초는 우리가 상상했던 게이샤의 이미지에 가장 근접해서 만날 수 있는 장점이 있는 곳.

　　사진에 관심이 있다면 게이샤가 출근하기 시작하는 시간인 오후 3~4시쯤 미야가와초를 찾으면 좋다. 그리고 게이샤를 촬영할 때는 기본적으로 허락을 구하고 찍도록 하자. 대다수의 관광객들이 게이샤를 발견하자마자 곧바로 셔터를 누르지만 당연히 좋은 에티켓이 아니며 그렇게 찍는 사진은 소위 '인증샷'밖에 되지 않는다. 여행잡지나 해외 유수의 사진가들이 찍은 것처럼 멋진 게이샤 사진을 찍고 싶다면 한두 번의 방문으로는 쉽지 않으며, 촬영을 목적으로 오롯이 3박 4일 정도를 투자해야 한다. 미리 빛의 방향이나 시간대를 계산하고 게이샤를 발견하면 무시하고 지나간다 하더라도 최소한의 인사는 하고 사진을 찍도록 하자.

　　최근 사진 찍는 인구가 많아지면서 게이샤가 동서양을 막론하고 매력있는 피사체로 각광받고 있는데, 그렇다 보니 이곳 미야가와초를 비롯한 교토의 하나마치에서 인격과

예의를 무시하고 무작정 셔터를 누르는 아마추어 사진가들 때문에 갖가지 문제가 생기고 있다. 사진 욕심에 앞서 지역의 문화와 전통을 존중하는 마음을 갖고, 내가 왜 게이샤 사진을 찍으려 하는지에 대한 근원적인 질문을 던져 보도록 하자.

기억해 둘 것

미야가와초는 마땅히 식사할 곳이 거의 없다고 보면 된다. 미리 기온 쪽이나 시조도리 쪽에서 식사를 하거나 아니면 나중에 식사를 할 생각을 하고 찾아야 한다. 또한 오전에 찾으면 게이샤들을 거의 만날 수 없다. 게이샤들은 늦은 오후부터 출근을 하니 오후 3~4시경 찾으면 좋다.

포토 TIP. 미야가와초 사진 따라잡기!

미션 1: 좁은 미야가와초를 총총히 걸어가는 마이코, 게이코의 뒷모습을 담아 보자.
미션 2: 마이코, 게이코에게 정중히 사진을 청해 그녀들과 함께 기념사진을 찍어 보자.
미션 3: 여성이라면 직접 게이샤 체험을 해서 게이샤 복장을 한 자신의 기념사진을 담아 보자.

018.
>>>>>>>>>>

교토의 쇼핑,
식도락 1번지!

_본토초先斗町
시조가라와마치四条河原町

> ### 간단정보
>
> **찾아가는 길**
> - 버스 4, 5, 32, 46, 59, 205, 207번 탑승 후 시조가와라마치四条河原町 하차
> - 한큐교토센阪急京都線 가라와마치河原町 역 1A 출구, 또는 게이한혼센京阪本線의 기온시조祇園四条 역 4번 출구로 나와 시조 다리로 이동

'교토는 구닥다리'라는 선입관이 있는 사람들이라면 교토의 최고 번화가인 시조도리四条通를 가 보라. 한큐교토센 가와라마치 역을 중심으로 기온 방향의 시조 다리와 가라스마烏丸 역 사이의 큰 거리인 시조도리는 도쿄나 오사카의 중심가와 다름없는 화려함과 번화함을 자랑한다.

다카시마야나 마루이, 다이마루 같은 대형 백화점은 물론 명품점이 즐비하고, 화려한 레스토랑이 가득한 이곳은 교토 역과 더불어 교토 교통의 요지이기도 하다. 유적이 포인트가 되는 교토의 여느 지역과 달리 이곳은 특별히 어떤 명소를 찾아간다기보다는 교토에서 쇼핑에 시간을 오롯이 할애하고 싶을 때 찾거나 다른 지역을 갈 때 허브로 삼아도 되는 곳이다.

이렇게 화려하고 현대적인 시조도리도 길 사이의 골목으로 조금만 들어가 보면 다시 고색창연한 옛 거리가 펼쳐지니 "오늘은 과거에서 벗어나 21세기형 첨단의 교토를 즐겨 보자"라고 이곳을 찾아도 결국 또 과거의 흔적을 찾아갈 수밖에 없는 곳이 교토다. 시조도리의 다카시마야 백화점 바로 뒤편으로는 교토에서 가장 큰 시장이요, 교토를 비롯한 간사이 지방의 오래된 식문화를 만날 수 있는 '니시키 시장'이 펼쳐지고(다음 장에서 자세히 다룸), 기온 쪽으로 조금만 걷다 시조 다리를 건너기 직전 왼편으로 꺾어지는 골목으로 들어가면 교토의 오래된 유흥가인 '본토초'가 가모가와를 따라 원형 그대로의 모습으로 길게 펼쳐진다.

세상에 참 술 마시기 좋은 거리가 많지만 이 본토초는 밤에 걷다 보면 마치 오래 전부터 알고 지냈던 친구처럼 술 한잔 걸치고 가라는 권유를 뿌리칠 수가

없는 곳이다. 실제로 본토초는 교토 최고의 유흥가이며 여전히 게이샤들의 접대를 받으며 식사를 할 수 있는 거리다. 17세기 가모가와의 하천정비 사업을 하며 생긴 매립지에 여관과 주점 등이 자리 잡으며 형성된 본토초는 19세기 교토의 명실상부한 유흥가로 자리 잡으며 현재까지 그 명성을 이어오고 있다.

 본토초란 이름은 포르투갈어로 '뾰족한'이란 뜻을 가진 단어인 'ponto'에서 왔다고 하는데 실제로 좁디좁은 길이 강변을 따라 약 500m 정도 끝없이 이어지며 전통과 첨단이 공존하는 묘한 분위기의 골목을 형성하고 있다. 비라도 촉촉이 내린 밤, 우산을 들고 지나가는 게이샤라도 마주칠 때면 판타지 세계에 와 있는 기분이랄까. 이 지역의 식당이며 술

집이 무척 비싼 편임에도 불구하고 본토초를 찾을 때는 그 묘한 분위기에 젖어 누구라도 지갑을 열게 되는, 실로 유흥가의 풍수를 타고난 곳인 듯하다.

본토초에는 고급음식점이며 술집이 많은데 특히 가모가와를 따라 유카(강변의 평상)가 펼쳐지는 여름밤이라면 지갑 걱정일랑 하지 말고 꼭 이곳에서 식사와 간단히 술을 즐겨 보자. 시원한 바람이 불어오는 강변의 다다미에 자리 잡고 앉아 목젖을 얼리듯 시원한 맥주 한잔을 들이켜면 한낮 살인적인 교토의 더위에 시달렸던 심신이 한순간에 녹아내릴 테니 말이다. 물론 여름이 아니라도 충분히 정취와 낭만이 있음은 물론이요, 교토에서의 가장 멋진 하룻밤을 기대했던 사람에게는 망설이지 말고 꼭 본토초로 가 보라 강력히 추천해 드린다.

● 기억해 둘 것
- 본토초는 기요미즈데라, 네네노미치, 기온 쪽을 관광하고 찾아도 좋은 곳이다. 일행들 혹은 홀로 식사와 술을 동시에 하고 싶다면 꼭 본토초로 가 보자.
- 강변이 보이는 평상 자리는 내부보다 더 비싸다는 것을 염두에 두고 1인은 안 된다.
- 본토초에는 유독 이자카야가 많은데, 자릿세를 별도로 청구할 수 있으니 이 점도 유념해 두자.

● 포토 TIP. 본토초 사진 따라잡기!
미션 1 : 가모가와를 따라 담소를 나누는 낭만적인 연인들의 모습을 담아 보자.
미션 2 : 일본 특유의 등과 노렌이 조화를 이루는 묘한 본토초 골목의 분위기를 담아 보자.
미션 3 : 밤거리에 갑자기 출몰하는 게이샤의 모습을 담아 보자.

● 본토초 근처에서 밥을 먹는다면?
  인근 맛집 베스트

교토풍 오코노미야키
── **기온 탄토** 祇園たんと

주소 京都府京都市東山区清本町372
전화번호 075-525-6100
홈페이지 www.gion-tanto.com
오픈 시간 평일 12:00~23:00 / 주말·공휴일 12:00~21:30
찾아가는 길 신바시도리新橋通에 있는 시라카와白川 내

"오~키니(고맙습니다란 뜻의 교토식 사투리)"라는 말을 정겹게 읊어대는 작은 교 마치야(일본 교토의 전통 가옥)에서 식욕을 돋우는 향기로 유혹하는 곳이다. 운치 있는 시라카와의 작은 물줄기 바로 옆에 자리하고 있어서 창밖으로는 시라카와의 물줄기를 바라보며 오코노미야키를 즐길 수 있고, 주방을 정면으로 마주한 테이블에서는 직접 오코노미야키를 만드는 열정적인 모습도 가까이에서 만나볼 수 있다. 테이블이 많지 않지만 소문 듣고 찾는 이들로 인해 문전성시를 이룬다. 오코노미야키는 계란, 파, 고기, 숙주나물, 생강, 가츠오부시 등 다양한 재료를 넣어서 우리나라 부침개 형식으로 부쳐 먹는 음식인데, 뜨거운 철판에서 그 온도를 유지한 채로 뜨끈하게 맛볼 수 있어서 오랜 시간 맛있는 오코노미야키를 맛볼 수 있다.

● 가모가와에서 밥을 먹는다면? 인근 맛집 베스트

오로지 돈카츠 하나만을 고집하는
─ 나다이 돈카츠 카츠쿠라 산조본점 名代 とんかつ かつくら 三条本店

주소 京都市中京区河原町通三条西入ル
전화번호 075-212-3581
홈페이지 www.fukunaga-tf.com/katsukura/index.html
오픈 시간 평일, 일요일 11:00~21:30 / 토요일 11:00~22:00 (휴무일 없음)
추천 메뉴 메이부츠카츠쿠라젠名物かつくら膳 1900엔
찾아가는 길 가와라마치산조河原町三条에서 아케이드로 이루어진 산조상점가로 들어서서 도보 5분 소요(오른쪽)

통로가 좁아 자칫 잘못하면 그냥 지나쳐 버리기 쉬운 곳으로, 골목을 따라 들어서면 특유의 입구를 통해 카츠쿠라에 들어설 수 있다.
도톰한 살코기가 바삭하게 튀겨진 돈카츠는 맛은 기본이고 푸짐하기까지 하니 더 이상 말이 필요 없는 돈카츠의 최강자인 셈이다.
도쿠시마현에서 키운 유자를 사용한 카츠쿠라만의 유즈 논오일 드레싱과 어우러진 샐러드가 특색 있다.
또 취향껏 맛볼 수 있는 돈카츠의 소스도 다양하게 준비되어 있고, 직접 깨를 갈아 소스와 함께 섞어 돈카츠를 찍어 먹는다는 것이 카츠쿠라만의 이색적인 장면이다.
밥과 양배추는 리필이 가능하다 하니, 오로지 돈카츠의 맛으로만 승부를 보는 곳이다.

● 본토초와 근처에서
또 다른 명소를 찾고 싶다면?

에도 시대로 들어선 듯한 로맨틱한 골목
— **시라카와** 白川

찾아가는 길 하나미코지花見小路 맞은편 골목 / 가모가와鴨川 옆 골목

기온 곳곳의 골목마다 특유의 이름들이 있고, 가모가와를 중심으로 골목 사이사이에
작은 물줄기가 흘러내린다. 그래서 교토만의 운치 있는 모습들을 곳곳에서
만나 볼 수 있지만 그중 시라카와는 작은 물줄기 주변으로 일본 특유의 목조건물들이
가득히 감싸고 있어서 마치 타임머신을 타고 에도 시대로 건너간 듯한 착각에 빠져든다.
북적거리는 기온에서 살짝 벗어났을 뿐인데 오히려 다른 세상에 온 듯 조용하기만 하고,
강 주변으로 자리 잡은 다양한 꽃나무들이 바람결에 춤추는 모습조차도 아름답게
비춰진다.
돌을 하나하나 깔아 놓은 골목길의 바닥은 목조건물들과 하나로 어우러져 더욱 정겹게
만들어 주고 캄캄해진 밤거리는 곳곳에서 뿜어져 나오는 은은한 불빛들로 인해 로맨틱한
교토의 밤을 선물해 준다. 운이 좋다면 그 골목 어느 가게에서 들려오는 음악소리와
창가에서 비춰지는 실제 마이코(게이코)의 공연을 살포시 엿볼 수 있으니 놓치지 말자.

본토초를 찾기 전 읽어 보면 이곳에서 먹는 술이 더 맛있게 느껴질 소설
모리미 토미히코의 『밤은 짧아 걸어 아가씨야』

기발한 상상력과 유머러스한 필체로 국내에도 많은 팬을 확보하고 있는
일본의 소설가 모리미 토미히코森見登美彦. 그의 대표작인 『밤은 짧아 걸어 아가씨야』에는
이 본토초가 비중 있게 등장한다.
남자 주인공이 짝사랑하는 동호회 여자 후배를 사귀기까지의 연애전략이 유쾌하게 그려진
이 소설에서 본토초는 4부작 중 첫 장인 봄 편에 등장하는데, 선배의 결혼식에 참석한
여자 주인공이 이 본토초에서 다양한 사람들을 만나 술을 마시는 동안, 그녀를 뒤쫓던
남자 주인공의 모험과 수모가 생생하게 그려진다. 소설가의 상상으로 탄생한 가상의
인물들이지만 그네들을 통해 본토초의 세세한 분위기와 교토의 일상을 엿볼 수 있다.

019.
>>>>>>>>>>

교토의 부엌을 찾아
식도락에
탐닉하다
_니시키 시장錦市場

> **간단정보**
>
> **니시키 시장(니시키이치바)**
> 주소 京都府京都市中京区錦小路通
> 홈페이지 www.kyoto-nishiki.or.jp
> 이용시간 06:00~18:00, 야간 라이트업(벚꽃·단풍 시즌예만) 18:30~21:30(수요일 휴무)
> 찾아가는 길 시영지하철 가라스마센烏丸線 시조四条 역 하차. 혹은 가라스마烏丸 역에서 내려 가라와마치 河原町 역 쪽으로 걸어가다 왼편 다이마루 백화점 뒤편으로 들어간다.

'쿠이다오레くいだおれ'라는 오사카 지방의 유명한 말장난이 있는데 바로 '먹고 죽자!'란 뜻이다. 오사카에 얼마나 먹을 곳이 많고, 또 식문화가 발달했는지를 잘 나타내 주는 말이라 할 수 있는데, 그렇다면 교토는 어떨까? 교토 역시 도시 곳곳의 명소 때문에 묻힌 감이 있어서 그렇지 식문화로는 오사카에 전혀 뒤지지 않을 정도로 밀도 있는 깊이와 다양성을 자랑한다. 오랫동안 일본의 수도였고, 일본 사람들이 깍쟁이라 부를 정도로 입맛 까다로운 사람들이 사는 도시이기에 그 세밀함과 세련도에서는 오사카가 따라올 수 없다고.

바다를 끼고 있는 오사카와 달리 산으로 둘러싸인 교토는 애초에 오사카와 식문화가 다를 수밖에 없다. 일단 일본 사람들이 많이 먹는 생선을 구할 수 없었기 때문에 산에서 나는 재료를 사용하는 음식문화가 발달했다. 그렇게 교토에서 주로 생산되는 야채 등을 사용한 음식을 '교 야사이京野菜'라 부르는데 그와 더불어 부패를 막기 위해 다양한 절임음식이 생겨났고 사찰이 많은 교토의 특징상 두부 등을 사용하는 요리가 유명하다고.

그렇게 일본 어느 지방보다 다양한 교토의 식재료와 절임요리, 훈제식품, 발효품 등 다양한 식문화를 만날 수 있는 곳은 '교토의 부엌'이라 불리는 니시키 시장이다. 시조도리의 다이마루 백화점 뒤쪽부터 약 400미터쯤 이어지는 니시키 시장은 교토 사람들뿐만 아니라 여행객들이 찾아도 좋을 만큼 개방적이고 활기찬 시장이다.

원래 이곳에 맑은 지하수가 샘솟아 생선류의 저장과 판매에 유리하고, 예로부터 인구가 밀집해 있던 중심가라서 자연스럽게 시장이 형성되었다. 점포가 총 100개가 넘는 지금의 규모는 에도 시대에 정착되었다고 한다. 교토 지방에서 나는 신선한 농산물은 물론, 멀리 바닷가에서 공수된 생선 가게며 정육점들을 만날 수 있는데 여행객 입장에서는 아무래도 시장에서 직접 사 먹을 수 있는 가공품에 눈이 간다.

　시장을 거닐다 보면 코를 자극하는 달큰한 냄새에 이끌리는데 마츠리(일본 축제)에서 만날 수 있는 꼬치 요리를 쉽게 발견할 수 있으며, 또한 신기하게도 정육점 곳곳에서 고로케를 직접 튀겨서 파는데 그런 길거리 음식들을 직접 사서

들고 다니며 먹는 재미가 쏠쏠하다. 교토의 명물인 두부를 이용한 음식들도 쉽게 사 먹을 수 있는데 두부를 튀긴 유부 튀김, 한 입 크기의 두부 튀김, 그리고 두유로 만든 아이스크림 등 두부를 좋아하는 사람이라면 식도락과 건강을 동시에 챙길 수 있으니 일석이조겠다.

간단한 선물을 살 계획이라면 이곳 니시키 시장에서 사도 좋다. 눈으로 보기에만 너무 아까운 형형색색의 화과자나 녹차와 경단류, 그리고 다양한 종류의 카마보코(어묵

류), 교토 특유의 장아찌나 절임류 등이 선물용으로 잘 포장되어 있어서 고르는 즐거움이 넘쳐난다. 가격도 기요미즈데라나 기온, 가라와마치 쪽의 상점들에 비해 훨씬 저렴하니 교토 일정의 마지막, 선물 쇼핑을 위해 찾으면 가장 이상적이겠다. 참! 수요일에는 니시키 시장의 대부분의 점포가 문을 닫으니 일정에 꼭 참조하도록 하자.

♨ 기억해 둘 것

교토 지방의 독특한 채소식문화인 '교 야사이'. 다양한 채소절임과 장아찌류는 교토에서만 살 수 있으니 니시키 시장에서 꼭 사도록 하자.

☕ 포토 TIP. 니시키 시장 사진 따라잡기!

미션 1 : 교토의 풍취가 있는 전통시장의 활기를 담아 보자.
미션 2 : 닭튀김이나 고로케를 만드는 전통 상인들의 모습을 담아 보자.
미션 3 : 시장에 파는 식재료나 아기자기한 화과자, 경단류를 찍어 보자.

● 니시키 시장 근처에서
  또 다른 명소를 찾고 싶다면?

번성의 신을 모시는
── **니시키텐만구** 錦天満宮

주소 京都府京都市中京区新京極通四条上中之町537
전화번호 075-231-5732
이용시간 08:00~20:30(연중무휴)
이용요금 무료

교토의 신사들은 한 블럭에 한 개씩 존재할 정도로 그 수가 엄청나다. 따로 신사를 찾아갈 필요가 없을 정도지만 니시키 시장을 들렀다면 시장 마지막 편에 있는 '니시키텐만구'를 찾아보자. '텐만구'란 이름을 가진 신사는 학문과 번성의 신을 모시는 곳으로서 시장 상인들에게는 정말 중요한 장소겠다.
교토에서 가장 유명한 신사는 기타노텐만구이지만, 중심가에서 떨어진 곳에 있어 짧은 일정이라면 가기 힘들다. 니시키 시장도 보고, 소원도 빌고 일석이조를 잡고 싶은 사람이라면 니시키텐만구를 찾으면 좋겠다. 니시키텐만구에는 교토에서 이름난 약수라는 '니시키노미즈錦の水'를 마실 수 있고, 입구의 소 동상 머리를 쓰다듬으면 머리가 좋아진다는 전설이 있으니 꼭 들러보도록 하자.

Special Tip

> "봄에는 어디? 가을에는 어디?"
> 벚꽃, 단풍철 베스트 5

1. 사쿠라(벚꽃)를 즐길 수 있는 최고의 명소 Best 5

>>> **다이고지 醍醐寺**(p.250)

 사방으로 1000그루 이상의 벚나무들로 가득히 둘러싸인 아름다움을 뽐내며 교토 벚꽃 명소 랭킹 1위 자리를 놓치지 않는 최고의 벚꽃 명소이다. 매년 4월 둘째 주 일요일이 되면 1598년에 도요토미 히데요시가 애첩 요도기미와 그의 아들을 비롯하여 신하 1300여 명을 거닐고 꽃놀이를 즐겼던 모습을 재현한 가장행렬이 이어진다.

>>> **닌나지 仁和寺**(p.279)

교토에서 가장 늦게 피어난다는 희귀한 재배종인 키가 작은 오무로 벚나무가 가득한 곳으로 경내에 작은 벚나무의 꽃잎들이 휘날리고 많은 인파들이 늦게 피는 벚꽃을 직접 마주하기 위해 찾는 명소이다.

>>> 데츠가쿠노미치 哲学の道(철학의 길)(p.26)

긴카쿠지에서 난젠지까지 이어지는 길로 물줄기 사이사이로 봄꽃들이 가득히 피어 벚꽃 시즌에 꼭 들러야 할 필수 코스 중 한 곳이다. 특별한 볼거리는 없지만 편안한 산책로와 아기자기한 소품들이 가득한 빈티지한 카페들이 많아서 많은 이들에게 사랑받는 명소이다.

>>> 헤이안진구 平安神宮(p.47)

벚꽃을 위해 헤이안진구가 있다고 해도 과언이 아닐 정도로 커다란 정원 신엔 사이에 온통 벚나무들이 가득하다. 더군다나 곧 닿을 듯 말듯 축 처진 가지에서 피어난 연분홍 꽃잎들이 자태를 더욱 뽐내니, 천천히 줄 서서 관람하는 것조차도 기꺼이 감수할 정도로 벚꽃의 아름다움이 무엇인지를 알게 해 주는 명소이다.

>>> 히라노진자 平野神宮(p.296)

벚꽃전시장이라는 애칭을 갖고 있는 곳으로 연분홍색, 연두색, 하얀색 등의 다양한 꽃잎을 지니고 있는 벚꽃들을 만나볼 수 있다. 작은 신사에 불과하지만 벚꽃을 신으로 모시고 있는 듯한 착각에 빠질 정도로 수많은 벚꽃으로 둘러싸여 있고, '세상에 이런 벚꽃이 있었어?'라는 생각이 들 정도로 희귀한 벚꽃도 만나볼 수 있는 명소이다.

2. 모미지(단풍)를 즐길 수 있는 최고의 명소 Best 5

>>> 도후쿠지 東福寺(p.228)

가을을 위해 도후쿠지가 있다고 해도 과언이 아닌 최고의 단풍 명소로서 다른 그 어떤 나무도 보이지 않을 정도로 온통 붉은 단풍나무들이다. 그 사이로 목조다리 츠텐교가 또 하나의 멋을 자랑한다. 가을 단풍 숲 사이로 구름다리를 거니는 듯한 착각에 빠질 정도.

>>> 호센인 宝泉院(p.363)

산속 깊은 곳에 자리 잡은 오하라에 기둥이 액자를 만들어 자연스레 자연 미술관이 되어버린 호센인은 액자틀 사이로 봄, 여름, 가을, 겨울의 다양한 모습을 마주할 수 있는데 그중 최고로 손꼽히는 계절이 바로 가을이다. 기둥 안에 담긴 한 폭의 그림과도 같은 붉은빛 옷을 입은 단풍들과 푸르른 대나무가 함께 어우러진 모습이 최고의 가을 작품을 만나게 해 준다.

>>> 에이칸도 永観堂(p.38)

가을의 신이 특별히 사랑해서 불타오를 듯한 붉음을 선물하는 사찰로 유난히 붉은빛이 강하게 비치는 대표적인 단풍 명소이다. 주변으로 난젠지가 있어서 자연스레 많은 인파들을 인솔한다. 회랑 복도 사이사이로 붉은빛이 감싸는 아름다운 가을의 묘미를 접할 수 있는 명소이다.

>>> 조잣코지 常寂光寺(p.338)

하늘이 도대체 어디에 있을까 싶을 정도로 커다란 단풍나무들이 터널을 만들어 마치 이상한 나라의 가을로 여행을 떠나는 기분에 휩싸인다. 푸르른 이끼가 함께해 주고, 사이사이로 고즈넉한 돌계단들이 즐비하니, 붉은색 단풍과 함께 거니는 길 자체가 로맨틱하다.

>>> 기요미즈데라 淸水寺(p.78)

누구나가 가야만 하는 교토의 얼굴과도 같은 사찰로, 절벽 아래 아슬아슬하게 자리 잡은 목조건물이 인상적인 곳이다. 탁 트인 교토의 전망을 볼 수 있으며, 주변으로 울긋불긋한 단풍나무들이 가득히 둘러싸고 저녁이 되면 불빛들이 아름답게 비춰드니 언제나 북적이는 명소이지만 가을에 유독 많은 사람들에게 사랑받는 사찰이다.

* 교토국제만화박물관

 도보 이동
 지하철·전철 이동
 버스 이동

PLAN 01. 7~8시간 코스

니조조 二条城 → 신센엔 神泉苑 → 니시진오리 회관 西陣織会館 → 교토부립식물원 京都府立植物園 → 교토국제만화박물관 京都国際マンガミュージアム

PLAN 02. 6~7시간 코스

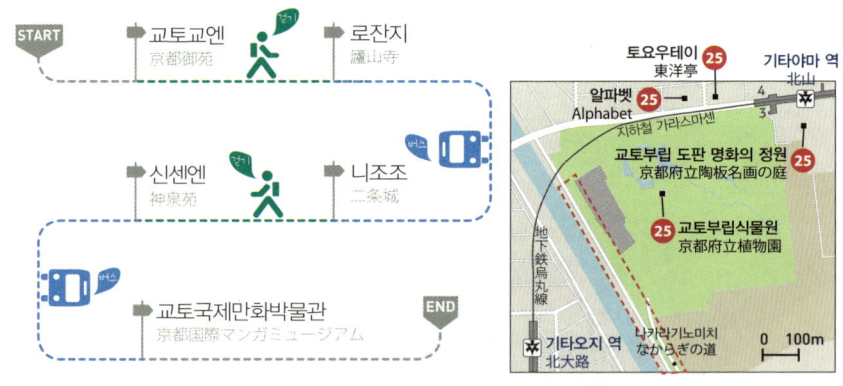

교토교엔 京都御苑 → 로잔지 廬山寺 → 니조조 二条城 → 신센엔 神泉苑 → 교토국제만화박물관 京都国際マンガミュージアム

토요우테이 東洋亭 · 기타야마 역 北山 · 알파벳 Alphabet · 지하철 가라스마센 · 교토부립 도판 명화의 정원 京都府立陶板名画の庭 · 교토부립식물원 京都府立植物園 · 지하철 가라스마센 地下鉄烏丸線 · 기타오지 역 北大路 · 나카라기노미치 なからぎの道

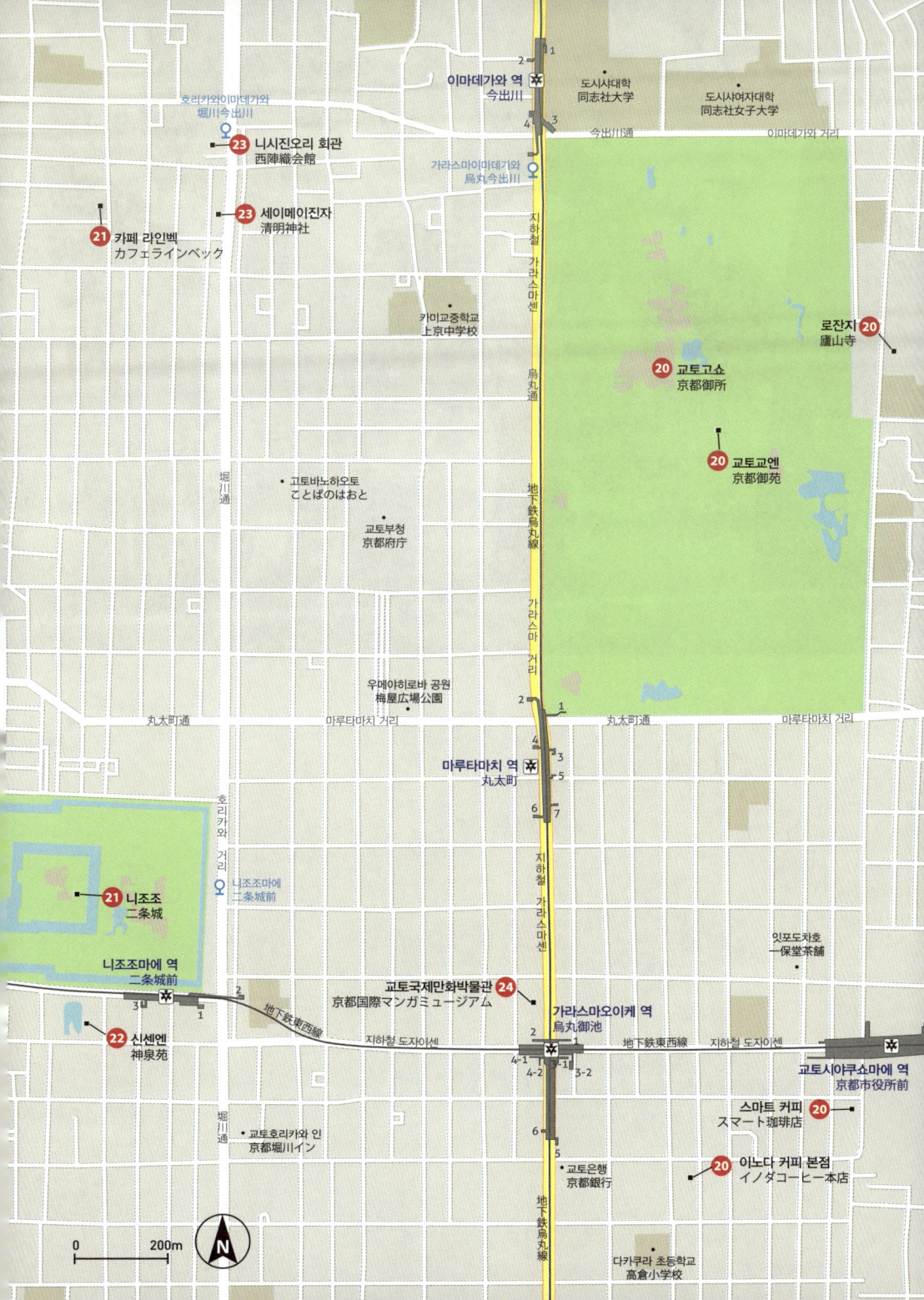

✿ 벚꽃 명소 ✿ 단풍 명소

020.
>>>>>>>>>>

천년고도를
치켜세워 주는

_교토고쇼京都御所
 교토교엔京都御苑

간단정보

주소 京都府京都市上京区京都御苑 3   **전화번호** 075-211-1215
이용시간 일반 공개 기간 : 4월 4일~8일, 11월 1일~5일 09:00~15:00
　　　　　일반 공개 기간 외에는 사전 신청을 해서 정해진 시간에만 입장이 가능
휴무 4월과 11월 5일간 일반 공개일을 제외한 모든 날은 입장불가
이용요금 무료
찾아가는 길
- 시영지하철 가라스마센烏丸線 이마데가와今出川 역에서 하차 후 도보 5분 소요
- 버스 59, 102, 201, 203번 탑승 가라스마이마데가와烏丸今出川에서 하차 후 도보 5분 소요

　교토의 동서남북 정중앙에 자리 잡은 시민들의 터전인 교토교엔. 도쿄로 천도하게 되면서 고쇼 주변에 들어섰던 귀족들의 저택이 급격히 황폐되었고 그 모습이 너무 안타까워 천황이 고쇼 주변을 보전하라 명하게 되면서, 그 황폐했던 곳이 세월이 흘러 1949년 교토교엔이라는 이름으로 시민들에게 개방되었다. 동서 700m, 남북 1300m의 녹지로 이뤄진 교엔은 넓은 부지에 비해 문이 단 9개뿐이다. 교토교엔에는 교토고쇼, 오미야고쇼大宮御所, 센토고쇼仙洞御所, 궁내청 교토 사무실 등이 자리하고 있고, 100년 넘게 이곳을 지켜온 5만여 그루가 넘는 벚나무, 단풍나무 등의 나무들이 빼곡이 채워져서 봄과 가을에는 특히나 많은 교토인들이 찾는 명소 중의 명소이다.

　그 나라를 알고자 할 때에는 그 나라의 역사를 만나 보고, 그 나라의 역사를 만나 보고자 할 때에는 가장 먼저 왕이 머물렀던 궁을 살펴보라는 말이 있다. 천년고도라는 말이 늘 수식어로 따라다니는 교토에 '교토고쇼'가 있으니 교토 자체가 역사이고, 교토 자체가 일본 자체임을 뜻한다. 교토고쇼는 원래 교토의 정중앙에 대규모의 부지로 자리 잡고 있었는데 교토의 서쪽이 습하여 사람이 살기 마땅치 않아 조금씩 이동하다 보니 규모도 작아지고 처음 위치보다 동쪽으로 2km나 떨어진 곳에 자리하게 되었다. 그 당시에만 해도 왕권이 많이 실추되어 도시 계획을 제대로 관리하지 못했었다는 확실한 증거가 되는 셈이다.

교토고쇼는 지금의 자리에 있기까지 수많은 사고들이 늘 따라다녔다. 하룻밤이 지나면 "고쇼는 잘 있는가?!"라고 안부를 물었을 정도로 수많은 화재를 달고 살았고, 시도때도 없이 발발한 정변으로 인해 수없이 재건된 아픔을 갖고 있다. 교토로 천도한 후 1227년에 대형 화재가 나면서 아예 재건할 수 없게 되어 첫 번째 궁을 떠나 1331년 지금의 고쇼를 궁으로 지정하면서 사용하기 시작하였다. 에도 시대에만 여덟 번이나 재건되었고 530여 년 동안 궁으로 사용되면서 1855년 헤이안 건축양식으로 다시 재건된 건물이 지금의 모습.

교토고쇼의 벽면에는 기다란 줄이 가로로 그어져 있는데, 그 줄의 수가 담장 안 건물의 격을 뜻한다. 옥좌가 있는 곳인 만큼 가장 높은 격인 다섯 줄로 그어져 있는데, 대궐이 아니더라도 왕실이나 귀족과 연관이 있는 장소에는 어디라도 줄이 그어져 있다. 천황이 머물던 곳이기에 대부분의 종교, 정치, 문화, 예술들이 고쇼를 중심으로 퍼져나갔다.

고쇼는 남북으로 3등분해서 남쪽은 의식용, 중간은 천황의 일상공간, 북쪽은 황후를 비롯한 아이들이 생활하는 공간으로 구분하였는데, 입구에 있는 건물은 천황을 만나기 위한 사람들이 대기하는 신분의 방으로 쓰였다고 한다. 입구에 있는 건물의 장지문에는 벚꽃, 학, 호랑이순으로 신분의 격을 표현하였고, 스스로가 자신의 신분에 맞는 방에 들어가서 천황을 만나기 위해 기다렸다고 한다.

고쇼의 지붕은 신사나 궁에서 자주 볼 수 없는 노송나무 수피를 얇게 벗겨 몇 겹으로 이은 '히와다부키'라는 독특한

교토교엔 지역

일본의 지붕 양식으로 이뤄져 있는데, 천황이 거처했던 궁이라고 하기에는 다소 소박한 모습이다. 일 년에 두 번, 봄과 가을에만 일반인들에게 공개가 되고 평소에는 사전 신청을 해야만 관람할 수 있는 교토고쇼에는 특별한 행사 때에만 사용된다는 정문인 겐레이몬建礼門을 지나 즉위식 등이 개최되는 시신덴紫宸殿, 천황의 거처였던 세이료덴清凉殿, 고고쇼小御所, 오츠네고덴御常御殿, 기요덴宜陽殿 등이 남아 있다.

🍵 기억해 둘 것

- 사전 신청을 통해 관람을 원할 때에는 궁내청 교토사무실에 여권을 제시하거나 인터넷 또는 엽서로 신청하면 된다.
- 보통 신청인이 많아서 참관이 쉽지 않기 때문에 두세 달 전에 미리 예약하는 것이 좋다.
- 인터넷 신청 http://sankan.kunaicho.go.jp/english/guide/kyoto.html
- 일 년에 두 번, 일반공개 기간에는 사전 신청하지 않아도 입장할 수 있으므로 필히 날짜를 체크하도록 하자.
- 매년 10월 22일이 되면 교토 3대 마츠리 중 하나인 지다이 마츠리時代祭가 개최된다.

🍵 포토 TIP. 교토고쇼+교토교엔 사진 따라잡기!

미션 1 : 의외로 소박한 고쇼의 건축물들을 품위 있게 담아 보자.
미션 2 : 가장 인기 스폿으로 떠오르는 시신덴을 배경으로 기념사진을 찍어 보자.
미션 3 : 교토교엔만의 아름다운 공원의 모습을 담아 보자.

● 교토교엔 근처에서 브런치를 먹는다면?
　인근 맛집 베스트

1940년부터 교토를 지켜온 카페
── **이노다 커피 본점** イノダコーヒー本店

주소 京都市中京区堺町通三条下ル道祐町140
전화번호 075-221-0507
홈페이지 www.inoda-coffee.co.jp/index.html
오픈 시간 07:00~20:00
추천 메뉴 교노초쇼쿠今日の朝食(브런치) 1200엔
찾아가는 길 지하철 가라스마센烏丸線 가라스마오이케烏丸御池 역에서 도보 5~10분 소요

요즘 교토 사람들에게 유행하는 것이
있으니, 교토 토종 카페라 칭하는
이노다 커피 본점에서 아침 식사를
하는 것이다. 이른 아침부터 길게 줄을
서서 기다려야 하는 건 기본이라는
이노다 커피에서의 브런치. 다른 카페도
아닌 꼭 이노다 커피여야 한단다.
1940년 시작된 곳으로, 교토의 분위기가
물씬 풍기는 건물 외관에 비해
서양식으로 이루어진 내부의 모습들이
약간 오묘하게 다가온다. 친절한 서비스와 더불어 편안한 안식처와 같은 이노다 커피
본점은 오랜 세월의 전통 카페 느낌이 정겨운 곳이다.

● 교토교엔 근처에서 차를 마신다면?
  인근 맛집 베스트

82년 동안 진하고 달콤한 맛을 이어온
— **스마트 커피** スマート珈琲店

주소 京都府中京区寺町通三条上る天性寺前町537
전화번호 075-231-6547
홈페이지 www.smartcoffee.jp
오픈 시간 1층 커피숍 08:00~19:00
         2층 런치 11:00~14:30(연중무휴, 2층 레스토랑은 화요일 휴무)
추천 메뉴 프렌치토스트 フレンチトースト 600엔
찾아가는 길 교토시야쿠쇼京都市役所에서 테라마치도리寺町通로 도보 5분 소요

1932년 편안하게 한 끼 식사를 즐길 수 있는 양식 전문 레스토랑으로 시작한 스마트 커피는 자연스레 커피 전문점으로 바뀌게 되면서 지금까지도 차분한 분위기의 카페로 각광받고 있는 곳이다.
다소 좁기는 하지만 높은 천장과 어우러진 은은한 조명과 고풍스러운 인테리어는 스마트 커피를 더욱 정겹게 만들어 주고, 오랜 세월 있었던 만큼 많은 이들에게 추억이 담긴 곳이라서 시골 다방에 놀러온 듯 연령대 높은 단골손님들도 꽤 있다.
스마트 커피는 브라질 커피를 메인으로 해서 진하게 블렌딩한 오리지널 커피를 맛볼 수 있는 곳이다. 더군다나 스마트 커피가 더욱 주목을 받는 건 처음 시작할 때의 레시피 그대로 지금껏 고수해 온 '프렌치토스트' 때문이다. 평범한 듯하지만 살살 녹는 부드러운 식감과 달콤한 시럽이 하나로 어우러져 향긋한 원두커피 한 잔과 찰떡궁합을 이룬다. 그 외에도 정성스럽게 직접 구운 핫케이크도 사랑받고 있는 메뉴 중 하나이다. 1층에서는 이른 아침부터 브런치를 즐기며 차 한 잔을 즐길 수 있고 정해진 런치 시간에는 2층에서 다양한 양식을 즐길 수도 있다.
스마트 커피만의 원두커피도 판매되고 있다.

● 교토교엔 근처에서
  또 다른 명소를 찾고 싶다면?

겐지모노가타리의 저자인 무라사키 시키부가 살았던 곳
── 로잔지 蘆山寺

주소 京都府京都市上京区寺町通広小路上る北之辺町397
전화번호 075-231-0355
홈페이지 www7a.biglobe.ne.jp/~rozanji
이용시간 09:00~16:00(1월 1일, 2월 3일, 12월 31일 휴일)
이용요금 대인 400엔, 초등학생 300엔
찾아가는 길 버스 59, 17, 205번 타고 후리츠이다이뵤인마에府立医大病院前 하차 후 도보 5분 소요

교토를 무대로 왕조귀족의 사랑 이야기를 엮어낸 최초의 소설이라 불리는
『겐지모노가타리源氏物語』를 세상 밖으로 꺼낸 '무라사키 시키부紫式部'의 옛 집터이다.
로잔지는 본래 다른 곳에 창건되었다가 '오닌의 난'으로 인해 소실되었다가 재건되었고,
도요토미 히데요시가 여기저기 흩어진 절들을 한 곳으로 옮기면서 지금의 터로 옮겼는데
알고 보니 무라사키 시키부의 생가였던 것이다.
지금의 로잔지 내에는 무라사키 시키부와 관련된 다양한 자료들이 전시되어 있어서
관람할 수 있고, 또 하얀 모래와 푸른 이끼가 어우러진 카레산스이식 정원인 겐지의
정원에는 여름이 되면 정원 곳곳에 보랏빛이 강렬한 도라지꽃이 아름답게 피어난다.

021.
>>>>>>>>>>

삐거덕거리는
바닥에서
지혜를 엿볼 수 있는

_니조조二条城

간단정보

주소 京都府京都市中京区二条堀川西二条城541　전화번호 075-841-0096
홈페이지 www.city.kyoto.jp/bunshi/nijojo
이용시간 08:45~17:00
휴일 1월, 7~9월, 12월 매주 화요일(화요일이 국경일이면 수요일 휴관), 12월 26일~1월 4일
이용요금 대인 600엔, 중·고등학생 350엔, 초등학생 200엔
찾아가는 길
- 버스 9, 12, 50, 101번 타고 니조조마에二条城前 하차 후 도보 1분 소요
- 시영지하철 도자이센東西線 니조조마에二条城前 역에서 도보 3분 소요

    에도 막부의 창시자인 도쿠가와 이에야스德川家康는 에도 시대(1603~1867)에 자신과 후계자가 교토에 머물기 위한 곳을 지었는데 그곳이 바로 니조조이다. 도쿠가와 시대는 1867년에 막을 내렸고, 그 이후로 니조조는 교토 시의 소유가 되면서 황제궁으로 잠시 쓰이게 되었다. 그때의 일본 막부시대를 대표하는 성의 건축양식들이 인정받게 되면서 1994년 유네스코 세계문화유산으로 지정되어 교토의 또 다른 보물 중 하나가 되었다.

    교토에서 방어를 위해 축조한 성 중에서는 유명세와 조형미에서 니조조를 으뜸이라 할 수 있다. 니조조는 성을 방어하는 혼마루本丸, 성을 방어하는 데 보조 역할을 하는 니노마루二の丸, 그리고 이곳들을 따스하게 둘러싸고 있는 아름다운 니노마루 정원二の丸庭園으로 이루어져 있는데 니노마루는 1603년에 도쿠가와 이에야스의 손자인 이에미츠家光가 완성한 것이다. 동쪽에 있는 커다란 문을 통해 니조조 안으로 들어서면 넓은 터가 먼저 반기고, 중국식의 화려한 색상으로 이루어진 커다란 가라몬唐門과 마주하게 된다.

    가라몬으로 들어서면 가장 먼저 니노마루를 만나게 된다. 니노마루는 도쿠가와 이에야스가 교토를 찾았을 때 머물거나 업무를 봤던 곳으로 사용되었다. 니노마루를 걷다 보면 마루에서 삐거덕거리는 소리를 들을 수 있는데, 이는 외부의 침입을 소리로 빨리 알기 위해 일부러 만들어 놓은 장치라고 한다. 물론 일반

마룻바닥을 거닐어도 삐거덕거리는 소리가 들리지만 니노마루의 소리와는 다르다. 사소한 것이지만 마룻바닥을 이용해서 적들의 침입을 막으려는 옛 교토 사람들의 지혜를 엿볼 수 있는 셈.

　일본식 다다미방으로 이루어진 니노마루의 화려하면서도 우아한 장식들, 미닫이문(후스마)에 그려진 다양한 그림들에 마음을 빼앗기고, 반짝거리는 화려함에 눈을 뗄 수 없다. 니노마루는 본래 계급이 높은 이들만이 출입 가능한 곳으로서 약간 높은 층으로 이뤄진 공간에 쇼군이 자리하고 양옆으로 쇼군을 따르고 지켜내는 무사들이 숨을 수 있는 옷장이 있다. 늘 그 옷장에 숨어서 적들의 침입에 대비하여 하염없이 걱정 어린 마음으로 기다리며 바라보았을 그 시절 그들의 충성심이 절로 느껴진다. 계급이 낮은 이들은 쇼군을 직접 볼 수 없었기에 멀리 떨어진 방까지만 접근이 가능하였고, 가장 안쪽에 있는 방은 쇼군이 일과 생활을 할 수 있게 사용하던 곳으로 오직 쇼군과 그를 따르는 여자 하인들만이 접근할 수 있었다고 한다.

　니조조의 두 번째 성이라 불리는 혼마루에는 5층 성탑이 있다. 도쿠가와 이에야스의 손자인 이에미츠가 니노마루를 건설하고 나서 혼마루와 3층 성탑을 추가로 만들었는데 혼마루는 18세기에 화재로 소실되면서 1893년에 교토고쇼에

서 지금의 위치로 이전되었다. 혼마루는 니노마루와는 달리 특별한 날에만 공개가 된다고 한다.

다양한 수목들로 사계절 내내 새로운 얼굴을 보여 주는 니조조는 뒤늦게 꽃을 피우는 벚나무만 해도 400그루나 된다. 2월 말부터 3월 초까지 니조조 안에는 청초한 빛을 뿜어내는 매화나무가 향기롭게 유혹하고 벚꽃 시즌인 3월 말부터 4월 말까지는 화사한 벚꽃잎이 은은한 향기를 퍼뜨린다. 또 11월에는 곳곳에 자리하고 있는 단풍나무와 은행나무가 곱게 색동옷을 입어서 그 아름다움이 극에 달하기에 늘 발길이 끊이지 않는 인기 명소이다. 늘 새롭기에, 늘 아름다운 얼굴을 마주할 수 있기에 발길이 끊이지 않는 것은 아닐까.

기억해 둘 것
- 니노마루의 삐거덕거리는 바닥소리에 귀 기울여 보자.
- 내부 촬영은 불가능하므로 편안하게 즐기면 된다.

포토 TIP. 니조조 사진 따라잡기!
미션 1 : 니노마루 정원의 모습을 담아 보자.
미션 2 : 성벽에 올라 니조조의 전경을 담아 보자.
미션 3 : 벚꽃 시즌, 단풍 시즌마다 계절의 아름다움과 야간 라이트업 시 니조조의 아름다움을 담아 보자.

● 니조조 근처에서 밥을 먹는다면?
인근 맛집 베스트

살살 녹는 팬케이크의 진리를 알려 주는
— **카페 라인벡** カフェラインベック/Cafe Rhinebeck

주소 京都府京都市上京区石薬師町692
전화번호 075-451-1208
홈페이지 http://www.matsunosukepie.com/shops/shops_tokyo.html
오픈 시간 08:00~18:00(월, 화요일 휴무)
추천 메뉴 플레인 팬케이크 プレーンパンケーキ 670엔
찾아가는 길 버스 9, 12번 탑승 이치조모도리바시세이메이진자마에一条戻り橋清明神社前 하차 후 도보 5분 소요

주택가 골목에서 만난 라인벡은 출입문 앞을 가리는 노렌에 '라인벡'이라고 쓰여 있지 않았으면 지나칠 뻔할 정도로 교묘하게 숨어 있다.
교마치야 스타일의 라인벡은 팬케이크 전문점으로, 오픈하는 8시부터 줄 서서 기다려야 할 정도로 사랑받고 있는 곳이다.
나무 테이블과 탁자, 그리고 은은하게 퍼지는 조명이 로맨틱한 인테리어를 돋보이게 한다. 라인벡의 팬케이크는 일반 팬케이크보다 훨씬 두툼해서 두께가 2cm 정도 된다. 그 두툼한 팬케이크 위에 달콤한 시럽을 뿌려 맛본 이들은 그 맛을 평생 잊을 수 없을 터. 그도 그럴 것이 마치 스펀지와 같은 팬케이크 속으로 자연스레 시럽이 스며들어 더욱 부드럽고 살살 녹는 식감을 선사해 준다.
한쪽 벽면에는 라인벡과 어울리는 엽서와 다양한 소품들이 판매 중이다. 또 라인벡만의 달콤한 스위츠들도 맛볼 수 있다.

022.
>>>>>>>>>

기우제를
올렸던 연못

_신센엔 神泉苑

간단정보

주소 京都府京都市中京区御池通神泉苑東入門前町166   **전화번호** 075-821-1466
홈페이지 www.shinsenen.org
이용시간 11:00~22:00
이용요금 무료
찾아가는 길
- 버스 9, 12, 50, 101번 타고 니조조마에二条城前 하차 후 도보 5분 소요
- 시영지하철 도자이센東西線 니조조마에二条城前 역 하차 후 3번 출구에서 도보 2분 소요

    비가 내리지 않던 교토에 항상 샘물이 솟았다고 하는 신센엔은 니조조 남동편에 자리하고 있는 작은 연못이다. 교토로 천도해 온 간무 천황을 위해 조성된 왕실 정원으로 처음부터 지금처럼 작은 운동장만 한 연못이 아니었고, 당시에는 가로 400m, 세로 200m의 넓이로 꽤 큰 곳이어서 연못에서 느긋하게 뱃놀이와 꽃놀이 등 풍류를 즐겼다.

    헤이안 시대에 만들어진 신센엔은 중국의 금원을 모방해서 만든 연못으로 메이지 시대에 다시 재건되었다. 니조조를 지으면서 기존의 신센엔 연못들이 니조조 지역에 포함되어 규모가 작아졌고, 지금과 같이 약간은 볼품없는 듯한 모습이 되었다. 예로부터 가뭄이 들었을 때 연못 속의 용녀에게 기우제를 올리면 비가 내렸다고 해서 지금의 신센엔에서는 전설 속의 선녀용왕을 모시고 있다. 또한 음양사로 유명한 세이메이의 자식도 이곳에서 기우제 의식을 치렀다고 알려져 있다.

    왕실 정원이었기에 아무나 출입할 수 없었던 신센엔이었지만 지금은 그 아무나도 방문하지 않을 정도로 수많은 교토의 명소들에 밀려 외면받는 곳 중 한 곳으로 전락해 버렸다. 한없이 조용하고, 크기도 너무 작은 데다가 교토의 다른 정원들보다 볼품없는 듯한 모습이지만 연못에 비치는 붉은색 다리가 멋스럽게 반겨 주고 있다.

　붉은색을 입은 호조바시法成橋라는 다리를 건너면 평생의 단 하나뿐인 소원을 들어 준다는 설이 있다. 쉬엄쉬엄 거닐며 마음 속 깊이 소원을 하나 담아 건너보는 것도 특별한 재미를 선사해 준다.

　신센엔에서는 매년 5월 1일부터 4일까지 신센엔 제례행사가 열리고 다이넨부츠쿄겐大念仏狂言이라는 무언극도 열린다. 여행하는 기간과 맞다면 니조조와 함께 둘러보는 것도 좋다.

기억해 둘 것

신센엔에 있는 헤이하치平八라는 식당에 일본에서 가장 두꺼운 우동을 판다고 하니 놓치지 말자.

포토 TIP. 신센엔 사진 따라잡기!

미션 1 : 소망을 이루어 준다는 붉은빛이 감도는 호조바시의 모습을 담아 보자.
미션 2 : 연못과 어우러진 모습을 시원스럽게 찍어 보자.

023.
>>>>>>>>>>

화려한 기모노 쇼를
즐길 수 있는

_니시진오리 회관
西陣織会館

177
/
교토교엔 지역

> **간단정보**
>
> **니시진오리 회관(니시진오리카이칸)**
> 주소 京都市上京区堀川通今出川南入 전화번호 075-432-6131
> 홈페이지 www.nishijin.or.jp
> 이용시간 09:00~17:00(12월 29일~1월 3일 휴무)
>   기모노 패션쇼(1층/무료관람) 10:00, 10:50, 11:45, 13:15, 14:15, 15:15, 16:00
> 이용요금 무료
> 찾아가는 길
> • 버스 탑승 호리카와이마데가와堀川今出川 하차 후 바로 앞
> • 시영지하철 가라스마센烏丸線 이마데가와今出川 역 하차 후 도보 10분 소요

 '일본' 하면 머릿속에 수많은 단어들이 떠오른다. 온천, 벚꽃, 초밥, 우동, 게이샤 등 가지각색의 단어들이 떠오르지만 그중 절대 빼놓을 수 없는 것이 바로 기모노着物이다. 우리나라의 한복이 고유의 고풍스러운 아름다움을 표현해 내듯 일본도 기모노의 멋스러움을 다양하게 표현하고 있다. 기모노는 가장 입기 힘든 전통 의상 중 하나이며 반대로 가장 쉽게 벗을 수 있는 전통 의상이기도 하다. 또 기모노를 만드는 직물의 값이 워낙에 높아서 제대로 갖춰 입는다는 것이 쉽지 않은 의상이다.

 지금은 기모노를 많이 입지 않기 때문에 기모노 시장이 많이 쇠퇴해졌다고 해도 교토에서는 기모노 하면 생각나는 지역이 바로 '니시진西陣'이다. 니시진은 예로부터 기모노의 기본적인 원단이 되어 주는 직물을 만드는 곳으로 니시진에서 만들어진 비단을 '니시진오리西陣織'라고 부르는데, 교토를 대표해서 만드는 염색 직물로서의 명성이 높다.

 니시진오리는 지금까지도 한 땀 한 땀 장인의 손으로 만들어지는 수제 직물로 최고의 평가를 받는 제품으로 인식되고 있다. 더군다나 어딜 가나 최신화된 자동화 방적기를 사용하다 보니 손으로 직접 만들며 장인들의 뒤를 이을 사람이 없을 정도라서 안타까운 마음도 가득하다. 니시진오리는 제작 공정이 조금씩 다른 12가지의 품종이 있고 공예품에 관련된 법률에 의해 보호받고 있을 정

도이다.

    니시진오리에 대해 조금 더 알고 싶다는 사람들을 위해 1984년 니시진오리의 제품을 판매하거나 전시하며 기모노의 아름다움을 알리고자 니시진오리 회관이 설립되었다. 무료로 관람할 수 있는 니시진오리 회관에서는 기모노 직물로 만들어진 헤어핀, 핸드폰줄, 지갑, 가방, 인형, 기모도 등을 구매할 수 있고, 전시된 상품들을 관람할 수도 있다. 워낙에 고급스러운 원단이기에 쉽게 접할 수 없지만 교토에서만큼은 어느 곳에서나 기모노 직물로 만들어진 액세서리만큼은 쉽게 접할 수 있다. 손톱만 한 액세서리도 기모노 원단이라는 이유만으로 비싼 편이기는 하지만, 그 화려한 빛깔과 그 속에 담겨진 노력으로 새겨진 문양들은 평생의 하나뿐인 기념품이자 소중한 보물이 되어 준다.

    니시진오리 회관에서 매일 무료로 펼쳐지는 화려한 기모노 쇼는 어디에서도 쉽게 보지 못할 특별함이 있다. 다양한 기모노를 입고 나온 모델들이 음악에

맞춰 기모노의 앞모습과 옆모습, 뒷모습을 꼼꼼히 보여 주어 기모노에 대해 좀 더 알 수 있는 기회를 준다. 연령별로 입을 수 있는 화려한 기모노부터 일상에서 입을 수 있는 편안함이 엿보이는 기모노까지 다양한 기모노를 관람할 수 있다. 뿐만 아니라 니시진오리에 문양을 그려 넣는 장인의 손길도 직접 엿볼 수 있고, 기모노를 대여해서 직접 기모노를 입고 주변을 산책할 수 있는 프로그램도 마련되어 있다.

니시진 지역은 헤이안 시대부터 발전해 오면서 특유의 교 마치야(교토의 전통주택)만의 매력이 듬뿍 담긴 골목이 멋스러운 곳으로 각광받고 있기도 하다. 특별한 볼거리나 명소가 있는 건 아니지만 기온과는 또 다른 고풍스러움이 가득한 목조건물들이 많이 남아 있어서 니시진오리 회관과 함께 타박타박 산책을 즐기기에도 좋다. 교토에서 가장 오래된 게이샤(게이코) 거리라고 하는 '카미시치켄上七軒'도 함께 거닐어 보면 교토에서의 색다른 여행이 될 것이다.

기억해 둘 것

- 정해진 시간에 무료로 기모노 패션쇼가 진행되니 꼭 관람하도록 하자.
- 정성 가득한 손길로 기모노 원단에 그림을 그리는 장인의 모습도 살펴볼 수 있으니 꼭 만나 보자.

포토 TIP. 니시진오리 회관 사진 따라잡기!

미션 1: 화려하게 펼쳐지는 기모노 패션쇼의 현장을 담아 보자.
미션 2: 기모노를 만드는 장인의 기품있는 손길을 담아 보자.

● 니시진오리 회관 근처에서
  또 다른 명소를 찾고 싶다면?

미스터리가 가득한
── 세이메이진자 清明神社

주소 京都府京都市上京区堀川通一条上ル806
전화번호 075-441-6460
이용시간 09:00~18:00
이용요금 무료
찾아가는 길 니시진오리 회관西陣織会館에서 니조조二条城 방면으로 도보 5분 소요

호리카와도리 옆에 자리하고 있는 세이메이진자는 헤이안 시대에 인정받던 음양도의 시조인 아베노 세이메이安倍晴明를 모시는 신사이다.
2개의 신성한 도리이를 지나면 그의 염력이 솟아 나왔다는 별 모양의 샘물터가 먼저 반기는데, 그곳에서 속세의 부정적인 것들을 모두 씻고 들어가라는 의미를 담고 있다.

경내 옆에는 파라솔의 그늘을 의지 삼아 마를 제압한다는 과일로 알려진 복숭아 모양의 동상이 있는데 쓰다듬으면 액운이 사라진다고 하여 많은 이들이 쓰다듬고 간 흔적이 가득하다. 미스터리가 가득한 곳이지만 세이메이만의 악귀를 쫓기 위한 별 모양의 에마에 소원을 적어 걸어 보는 것도 좋다.

024.

>>>>>>>>>

만화에 관한
추억 한 장 꺼내 보는

_교토국제만화박물관
京都国際マンガミュージアム

간단정보

교토국제만화박물관(교토고쿠사이망가뮤지아무)
주소 京都府京都市中京区 烏丸通御池上ル   **전화번호** 075-254-7414
홈페이지 www.kyotomm.com
이용시간 1~3월 10:00~18:00 / 4~12월 10:00~20:00(매주 수요일 휴관)
이용요금 대인 800엔, 중 · 고등학생 300엔, 초등학생 100엔
찾아가는 길 시영지하철 도자이센東西線 또는 가라스마센烏丸線 가라스마오이케烏丸大池 역 하차 후 2번 출구 바로 앞

박물관이라 하면 딱딱하고 지루할 것만 같은 느낌 때문에 왠지 거부감이 생긴다. 하지만 이런 박물관의 고정관념을 과감히 깨 버린 곳이 있으니, 옛 타츠이케 초등학교 자리에 세워진 국제만화박물관이다. 2003년 4월 교토 세이카대학에서 교토시에 '국제만화박물관'에 관한 계획을 제안하였고, 교토 시민들의 적극적인 협력으로 2006년 11월에 일본 최초로 만화박물관이 세워지게 되었다. 뜬금없이 만화박물관이 웬 말인가 싶겠지만 '교토국제만화박물관'을 커다란 만화방이라고 생각하면 이해가 쉬울 터. 박물관으로서의 역사적 기능과 만화방으로서의 편안하고 안락한 분위기를 접목시킴으로 인해 많은 이들이 추억을 되새기기 위해 끊임없이 발길하고 있는 곳이다.

교토국제만화박물관은 일본 만화부터 전 세계의 만화들까지 총 35만 점 이상을 소장하고 있고, 그 모든 책들을 자유롭게 구독할 수 있다는 장점이 있다. 뿐만 아니라 메이지 시대 이후부터 시작된 만화와 관련된 자료, 다양한 잡지, 애니메이션 관련 자료, 세계 각국의 명작들도 보유하고 있으며 일본 외의 다른 나라 언어로 번역된 만화책까지 구비하고 있으니 일본어를 몰라도 자유롭게 즐길 수 있는 특별한 도서관이다. 물론 한국어로 된 만화책도 있으니 심심할 일은 절대 없을 것이다.

교토국제만화박물관이 단순하게 만화책만 볼 수 있는 도서관으로 전락하지 않고 끊임없이 사랑받는 이유는 늘 다양한 교육 프로그램과 전시회가 개최된다

는 것이다. 만화 스케치 체험이나 레버를 돌려서 만화의 스토리를 들어 보는 체험도 있고, 만화를 만드는 소프트웨어가 설치된 컴퓨터가 있어서 직접 만화를 만들어 볼 수도 있다. 특히 사랑받는 것은 종이 연극인데, 종이로 인형을 만들어서 퀴즈를 내며 아이들과 소통을 하고, 한 편의 연극을 보여 주며 심금을 울리기도 한다. 유명한 만화가 100인이 자신의 만화 캐릭터와 일본의 무희를 접목시킨 개성 넘치는 〈100인의 무희전〉은 상설 전시되는 것으로 언제든 만나볼 수 있다.

1869년 11월 교토 시민들의 기부금으로 만들어진 초등학교를 박물관으로 개조한 곳이라서 그때를 기억하기 위한 공간도 마련되어 있다. 초등학교였던 만큼 초록 잔디가 가득한 운동장이 있고, 나무로 이루어진 복도, 아이들 시선에 맞춘 계단들이 마음을 따스하게 녹여 준다.

새로운 만화부터 마음 깊은 곳에 잠들어 있는 추억의 만화까지도 다양한 스타일로 가득 차 있는 교토국제만화박물관. 우리들의 추억 속에 있을 법한 아톰, 드래곤볼, 캔디, 호빵맨 등 다양한 만화를 하루 종일 즐길 수 있으니 어릴 적 만화책 한 권에 담긴 추억을 찾아보는 건 어떨까.

기억해 둘 것
- 박물관 내부 촬영은 불가능하므로 재밌는 만화책과 함께 시간을 보내도록 하자.
- 박물관 외 대출은 안 된다.
- 운동장에서 정기적으로 코스프레가 펼쳐지기도 하니 참고해 두자.

포토 TIP. 교토국제만화박물관 사진 따라잡기!
미션 1: 초등학교를 개조한 교토국제만화박물관의 모습을 찍어 보자.
미션 2: 주말에 열리는 코스프레에서 만화책 속에서 방금 튀어나온 듯한 캐릭터 친구들을 담아 보자.

025.
>>>>>>>>> 다양한 식물들이 공존하는
           일본 최초의 식물원

_교토부립식물원
　京都府立植物園
　교토부립 도판 명화의 정원
　京都府立陶板名画の庭

간단정보

교토부립식물원(교토후리츠쇼쿠부츠엔)
주소 京都市左京区下鴨半木町
전화번호 075-701-0141
이용시간 09:00~17:00 / 온실 10:00~16:00(12월 28일~1월 4일 휴관)
이용요금 교토부립식물원 200엔 / 온실관람료 200엔 별도 / 교토부립 도판명화의 정원 100엔 / 교토부립 식물원+도판명화의 정원 공통권 250엔
찾아가는 길
- 시영 지하철 가라스마센烏丸線 기타야마北山 역 하차 후 3번 출구에서 바로 앞(북문), 도보 10분(정문)
- 버스 205, 206번 탑승 쇼쿠부츠엔마에植物園前 하차 후 도보 5분

교토부립 도판 명화의 정원(교토후리츠토반메이가노니와)
주소 京都市左京区下鴨半木町
전화번호 075-724-2188
홈페이지 toban-meiga.seesaa.net

시원스런 가모가와 물줄기가 흐르는 기타야마에 자리하고 있는 교토부립식물원은 1924년 1월 1일에 문을 열면서 많은 사랑을 받고 있는 일본 최초의 식물원이다. 세계 10대 식물원에도 당당히 선정된 교토부립식물원에는 1만 2천여 종류의 다양한 꽃식물들이 자라고 있고, 큰 공원이 함께 조성되어 있어서 가족들과 피크닉을 나오거나 연인들끼리 데이트를 즐기기에도 좋으며, 어린아이들이 체험학습을 하기에도 좋은 곳이다.

타박타박 거닐기 좋은 교토부립식물원 곳곳에는 다양한 꽃들이 살고 있는 온실과 물이 흐르는 연못, 분수, 동백군락지, 힐링이 되는 숲길, 벚꽃공원, 수선화, 개나리 꽃길, 매화, 단풍길 등 다양한 꽃길로 이뤄져 있고, 11세기의 중국과 일본의 서원 모습을 혼합해 놓은 건축양식이 돋보이기도 하다.

따스한 햇살이 행복해지는 봄날, 북문으로 들어서면 붉게 타오를 듯한 튤립들이 교토부립식물원의 투명한 유리가 반짝이는 온실과 어우러져 멋진 광경을 만들어 낸다. 그뿐만 아니라 그 어떤 벚꽃 명소에도 빠지지 않는 수많은 벚나무들이 바람에 휘날리며 꽃비를 내려 주어 마치 로맨틱한 영화의 한 장면을 선물해

주기도 한다. '세상에 이런 꽃들도 있어?!'라고 할 정도로 다양한 꽃들로 가득하고, 곳곳의 아기자기한 연못 물줄기들은 숲을 그대로 옮겨서 재현해 놓은 것만 같다.

24만㎡의 크기를 자랑하는 교토부립식물원의 온실은 일본에서 가장 큰 온실로 손꼽히고 있으며 온실에서만 12만송이의 꽃식물들이 재배되고 있다. 더군다나 피는 시기가 다른 꽃들로 인해 사계절이 늘 인산인해를 이룬다.

교토부립식물원 정문 옆에는 식물원과 함께 즐길 수 있는 '교토부립 도판 명화의 정원'이 자리하고 있다. 교토부립식물원과 함께 사용할 수 있는 공통권으로 저렴하게 관람할 수 있다. 도판 명화의 정원은 일본에서 절대 빼놓을 수 없는 최고의 건축가라 칭하는 안도 타다오의 건축물이다. 자연의 섭리를 제대로 해석하여 만들어 놓은 듯한 안도 타다오만의 건축 스타일은 이해할 수 없을 것 같으면서도 해가 어

디에서 뜨고 지는지, 바람이 어떻게 부는지를 생각하고 만든 것처럼 자연과 하나가 된 모습이 꽤 충격적이면서도 그 스타일에 매료된다.

　도판 명화의 정원은 안도 타다오가 설계한 세계 최초의 야외 회화정원으로서, 세계에서 인정받는 미켈란젤로 부오나로티의 〈최후의 심판〉, 레오나르도 다빈치의 〈최후의 만찬〉, 고흐의 〈삼나무와 별이 있는 길〉, 오귀스트 르누아르의 〈두 자매〉, 모네의 〈수련〉, 중국의 〈청명상하도〉, 일본 국보인 〈조수인물회화〉 등의 다양한 작품들을 만나볼 수 있다. 원래의 그림을 그대로 촬영하여 그 필름을 도자기에 전사하는 방식으로 해놓은 도판 명화의 정원만의 다양한 작품들은 햇살이 내리쬐면 내리쬐는 대로 반짝이고, 비가 내리거나 태풍이 불어도 변색이나 부식이 없다는 큰 장점을 갖고 있다. 하늘 높은 줄 모르게 크게 자리 잡은

작품들과 어우러진 물줄기들, 지상 1층부터 지하 2층으로 구성된 독특한 구조도 재미나다. 명화에 대해 잘 몰라도 도자기에 하나하나 섬세하게 표현된 명화의 모습들을 놓치지 말도록 하자.

기억해 둘 것
- 교토부립식물원과 도판 명화의 정원을 별도로 관람하게 되면 입장료가 더 부과되기 때문에 신중하게 결정해서 관람하도록 하자.
- 교토부립식물원의 온실 관람료는 별도로 티켓을 끊어야 하니 유념하도록 하자.
- 정해진 시간에 가이드 투어도 있으니 참고하자.

포토 TIP. 교토부립식물원 + 도판 명화의 정원 사진 따라잡기!
미션 1 : 유리로 뒤덮여 있는 독특한 온실과 어우러진 풍경을 찍어 보자.
미션 2 : 사계절 다양하게 피는 다양한 꽃과 식물들을 아름답게 담아 보자.
미션 3 : 안도 타다오가 설계한 건축물과 어우러진 명화의 모습을 멋스럽게 담아 보자.

● 교토부립식물원 근처에서 밥을 먹는다면?
  인근 맛집 베스트

100년의 역사가 담긴 함박스테이크의 정석
— **토요우테이** 東洋亭

주소 京都市北区上賀茂岩ケ垣内町28番地の3 (교토부립식물원 기타야마 거리 북문 앞)
전화번호 075-705-2323   **홈페이지** www.touyoutei.co.jp
오픈 시간 11:00~22:00
추천 메뉴 토요우테이 함박스테이크東洋亭ハンバーグステーキ 런치 B 1640엔,
         햐쿠넨푸딩百年プリン 504엔
찾아가는 길 교토부립식물원 정문에서 왼쪽 대각선 방향으로 맞은편

문을 열자마자 줄을 서서 기다릴 정도로 많은 사랑을 받고 있는 100년의 역사를 자랑하는 양식당이다. 1897년에 문을 연 토요우테이는 비싸기만 하였던 서양요리를 많은 이들이 쉽게 맛볼 수 있길 바라는 마음으로 문을 열었다. 야외테라스에는 다양한 식물들이 어우러져 있고, 내부에는 빼곡히 들어찬 테이블과 양식당이라는 이미지에 어울리는 다양한 소품들이 있다. 토요우테이는 100여 년 전의 맛을 지금까지 이어 오고자 식재료나 조리 과정 하나까지도 세심하게 챙기고 정성껏 준비하기로 알려진 곳이다. 특히 함박스테이크와 토마토 샐러드는 최고의 사랑을 받고 있는 메뉴이다. 큐슈 지역의 구마모토산 토마토로 만든 토마토 샐러드는 새콤한 맛을 풍기는 특제 소스와 치즈를 곁들여 토마토의 부드럽고 달콤한 풍미를 한껏 살려 식욕을 돋우어 주는 최고의 맛을 선보인다. 샐러드 다음으로 준비되는 토요우테이만의 함박스테이크는 독특하게 호일에 싸여 나오는데, 호일을 뜯는 순간 김이 모락모락 피어올라 뜨끈뜨끈하고 담백한 육즙의 맛을 그대로 느낄 수 있다. 여기에 벌써 100년이나 된 토요우테이만의 달콤한 햐쿠넨푸딩(백년푸딩)을 디저트로 먹는다면 제대로 된 한 끼를 만족스럽게 즐길 수 있을 것이다.

● 교토부립식물원 근처에서
　쇼핑을 즐기고 싶다면?

독특한 소품들이 가득한
── 알파벳 Alphabet

주소 京都府京都市北区上賀茂桜井町101
전화번호 075-702-3398
홈페이지 www.alphabet123.com
오픈 시간 11:00~20:00(수요일 휴무)
찾아가는 길 시영지하철 가라스마센烏丸線 기타야마北山 역 하차 후 4번 출구에서 오른쪽 방면으로 첫 번째 신호를 건너 로손 편의점 옆, 도보 5분 소요

아기자기한 소품들이 가득하고, 빵 굽는 향기가 솔솔 풍겨져 나오고, 커피의 은은한 향이 가득히 퍼지는 기타야마에서 많은 이들이 즐겨 찾는 잡화점이다. 딱히 뭐라고 정의할 수 없을 정도로 없는 게 없으며, 선물하기 좋은 다양한 잡화들이 있다.

직접 만든 핸드메이드 액세서리, 장식용 소품, 주방용품, 문구류, 의류, 가방 등이 가득하고 쉽게 구할 수 없는 유럽풍 독특한 소품들도 만나볼 수 있다.

그 밖에도 책과 음반 CD, 인형들도 판매되고 있으며 정기적으로 다양한 작가들이 내놓는 소품들을 전시하거나 판매하기도 한다.

작은 가게에 불과하지만 구석구석 색다른 물건들이 가득해서 보는 내내 시간 가는 줄 모르고, 잘만 고른다면 세상에 하나밖에 없는 독특한 아이템도 소장할 수 있을 터. 선물할 이가 있다면 꼭 들러 보는 것이 좋다. 후회 없는 꽤 매력적인 잡화점이기에.

Special Tip

"세계인이 가장 주목하는 축제가 끊이지 않는 곳"
교토의 마츠리(축제) 정보

1. 기온 마츠리 祇園祭り

기간 매년 7월 1일~31일   야마보코 순행 7월 17일
장소 기온祇園 야사카진자八坂神社

교토 곳곳에 역병이 돌자 이를 물리치기 위해 66여 자루의 창을 세워 기온에서 신센엔까지 신의 가마를 보낸 제사가 시초가 된 기온 마츠리는 헤이안 시대부터 시작해서 어느새 교토를 대표하는 마츠리로 성장하였다. 교토 이야기에서 빼놓을 수 없는 오닌의 난으로 인하여 잠시 중단되기도 하였지만 1500년경 다시 부활하게 되면서 단순하게 신에게 제사를 올리는 축제가 아닌 교토 시민들을 위한 모두가 함께 즐기는 축제로 자리 잡았다.

처음 기온 마츠리가 시작될 때에는 가마에 창을 단 모습이었는데, 시대가 바뀌면서 점점 화려해졌다. 교토인들의 열정 또한 몇 배로 성장하여 무더운 여름날에 피부는 햇볕에 그을리고 땀방울은 맺히지만 그 열정과 함성은 날이 갈수록 더욱 빛을 발한다.

7월 초하루부터 기온 마츠리가 시작되는데 창고에서 보관했던 창들과 가마를 꺼내어 하나하나 정성스럽게 조립하여 7월 중순쯤 본격적으로 시작되면서 최대의 하이라이트인 야마보코 순행이 7월 17일 절정을 이룬다. 야마보코는 수레 또는 가마를 뜻하는 것으로 높이만 26m에 달하고, 수백 명의 사람들이 단합해서 가마를 끄는 행렬이다.

교토인들 모두가 기온 마츠리에서 그동안의 수고를 내쏟는 모습을 바라보고 있노라면 교토인들뿐만 아니라 여행하는 모든 이들에게도 용기와 희망을 주는 삶의 활력소가 되는 듯하다.

2. 아오이 마츠리 葵祭り

기간 매년 5월 15일
장소 교토고쇼京都御所에서 시모가모진자下鴨神社와 가미가모진자上賀茂神社로 이동
시간 오전 10시 30분 교토고쇼에서 출발해서 오후 3시 30분에 가미가모진자 도착

아스카 시대가 시작되던 1400여 년 전 자연재해로 인해 흉작이 연이어 계속되면서 역병이 돌았고, 그로 인해 백성들은 피폐한 삶을 보냈다고 한다. 그때 천황은 '가모신이 노해서 이런 불행이 다가오는구나'라고 판단하여 신께 제를 드리기 시작하였는데, 그것이 아오이 마츠리의 시초이다. 접시꽃을 뜻하는 아오이를 몸에 붙이고 제를 올렸다고 해서 '아오이 마츠리'라고 불리는데 교토를 대표하는 3대 마츠리 중 가장 먼저 한 해를 시작하는 마츠리이기도 하다.

헤이안 시대 귀족들의 화려한 행렬을 직접 볼 수 있는 아오이 마츠리는 왕실과 시민들의 건강과 안녕을 비는 제사로, 1000년 전 헤이안 시대의 의상, 장신구, 화장법, 헤어스타일 등을 그대로 재현해 놓은 모습이 가장 인상적이다. 또한 빼놓을 수 없는 큰 볼거리는 귀족 가문 여성들의 행렬을 재현한 것으로 해마다 스포트라이트를 받는다. 일본 여성의 전통적인 미라고 할 수 있는 새하얀 얼굴과 빨간 입술이 매우 인상적이다.

3. 지다이 마츠리 時代祭り

기간 매년 10월 22일 장소 교토고쇼京都御所에서 헤이안진구平安神宮까지 이동

교토의 역사가 시작되는 794년 10월 22일, 나라에서 교토로 천도해 온 지 1100년이 된 것을 기념하기 위해 역사에서 빼놓을 수 없는 중요 인물들의 모습을 재현한 가장 행렬이다.

헤이안진구를 보존하고 오랫동안 유지하기 위해서 시작된 마츠리로 규모가 너무 작아 잠시 중단되기도 하였지만 해가 거듭될수록 새로운 재미가 더해지고, 또

다른 얼굴을 내세우며 어느새 100회가 훌쩍 넘어 교토에서 빼놓을 수 없는 매력적인 마츠리로 자리 잡았다.

교토고쇼에서 출발해 헤이안진구까지 도보로 이동하는 코스로 이루어진 지다이 마츠리는 메이지 시대부터 시작해서 에도 시대, 아즈치모모야마 시대, 무로마치 시대 등의 1200년을 8가지의 시대로 나누어 그 시대에 사용했던 의상, 장신구, 헤어스타일 등을 그대로 재현해서 약 2000여 명의 사람들과 100여 마리의 소와 말들이 형형색색의 화려함을 뽐내며 행렬하는 행

사이다. 더군다나 지다이 마츠리에서는 장인들의 다양한 손재주 등 볼거리가 많다.

4. 교노타나바타 京の七夕

기간 매년 8월 둘째 주부터 10일   장소 가모가와鴨川, 호리카와堀川
시간 19:00~21:30   홈페이지 www.kyoto-tanabata.jp

교토의 중심이라 불리는 기온에 자리 잡은 커다란 강 가모가와 일부분에 대나무 등이 세워지며 견우와 직녀가 만나는 칠월칠석을 기념하기 위한 여름 마츠리가 느즈막이 개최된다. 시원한 강바람이 반겨주고, 이미 해는 저물었지만 곳곳에 대나무와 어우러진 불빛들이 너무나도 로맨틱해지니, 산책하며 먹거리가 가득한 기온에서 여름 밤을 즐기기에는 최고의 휴식처. 뿐만 아니라 니조조 근처에 있는 호리카와 강에서도 다양한 스타일의 불빛들이 반겨 준다.

마치 입간판의 한 장면처럼 다양한 그림이 새겨진 등불이 자그마한 수로에 고스란히 반영되며, 사이사이로 야광 빛을 내는 공들이 소원을 담아 물길 위를 둥둥거리며 흘러내려 온다. 대나무를 이용한 다양한 작품들과 함께 걸어도 걸어도 끝이 없는 마츠리 현장에서 여름의 무더움을 한순간에 잊게 해 주는 아름다운 불빛의 향연을 만나볼 수 있다.

5. 하나토로 花灯路

기간 히가시야마東山 매년 3월 둘째 주 주말부터 10일,
　　　아라시야마嵐山 매년 12월 둘째 주 주말부터 10일
장소 히가시야마, 아라시야마   시간 히가시야마 18:00~21:30, 아라시야마 17:00~20:30
홈페이지 www.hanatouro.jp

화사한 등불이 가득한 하나토로 마츠리는 2003년 히가시야마 하나토로를 시작으로 2005년 아라시야마에서도 개최하게 되었다. 교토를 대표하는 사찰이나 고즈넉한 신사가 있는 곳들이라면 필히 불빛들이 화사하게 밝혀 주고, 소중한 문화들이 가득한 거리 곳곳에는 밤의 모습까지도 아름다움을 가득히 머금어 낮과는 또 다른

아름다움을 보여 준다.

꽃에 의해 걷고 싶어지는 길을 만들어 낸 하나토로는 가로등이 아닌 대나무를 이용한 은은한 등이 곳곳을 밝혀 주니, 아라시야마의 대나무 숲인 치쿠린을 거닐고, 강물이 흐르는 도게츠쿄 다리를 걷는 것 자체만으로도 그 어떤 화려한 도시의 야경보다 더 로맨틱한 밤을 선사해 준다. 많은 인파들로 인해 고즈넉한 산책은 힘겨울지 모르지만 어두운 밤길에서 만나는 교토만의 아름다운 색감은 자주 만나볼 수 없는 색다른 멋이다.

6. 고잔노오쿠리비 五山の送り火

기간 매년 8월 16일 20:00~20:20, 각각 30분간 점화
장소 다이몬지大文字-뇨이가타케 / 묘호妙法-만도로야마, 다이코쿠텐야마 / 후나가타船形-니시가모후네야마 / 히다리다이몬지左大文字-오오키타야마 / 도리이가타鳥居形-만다라야마

일본의 추석인 오봉의 행사 중 하나로 에도 시대 초기에 시작되었다고 기록되어 있는 불놀이다. 전염병 방지를 위해 고보 대사가 다이몬지에 불을 지핀 것이 시초로, 오봉에 찾아오는 영혼들을 다시 하늘로 보내는 행사로 지금까지 이어져 오고 있다. 고잔노오쿠리비는 총 5개의 산등성에 크게 글씨나 모양을 새겨 불을 지피는 마츠리로, 오후 8시 정각에 1획이 80m, 2획이 160m, 3획이 120m로 이루어진 '대大' 자가 불을 밝힌다. 그로부터 저녁 8시 5분에는 묘호의 '묘妙'와 '호法', 8시 10분에는 후나가타의 '배 모양', 8시 15분에 다이몬지의 '대'보다 조금 작은 크기의 '대' 자, 8시 20분에 도리이가타의 '도리이 모양'에도 점화가 되어 교토의 밤하늘을 밝혀 준다. 교토의 대표적인 여름 마츠리인 기온 마츠리보다 오히려 더 매스컴에 자주 나오는 한 장면이다.

7. 오케라마이리 おけら参り

기간 매년 12월 31일　　**장소** 야사카진자八坂神社

매년 열리는 새해맞이 행사로서 밤 8시부터 초하루 새벽까지 야사카진자 경내에 큰 불을 놓아두고, 그 큰불에서 나눠 담은 작은 불을 집으로 가져와 그 불로 요리를 해서 새해 첫 음식을 먹는 풍습이 전해지고 있다. 그 음식을 먹으면 한 해 동안 무병무사하다고 믿는 일종의 미신과 같지만 매년 행해지는 습관과도 같은 풍습.

Chapter
05.

고풍스러움과
첨단이
공존하는 곳

교토 역 지역

★ 교토타워

 도보 이동
 지하철·전철 이동
 버스 이동

PLAN 01. 5~6시간 코스

026.
>>>>>>>>>>

교토를 밝혀 주는
등대 같은 전망대

_교토타워京都タワー
 교토 역京都駅

> **간단정보**
>
> 주소 京都府京都市下京区烏丸通七条下る東塩小路町721-1　전화번호 075-361-3215
> 홈페이지 www.kyoto-tower.co.jp
> 이용시간 09:00~21:00(연중무휴)
> 이용요금 대인 770엔, 고등학생 620엔, 초·중학생 520엔, 유아 150엔, 장애인 350엔
> 찾아가는 길 JR 교토 역 추오구치中央口로 나오면 바로 앞

천년의 도시 교토로 향한다면 단연코 발걸음 하게 되는 교토 역. 어디를 여행하더라도 중심이 되어 주고, 시작점이 되어 주는 교토 역은 교토를 밝히는 등대와도 같은 교토타워 맞은편에 자리하고 있다.

일본의 오랜 역사가 고스란히 담긴 교토에서 보기 드문 현대식 건물의 교토 역은 하루에 수십만 명이 드나드는 교토 관광의 허브가 되는 곳으로 나라, 고베, 시가, 오사카 등 직통으로 연결하는 열차만 해도 수십 가지이며 세계 유수의 건축상을 수상한 하라 히로시의 역작으로도 유명하다. 하라 히로시는 오사카의 로맨틱한 야경을 선사해 주는 우메다 스카이빌딩, 삿포로의 돔을 디자인한 건축가이다. 처음 교토 역을 만들기 위한 건설 프로젝트를 시작하였을 때 이름만 대면 알 법한 수많은 세계적인 건축가들이 이 프로젝트에 참가하였는데, 교토의 낮은 건물들과 최대한 어우러지도록 높은 건물의 디자인들을 배제하다 보니 하라 히로시의 건축물이 선정되었다. 전체적으로 반투명한 유리와 알루미늄 패널로 구성된 것이 독특하다. 옥상으로 향하면 또 다른 멋진 전망을 무료로 만나볼 수 있기에 요즘 떠오르는 곳이기도 하다.

교토 역 맞은편에는 1964년에 세워진 교토의 유일한 전망대인 교토타워가 있는데, 높이 131m로 교토의 전망을 360도로 즐길 수 있는 게 특징적이다. 교토타워는 일본 무도관을 건축한 야마다 마모루가 설계하였는데, 원뿔 모양의 하얀색 기둥이 하늘 높이 치솟아 있고, 윗부분에는 UFO를 장착해 놓은 듯한 둥근 고리가 끼워져 있는 것이 독특하다. 그 형상은 바다가 없는 교토이지만 교토

교토에 반하다

의 곳곳을 비춰 주겠다는 등대를 이미지화한 것으로 화려하진 않지만 캄캄함 밤이 되면 은은해지는 불빛들이 묘하게 교토를 닮아 있다. 더군다나 다른 타워들과는 달리 기둥은 전혀 없고 원통 자체만으로 강도를 유지하는 비행기나 선박에 사용되는 모노코크 구조를 이용한 것이 재미있다.

교토에서 높은 건물에 속하는 교토타워는 의도는 좋았지만 교토스럽지 않는 모습으로 인해 정작 교토인들에게는 미움을 받고 있는 게 현실. 날이 좋으면 오사카까지 내다보이고, 저녁에는 멋진 야경을 선사해 주는 교토타워는 교토만의 아름다운 능선들을 한눈에 내려다볼 수 있어서 제법 멋진 곳이지만, 반대로 교토 곳곳의 높은 산봉우리에 교토를 전망할 수 있는 포인트가 많기 때문에 어찌 보면 관광객들에게도 외면당하는 곳이기도 하다.

교토타워 건립 40주년을 기념하여 타와와짱たわわちゃん이라는 캐릭터를 만들어 친근한 이미지로 다가가려고 늘 노력하는 교토타워. 교토를 조망할 수 있는 또 다른 포인트인 교토타워에서 교토의 색다른 모습을 즐겨보는 건 어떨는지.

기억해 둘 것
- 교토 역 2층과 교토 역 중앙출구 앞에 교토관광안내소가 있으니 지도, 할인권, 필요한 교통패스를 구매하는 것이 좋다.
- 교토 역 전망대로 오르는 길, 그리고 그곳에서 바라보는 교토타워의 모습도 멋있으므로 놓치지 말자.

포토 TIP. 교토타워 + 교토 역 사진 따라잡기!
미션 1 : 밤에 불이 켜진 교토타워의 모습을 담아 보자.
미션 2 : 교토 역의 유리창문에 교토타워가 반영된 컷을 찍어 보자.
미션 3 : 교토타워 전망대에서 교토시내의 모습을 파노라마로 찍어 보자.

027.
>>>>>>>>>> 교토 속에서
접하는
서양식 건물의 화려함

_교토국립박물관
京都国立博物館

> **간단정보**
>
> **교토국립박물관(교토고쿠리츠하쿠부츠칸)**
> 주소 京都府京都市東山区茶屋町527   전화번호 075-525-2473
> 홈페이지 www.kyohaku.go.jp
> 이용시간 09:30~17:00(월요일, 연말연시 휴무)
> 이용요금 500엔(매월 둘째 주, 넷째 주 토요일, 경로의 날은 무료). 전시회에 따라 달라지기도 한다.
> 찾아가는 길 버스 100, 206, 208번 타고 하쿠부츠칸산주산겐도마에博物館三十三間堂前 하차

프랑스를 가면 무조건 루브르박물관을 둘러보는 것처럼 여행의 중심지이자 시작점이 되고, 또 그 나라에 대해 더 자세히 알고 싶다면 꼭 발걸음하게 되는 박물관. 교토 역시 교토를 좀 더 많이 알 수 있게 도와주는 곳이 있으니, 도쿄국립박물관, 나라국립박물관과 함께 일본 3대 박물관으로 꼽히는 교토국립박물관이다.

천수관음상 등 1032개의 국보와 중요문화재를 소장한 산주산겐도 맞은편에 자리하고 있는 교토국립박물관은 1895년에 본관이 만들어지고, 1897년 5월에 제국교토박물관이라는 이름으로 개관하였다. 그후 1952년 교토국립박물관이라는 이름으로 바뀌면서 본관을 포함한 모든 건축물들이 중요문화재로 등록되었다. 독립 행정 법인 국립 문화재 기구가 운영하는 박물관으로 건축물 자체에 호화스러움이 가득하고, 그 안에 소장하고 있는 유물도 세계 최고 수준이다.

자칫 어울리지 않을 듯한 서양식 건물이 특징적인데, 처음 교토국립박물관이 만들어질 때 반대가 무척 심했다고 한다. 예스러움이 가득한 보수적인 성향이 짙은 교토에서 서양식 건물이 들어선다는 것이 웬 말이겠는가. 하지만 결국 세워지게 되었고, 그것이 시발점이 되어 교토 곳곳에 서양식 건물들이 들어서게 되었다. 처음에는 반발이 심했다 하여도 지금은 대부분의 서양식 건축물들이 문화재로 지정되어 보호받고 있다.

교토국립박물관은 신고전주의 스타일과 프랑스 바로크 양식으로 지어졌다.

이 건축물을 설계한 카타야마 토쿠마는 주로 국가나 귀족의 의뢰를 받는 최고의 설계자였는데, 많은 건축물을 남기지는 않았지만 도쿄, 나라, 교토의 국립박물관은 모두 그의 작품으로도 유명하다. 카타야마의 스승이었던 일본 근대 건축의 기반을 닦은 영국인 조사이어 콘도르의 건축물들은 대부분 도쿄에 집중되어 있었는데, 사고가 잦았던 도쿄에는 흔적도 찾아보기 힘들 정도로 건축물이 남아 있지 않지만 그에 비해 카타야마의 건축물들은 대부분 남아 있고, 메이지유신 이후에 건축된 국보로 지정된 일본 영빈관도 그의 작품으로 큰 영예를 안고 있다.

교토국립박물관으로 들어서면 화려한 본관에서 시선을 뗄 수 없다. 세부적인 장식부터 곳곳에 담겨진 아름다운 조각들에서 당시 자금을 아끼지 않고 투자한 흔적을 엿볼 수 있을 정도이다. 화려함은 기본이요, 조각 또한 수준급이니 일본 신화에 나온 신들의 모습들이 가득히 담긴 건축물은 오랜 교토만의 또 다른 역사를 만들어 낸 셈이다.

교토국립박물관은 내부뿐만 아니라 외부 정원에도 전시품이 많은데, 가마쿠라 시대의 석등롱, 극락정토를 상징하는 석조아미타삼존상과 지정보살좌상, 13층석탑 등이 전시되어 있다. 또한 진품으로 알려져 있는 로댕의 생각하는 사람

과 조선의 분묘표식석조유물이 전시되어 있는데, 어떤 기구한 사연으로 현재 교토에 있는 건지 알 수는 없지만 당시 제국주의 시대의 모습을 적나라하게 보여주는 건 아닐는지.

교토국립박물관 내에는 주로 헤이안 시대부터 에도 시대에 만들어진 다양한 문화재를 수집, 보관, 전시하고 있는데, 일 년에 2~3회 정도는 다양한 콘셉트의 특별전시도 열고 있다. 국보 27점, 중요문화재 181점을 보유하고 있는 교토국립박물관은 작품 보호를 위해 기간을 두고 교체를 하며 전시를 하기 때문에 갈 때마다 접하지 못한 새로운 작품들을 만나볼 수 있다는 사실을 잊지 말도록 하자.

🍵 포토 TIP. 교토국립박물관 사진 따라잡기!
미션 1 : 프랑스 바로크 양식의 박물관의 본관을 담아 보자.
미션 2 : 내부는 촬영이 불가능하니, 외부에 전시되어 있는 다양한 작품들을 찍어 보자.

✽벚꽃 명소 ✽단풍 명소

028.
>>>>>>>>>>

교토 홍보용 포스터나
엽서에 단골로
등장하는 사찰

_도지東寺

> ↑ 간단정보
>
> 주소 京都府京都市南区九条町1　전화번호 075-691-3325
> 홈페이지 www.toji.or.jp
> 이용시간 08:30~16:30(12~2월은 16시 30분까지)
> 이용요금 경내 무료, 금당 입장 시 대인 500엔, 소인 300엔
> 찾아가는 길
> • 버스 207번 탑승 도지히가시몬마에東寺東門前 하차 후 도보 3분, 또는 버스 202, 208번 탑승 도지미나미몬마에東寺南門前 하차 후 도보 5분
> • 긴테츠쿄토센近鉄京都線 도지東寺 역에서 도보 5분

　　기차를 타고 오사카에서 교토를 가다 보면 교토 역에 도착하기 직전 왼쪽 창으로 눈에 띄게 높은 탑이 보인다. 교토의 관광포스터나 소개책자의 표지에 많이 나오는 도지의 '고주노토五重塔'로, 높이 54.8m의 일본에서 가장 높은 목조 불탑이다. 이 오층탑이 있는 도지는 니시혼간지, 히가시혼간지와 더불어 교토 역에서 가장 가까운 사찰이기도 하다.

　　도지란 이름은 헤이안쿄(현재의 교토)의 남쪽 정문인 라쇼몬羅生門의 동쪽에 있어 붙여졌으며, 지금은 없어졌지만 예전에는 '서쪽의 절'인 '사이지西寺'와 한 쌍을 이루고 있었다고. 사찰의 정식 이름은 '교오고코쿠지教王護国寺'로 헤이안 시대, 교토로 천도를 한 직후인 796년, 당나라에 불교유학을 다녀와 진언종을 일으킨 승려인 고보 대사에 의해 건설되었고, 823년 일본의 52대 천황인 사가 천황의 명령에 따라 국가를 대표하는 호국절로서의 역할을 했다. 또한 상류층 자제들이 교육을 받는 '라쿠난'이라는 사립대학을 경내에 지어 인재를 양성하는 역할까지 담당하였다고 한다.

　　최초 건립 이후 도지는 14세기~17세기에 걸쳐 소실과 증축을 거듭하다 1603년 도요토미 히데요시의 아들인 도요토미 히데요리의 기부에 의해 지금의 모습으로 재건되었다고 한다. 아이러니한 것은 그의 아버지인 도요토미 히데요시와 숙명의 라이벌 관계였던 도쿠가와 이에야스가 도요토미 히데요리를 죽이고 일

본 통일을 이룬 후 1644년, 도지 안에 5층 목조탑인 고주노 토를 기증했다는 것. 얼핏 생각하기로는 도쿠가와 이에야 스가 도요토미 가문에 대한 미안함 때문에 탑을 기증했다 생각할 수도 있지만 천만의 말씀!

 오사카를 비롯한 교토 지방은 도요토미 가문이 오랫동안 세력을 잡은 곳으로, 도지가 있는 이 지역의 사찰들은 도요 토미 가문이 지원한 정토진종의 중심이기도 했다. 도요토미 가가 멸문한 이후에도 꽤 오랫동안 자신의 힘이 미치지 못하자 도쿠가와 이에야스가 도요토미 가의 영향력을 떨어뜨리기 위한 온갖 방법을 모색했는데 그 중 하나가 종교의 힘을 이용하는 것이었다. 정토진종의 총본산인 혼간지를 니시혼간지와 히가시혼간지로 분리시켜 버리고 도요토미 히데요리가 재건한 도지 안에 자신이 탑을 기증함으로써 민심을 잡고 도요토미 가의 영향력을 완전히 없애버리는 데 성공하는데, 치밀한 전략가였던 도쿠가와 이에야스의 일면을 엿볼 수 있다.

이렇듯 도지는 교토에서도 무척 중요한 위치와 상징성을 가진 사찰로서 교토

의 17개 유네스코 문화유산 중 하나로 지정되었다. 경내에는 일본의 부동명왕상 중 으뜸이라고 하는 쿠카이 부동명왕상을 비롯해 오대보살상, 오대명왕상, 금강법보살상 등 일본의 국보급 문화재가 가득하다. 그러나 여행객 입장에서 가장 눈이 가는 도지의 상징은 역시 5층 목탑인 고주노토라고 할 수 있겠다.

때에 따라 탑 위를 올라갈 수 있다고 하나 고주노토는 역시 밖에서 보는 게 제 맛이다. 특히 교토의 상징과 다름없는 이 탑을 제대로 찍는 것은 꽤나 의미 있는 일일 것이다. 이왕이면 멋진 일출이나 일몰 무렵, 멋진 하늘을 배경으로 잘 담아 보도록 하자. 두고두고 교토의 추억으로 간직할 대표적 이미지이자, 다시 교토를 찾아오게 할 마음 속 이정표가 될 테니.

기억해 둘 것
매달 21일 도지 벼룩시장이 열리니 놓치지 말자.

포토 TIP. 도지 사진 따라잡기!
미션 1 : 일출과 일몰에 맞춰 도지를 찾아 교토를 상징하는 오층목탑 실루엣을 담아 보자.
미션 2 : 다이몬 앞의 수로에서 헤엄치는 오리 가족과 함께 도지의 반영을 찍어 보자.
미션 3 : 벼룩시장에서 오래된 일본의 완구나 인형, 골동품을 찍어 보자.

029.
>>>>>>>>>>

초원 위에서
펼쳐지는
쇼타임

_교토수족관京都水族館

215
/
교 토 역 지 역

간단정보

교토수족관(교토스이조쿠칸)
- 주소 京都市下京区観喜寺町35-1 (우메코지 공원 내)　　전화번호 075-354-3130
- 홈페이지 www.kyoto-aquarium.com
- 이용시간 09:00~17:00(연중무휴)
- 이용요금 대인 2050엔, 고등학생 1550엔, 초·중학생 1000엔, 유아 600엔 / 1년 무제한 패스포트 대인 4100엔, 대학생·고등학생 3100엔, 초·중학생 2000엔, 유아 1200엔
- 찾아가는 길
  - 교토 역 추오구치中央口에서 도보 15분. 또는 JR 산인혼센山陰本線 탄바구치丹波口 역에서 도보 15분 소요
  - 버스 205, 206, 207, 208번 탑승 시치조오미야·교토스이조쿠칸마에七條大宮·京都水族館前 하차 후 도보 8분 소요
  - 주말에는 수족관 셔틀 버스가 운행됨(5분 정도 소요)

　교토에는 유적만 있다는 고정관념을 과감히 깨 버리고 2012년 다양한 어류들을 좀 더 가까이 접할 수 있는 수족관이 생겼다. 교토 역에서 가까운 우메코지 공원梅小路公園과 마주하고 있는 이 수족관은 현대적인 건물의 외관이 시선을 사로잡고, 바로 앞에 커다란 공원이 자리하고 있어서 가족끼리 나들이 나온 사람들로 북적인다. 그 뒤편으로는 신칸센 철로가 있어서 시시때때로 공원 위의 푸르름 속으로 빠져나가는 하얀색 기차를 함께 만나볼 수 있으니 교토에 가면 필견해야 하는 새로운 명소가 생긴 셈이다.

　교토수족관의 외관 주변으로 만들어 놓은 투명한 물길은 수족관을 감싸 안고 있는 모습이다. 수족관 내에는 강 구역, 바다동물 구역, 펭귄 구역, 대수조, 돌고래 스타디움, 해양구역, 교류 플라자 등 다양한 특색을 가진 구역들로 나뉘어 있어서 좀 더 재미나게 즐겨 볼 수 있고 다른 수족관에서는 쉽게 볼 수 없는 민물고기나 깨끗한 곳에서만 산다는 특이한 도롱뇽들도 볼 수 있다.

　교토수족관에서 절대 빼놓을 수 없는 포인트라 한다면 바다는 없지만 드넓은 초원을 배경으로 장쾌하게 펼쳐지는 돌고래 쇼다. 조련사와 돌고래들의 호흡을 가까이에서 만나 볼 수 있는 게 큰 특징이다. 더군다나 돌고래 쇼를 하는 야외

공연장 뒤편으로는 바다가 아닌 푸른 잔디가 펼쳐져 있고, 또 그 뒤로는 하얀색 신칸센 열차가 지나다니니, 마치 아름다운 한 폭의 그림과 같다.

역시 수족관의 최고 인기쟁이는 펭귄. 펭귄의 발자국을 따라가면 대수조에 다다르게 된다. 다양한 해양생물을 만나 신기하다는 듯 눈을 반짝이며 수족관에 다닥다닥 붙어 있는 꼬마 아이들이 귀엽기만 하다. 어른의 눈에도 신기한 수족관, 아이들 눈에는 오죽할까.

교토수족관 내의 교노사토야마京の里山 존에는 많은 생물들이 인간과의 삶을

함께 공유하고 있는 모습을 표현하였다. 논과 용수로에서 볼 수 있는 다양한 식물을 재현하여 생물과 인간과의 소중한 연계성을 보여 주고 있다. 실제로 주변 초등학생들이 직접 체험학습 겸 논에 벼를 심어 놓고 가꾸어, 가을이 되면 추수까지 한다고 하니 수족관과는 사뭇 다른 모습이 의미가 있다. 교토만의 소박한 매력이 가득하고, 교토만의 느낌으로 풀어 나간 교토수족관에서 느끼는 편안한 휴식을, 따스한 햇살과 함께 만나 보는 건 어떨까.

🍡 기억해 둘 것
돌고래 쇼타임 시간을 체크하자.

🍵 포토 TIP. 교토수족관 사진 따라잡기!
미션 1 : 공원을 배경으로 펼쳐지는 돌고래 쇼를 담아 보자.
미션 2 : 대수조에 비치는 사람의 실루엣과 수조 안의 생물들을 담아 보자.

Special Tip

> "교토가 아니면 살 수 없는 물건이 한가득!"
> 교토에서만 할 수 있는 쇼핑 정보

01. 야츠하시(八つ橋) : 1세트(10개) 540엔

교토를 대표하는 생과자 겸 떡과 같은 먹거리 중 하나로 쌀가루와 설탕으로 만든 화과자이다. 납작한 반죽 사이에 팥소가 들어가 있어 쫀득함과 달콤함을 함께 맛볼 수 있는 교토만의 먹거리이다.

판매처 : 기요미즈데라 주변에 있는 상점가 어디서나 구매할 수 있고, 공항 면세점에서도 쉽게 구매할 수 있다.

02. 우지 푸딩(宇治プリン) : 맛차 푸딩, 호지차 푸딩 각 350엔

우지의 부드러운 맛차와 호우지차를 이용한 푸딩으로, 작은 유리병에 담아낸 것이 귀엽다. 맛차 특유의 쓴맛과 푸딩의 달콤함이 잘 어우러져 부드러운 맛이 돋보인다.

판매처 : 교토 역 2층에 있는 JR노선 개찰구 맞은편에 있는 마트에서 구매할 수 있다(편의점 외의 마트에서도 구매 가능).

03. 이노다 커피(Inoda's Coffee) : 드립커피 1세트(5개) 600~800엔

1940년부터 교토인들에게 많은 사랑을 받아온 교토 자체만의 향토 커피 전문점으로 이곳만의 독특한 로스팅 기법이 발휘되어 달콤하면서도 향기로운 커피 한잔을 느껴볼 수 있다.

판매처 : 교토에 있는 '이노다 커피(Inoda's Coffee)' 어디서나 구매할 수 있다.

04. 요지야 기름종이(よーじや あぶらとり紙) : 1세트(20매) 370엔

화장품계에선 으뜸으로 손꼽히는 요지야는 스킨케어와 색조라인을 함께 선보이고 있으며 교토에 본점을 갖고 있다. 흡수력이 좋은 요지야의 기름종이는 여성들 사이에서 이미 유명세가 자자하며 가장 기본적인 교토의 선물이라고 할 수 있다.

판매처 : 교토에 있는 '요지야よーじや' 어디서나 구매할 수 있다.

05. 치리멘(ちりめん) : 작은 핸드폰줄 400~800엔

기모노를 만들 때 사용되는 비단의 한 종류인 치리멘으로 만든 공예품으로 다양한 소품, 부적들을 만들어서 판매하고 있다. 손수 만든 인형들은 여자들이 특히나 귀여움에 홀딱 빠질 만한 아기자기한 소품들로 가득하다.

판매처 : 교토에서 소품이나 선물 파는 곳 어디에서나 쉽게 구매할 수 있다.

06. 우지 맛차스틱(宇治抹茶オレ) : 600엔

드립커피를 주로 판매하는 Blendy에서 내놓은 교토 한정으로 판매되는 우지 맛차 스틱이다. 우지 맛차의 달콤함을 쉽게 느낄 수 있어서 어디에서나 맛볼 수 있고 뜨거운 물이나 뜨거운 우유에 쉽게 타 먹을 수 있어서 선물용으로도 제격이다.

판매처 : 교토 역 2층에 있는 JR노선 개찰구 맞은편에 있는 마트에서 구매할 수 있다(편의점 외의 마트에서도 구매 가능).

07. 츠케모노(漬け物) : 스구키즈케(すぐき漬け) 1260엔

일본식 절임으로서 소금으로 절여 놓은 채소절임을 일컫는다. 교토 사람들에게 사랑받는 3대 츠케모노 중 스구키즈케가 가장 유명한데, 순무를 통째로 소금에 절인 그 맛이 중독성이 짙다.

판매처 : 기온, 기요미즈데라 부근을 거닐다 보면 츠케모노 상점가를 쉽게 만날 수 있다(교토에서 최고로 손꼽히는 츠케모노 가게가 '무라카미주혼텐村上重本店'이다).

08. 에가오(笑顔) : 1개 178엔

웃는 얼굴이라는 뜻의 에가오는 맛을 보는 순간 모든 근심 걱정이 잊힐 정도로 달콤한 후시미의 대표적인 먹거리이다. 위아래 샌드 형식으로 이뤄진 조금은 투박한 듯한 카스텔라인 듯하지만 그 안에 달콤한 팥소가 들어 있다.

판매처 : 후시미에 있는 '도미에이도富英堂'에서 구매할 수 있다.

09. 나카무라 우지차 : 50g 1050엔, 티백 1260엔

교토라 하면 단연코 맛봐야 하는 일본 3대 녹차 중 하나인 우지차. 그중에서도 우지차가 유명한 곳이 있으니 나카무라 토키치이다. 다양한 녹차 요리도 맛볼 수 있지만 나카무라만의 향긋함이 고스란히 배어 있는 차 맛을 느껴 보면 그 맛에서 헤어나올 수가 없다.

판매처 : 우지에 있는 '나카무라토키치中村藤吉'에서 구매할 수 있다.

10. 교토 사이다 : 250ml 390엔

야마모토혼케山本本家의 니혼슈 브랜드인 신세이神聖에서 새로이 개발한 독특한 발포주로 탄산과 니혼슈가 절묘하게 만났다. 일반 사이다의 달콤함은 적고 후시미의 7대 명수 중 하나인 시라기쿠이의 청명한 물맛을 고스란히 느낄 수 있는 것이 독특하다. 알콜 도수는 5~6% 정도.

판매처 : 후시미에 있는 '겟케이칸오쿠라키넨칸月桂冠大倉記念館' 맞은편 '신세이神聖'에서 구매할 수 있다.

11. 교 바아무(京ばあむ) : 1050엔

교토만의 깨끗한 천연수를 이용하여 교토산 두유와 국산 100% 밀가루를 합쳐서 만들어 낸 케이크로 우지의 고소한 녹차가 더해져 그 풍미를 더한다. 진한 우지차만의 녹색 빛이 가득 담긴 케이크로, 부드러운 식감으로 살살 녹아내릴 듯해 누구에게나 사랑받는 교토만의 먹거리이다.

판매처 : 히가시야마 지역의 니넨자카, 산넨자카 부근에 있는 '오타베おたべ'에서 구매할 수 있다.

Chapter
06.

신과 술이
함께 숨 쉬는
고장

후시미 지역

★ 후시미이나리타이샤

도보 이동 　 지하철·전철 이동 　 버스 이동

PLAN 01. 5~6시간 코스

 START →  후시미이나리타이샤 伏見稲荷大社 → →  도후쿠지 東福寺

END → 센뉴지 泉涌寺

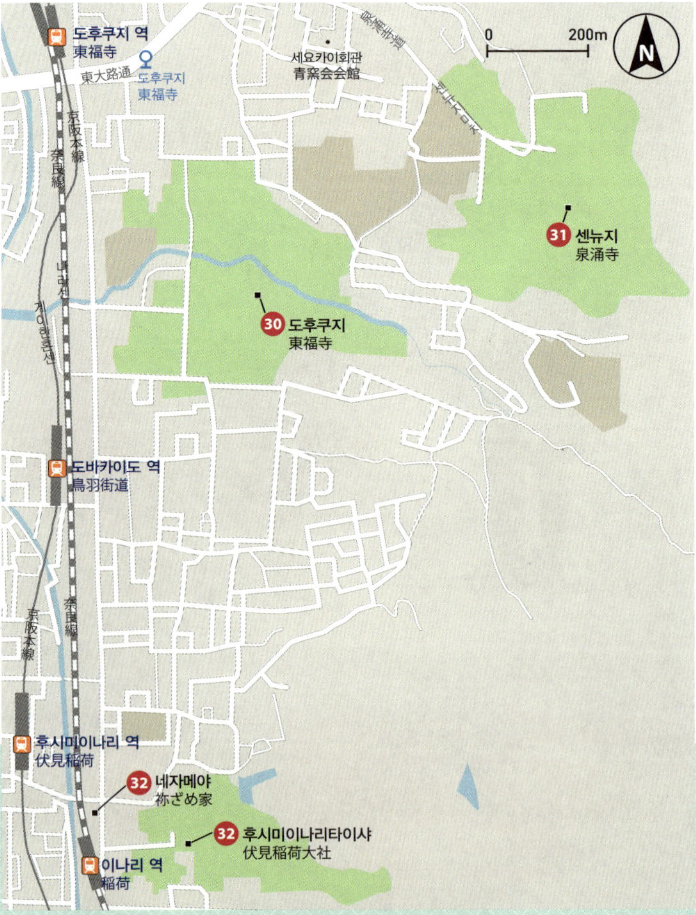

PLAN 02. 6~7시간 코스

START → 다이고지 醍醐寺 → 후시미(겟케이칸, 테라다야, 료마도오리) 月桂冠大倉記念館, 寺田屋, 竜馬通り → END

227 / 후시미 지역

🍁 단풍 명소

030.
>>>>>>>>>>

단풍이
파도치는 숲 속에
목조다리가 고개를 내미는

_도후쿠지 東福寺

> **간단정보**
>
> **주소** 京都府京都市東山区本町15丁目   **전화번호** 075-561-0087
> **홈페이지** www.tofukuji.jp/index2.html
> **이용시간** 09:00~16:00(11월 08:30~16:30) / 산몬 매년 3월 14일~16일에만 개방
> **이용요금** 경내 무료 / 츠텐교, 호조 정원, 류긴안 대인 400엔, 소인 300엔
> **찾아가는 길**
> - 버스 202, 207, 208번 타고 도후쿠지東福寺 하차
> - 게이한혼센京阪本線 또는 JR 나라센奈良線 타고 도후쿠지東福寺 하차 후 도보 10~15분

사계절 다 아름다운 교토이지만, 가을에 즐기는 교토의 단풍놀이는 최고라고 할 수 있겠다. 이 단풍놀이로 빼놓을 수 없는 교토 최고의 명소가 바로 교토 남부에 자리하고 있는 사찰, 도후쿠지다. 도후쿠지는 나라奈良의 최대 사원인 도다이지東大寺와 나라에서 가장 성대한 고후쿠지興福寺에 비할 만한 사찰을 만들고자 창건한 것으로, 도후쿠지란 이름은 도다이지의 '도東'와 고후쿠지의 '후쿠福'를 가지고 와 지은 것이다. 도후쿠지는 넓이만 무려 20만 제곱미터로 굉장히 넓은 부지에 자리하고 있는 선종의 사찰로서 1255년에 완성되었다.

도후쿠지의 모든 것들이 국보인 만큼 다양한 볼거리가 즐비해 있다. 대표적으로 입장료를 내고 관람해야 하는 곳이 네 군데 있고, 그 외에도 일본 최대 규모라 알려진 산몬, 무로마치 시대의 대규모 화장실인 도스, 욕실, 선종의 중요 건물인 선당 등 중요문화재들을 무료로 관람할 수 있다. 또한 사찰에서 빼놓을 수 없는 일본식 정원들이 다양하게 자리하고 있다.

도후쿠지는 선종의 사찰 중 최고로 손꼽히는 교토 5산 중 하나로, 거니는 곳마다 한 폭의 수묵화로 빠져드는 것 같은 아름다운 풍경이 일품이다. 가을의 풍경이 으뜸인 도후쿠지이지만 신록의 계절에 가도 좋다. 울창한 숲에 자리 잡은 도후쿠지에서 빼놓을 수 없는 곳이 있으니, 바로 회랑식 목조다리 츠텐교通天橋이다.

　츠텐교는 도후쿠지의 불전에서 본당인 카이산도開山堂에 이르는 센교쿠칸洗玉澗 계곡에 걸쳐진 다리이다. 츠텐교가 안내해 주는 길을 따라 조심스레 가다 보면 카이산도를 만날 수 있는데 특유의 카레산스이 정원과 어우러진 모습이 아름답다. 모래와 돌로 이루어진 카레산스이 정원은 다른 정원들과 같이 모래로 동그랗게 산을 쌓아 올린 듯한 형상이 아닌, 벽면의 타일과 같이 기하학적인 무늬들로 이루어져 있다. 마루턱에 앉아 시원한 바람을 한껏 맞으며 나만의 세상을 얻을 수 있는 도후쿠지. 이곳에서만큼은 자연과 친구가 되어 마음의 안정과 여유를 느껴 보자.

📷 포토 TIP. 도후쿠지 사진 따라잡기!

미션 1 : 단풍나무 사이에 숨어 있는 츠텐교를 찍어 보자.
미션 2 : 본당 카이산도와 어우러진 카레산스이 정원을 함께 담아 보자.
미션 3 : 초록이 가득한, 울긋불긋 물든 단풍을 찍어 보자.

✽ 단풍 명소

031.
>>>>>>>>>>

당나라의
양귀비를 닮은
관음상을 만날 수 있는 사찰

_센뉴지 泉涌寺

간단정보

주소 京都府京都市東山区泉涌寺山内町27　**전화번호** 075-561-1551
홈페이지 www.mitera.org
이용시간 09:00~16:30, 12~2월 09:00~16:00(넷째 주 월요일 부분 휴관)
이용요금 대인 500엔, 소인 300엔
휴무일 넷째 주 월요일 부분 휴관
찾아가는 길 버스 202, 207, 208번 탑승 후 센뉴지미치泉涌寺道에서 하차 도보 7분

후시미 지역의 대표적인 관광명소로 후시미이나리타이샤와 도후쿠지를 들 수 있지만 빼먹으면 안 될 곳이 또 하나 있으니 바로 산속에 자리 잡은 사찰 센뉴지다. 다른 사찰처럼 교통이 편리한 곳이 아니기에 버스정류장에서 내려 산길을 약 10분 동안 걸어 올라가야 하는 불편함이 있지만, 마치 아열대 지방의 정글 같은 식생을 가진 교토의 산수를 느끼며 걷는 시간이 그렇게 나쁘지 않다. 외려 인파로 북적이는 다른 사찰과 달리 호젓함을 즐기기에 제격. 명소에서 인파에 시달리느라 지친 육신을 달래고 싶다면 이곳을 찾아보도록 하자.

우리나라 사람들에게는 그리 큰 의미는 없지만 센뉴지는 일본 황실의 위패를 안치해 둔 절로서 일본 사람들은 굉장히 중요하게 여긴다고. 1218년 고보 대사라는 고승이 이곳에 맑은 샘물이 솟아나는 것을 보고 사찰을 짓기 시작했으며 센뉴지란 이름도 여기서 왔다고 한다. 1226년 건설을 완료했으며 그로부터 이어지는 진언종 센뉴지파의 총본산으로서 지금까지 이름을 떨치고 있는 사찰이다. 몇 차례 복원을 거친 모습이지만 원형 그대로의 모습을 잘 간직하고 있는 사찰로 평가받고 있다.

절의 다이몬大門을 지나면 곧 본당인 부츠덴仏殿을 만날 수 있는데, 일본중요문화재로 지정된 삼존불(아미타불, 석가모니불, 미륵불)을 볼 수 있다. 경내는 다른 교토의 사찰과 다를 게 없지만 상대적으로 한적해 부처님의 사리를 안치한 샤리덴舎利殿, 일본 천황들의 위패를 안치한 레이메이덴靈明殿, 박물관인 신쇼

덴心照殿 등의 건물들을 둘러보기에도 좋다.

　일본 천황들에 크게 관심이 없을 우리나라 사람들이지만, 센뉴지에는 그런 우리나라 사람들의 흥미를 돋울 만한 유물을 갖고 있는데 바로 미인의 상징인 '양귀비'를 모델로 한 관음상이다. '요키히칸논조楊貴妃観音像(양귀비 관음상)'라 불리는 이 조각상은 당나라 현종이 안사의 난 때 죽음을 맞이한 양귀비를 잊지 못해 양귀비의 영생을 바라는 심정으로 만든 것이라고 하는데 1230년 중국에 유학 중이던 단카이 율사가 이 상을 가져왔다고 한다. 역사에 길이 남을 현종과 양귀비 두 사람의 사랑을 세월과 국경을 넘어 만나는 기분은 묘할 따름이다.

　도후쿠지의 단풍이 워낙 유명해 상대적으로 알려지지 않았을 뿐 이 센뉴지의

단풍도 무척 아름답다. 도후쿠지나 난젠지처럼 경내에는 별도의 입장료를 내고 들어갈 수 있는 '고자쇼御座所'라는 정원이 있다. 센뉴지 경내와 센뉴지를 올라가는 길에 만나는 단풍길도 아름답지만 고자쇼 정원 또한 입장료가 아깝지 않을 정도의 절경을 자랑한다. 독특하게도 고자쇼 안에는 소바를 파는 식당이 있는데 이곳에서 단풍을 바라보며 먹는 소바 맛을 놓치지 말자.

포토 TIP. 센뉴지 사진 따라잡기!

미션 1 : 마치 동남아의 정글에 온 듯한 센뉴지 인근의 숲 풍경을 담아 보자.
미션 2 : 수려한 건축미를 자랑하는 센뉴지 본관 사진을 찍어 보자.

032.
>>>>>>>>>>

수천 개의
붉은 기둥이
끝없이 이어진 길

_후시미이나리타이샤
伏見稲荷大社

235
/
후시미 지역

간단정보

주소 京都市伏見区深草薮之内町68番地　　**전화번호** 075-641-7331
홈페이지 inari.jp
이용시간 3월~11월 09:00~17:00, 12월~2월 09:00~16:00
이용요금 무료
찾아가는 길
- JR 나라센奈良線 이나리稲荷 역 하차 후 도보 5분
- 게이한혼센京阪本線 후시미이나리伏見稲荷 역 하차 후 도보 5분 소요

어떤 영화나 드라마가 인기를 끌면 때때로 이야기 속 배경이 되는 촬영지도 화제가 되곤 한다. 일본 같은 경우 이와이 슌지 감독의 〈러브레터〉(1995)가 대표적인 사례일 터. 여주인공 나카야마 미호가 죽은 연인을 향해 절절히 "오겡끼 데스까?"를 외치던 설원을 직접 보고 싶은 마음에 촬영지인 홋카이도 오타루를 찾은 여행객이 부지기수다. 덕분에 인구 13만의 소도시 오타루는 한국 사람들이 그 넓은 홋카이도를 여행할 때 꼭 들러야 하는 1순위 여행지가 되었으니 실로 영상의 힘은 대단하다고 할 수밖에.

교토 역시 수많은 영화의 배경으로 등장했다. 그중 교토의 이미지를 전 세계인들에게 가장 강력하게 각인시킨 영화는 롭 마샬 감독의 〈게이샤의 추억〉(2006)일 것이다. 중화권 배우인 장쯔이와 공리가 게이샤로 분해 화제가 되기도 했던 이 영화는 여러 가지 일본적인 이미지로 서양인들의 오리엔탈리즘을 교묘히 자극하면서 많은 여행객들이 영화 속 배경인 교토를 찾게 하는 데 일조를 했다.

교토의 실제 배경이 등장하는 다양한 시퀀스 중에서도 가장 '마력적인' 컷은 주인공인 치요가 어린 시절 끝없이 이어진 빨간 문들 사이를 뛰어가던 장면이었다. 관객들에게 "세상에 저런 곳이 존재할까?"란 의문을 들게 할 만큼 인상적이었던 이 장면이 촬영된 곳은 '후시미이나리타이샤'라는 오래된 신사. 농업의 신인 '이나리'를 모시는 신사로서 후시미이나리타이샤는 일본에 3만 개가 넘게 존

재하는 이나리 신사의 총본산이기도 하다. 이나리신은 풍년뿐만 아니라 상업번창에도 영험하다 해 다양한 신을 모시는 일본에서 가장 인기가 많은 신이기도 하단다. 덕분에 이 후시미이나리타이샤는 관광객뿐만 아니라 전국각지에서 기원을 하러 온 일본인들로 언제나 문전성시다.

후시미이나리타이샤에는 유난히 볼거리가 많다. 도요토미 히데요시가 어머니의 건강을 기원하기 위해 1588년 세웠다는 거대한 문인 '사쿠라몬桜門', 곡식의 수호신인 여우를 익살스러운 모습으로 표현한 다채로운 여우상 등 여행객들의 시선을 끄는 포인트가 무척 많지만 뭐니뭐니해도 여행객의 시선을 압도하는 것은 끝없이 이어진 붉은 도리이鳥居의 행렬. 천 개의 도리이라고 해서 '센본도리이千本鳥居'라는 이름이 붙은 이 끝없는 붉은 길이 바로 영화 속에서 치요가 달리던 길이다. 이제는 천 개가 아니라 4천 개가 넘을 정도로, 헤아릴 수 없는 붉은 도리이의 행렬은 영화에서 봤을 때보다 더 압도적이다.

도리이의 행렬은 본전 뒤의 호젓한 야산에서 시작되는데 입구는 두 개. 나중에 결국 만나기 때문에 어느 곳을 선택해서 들어가도 상관없다. 빛과 공기만 들어오게끔 촘촘한 간격으로 도리이가 세워진 길을 걷는 시간은 사색하기 좋은 교토에서도 가장 조용한 순간 중 하나. 빨간 기둥 속에서 산속의 청량한 공기와 깔끔하게 절제된 빛을 받으며 십여 분쯤 걷다 보면 왠지 모를 나름대로의 평온함이 느껴지는데 공물로 1엔 한 푼 안 바친 관광객 '나부랭이'에게도 이리 안식을 주시니 이나리신은 꽤나 관대한 신임에 틀림이 없다.

후시미이나리타이샤는 또 사진촬영을 좋아하는 사람이라면 놓칠 수 없는 절대 명소다. 빨간 도리이의 행렬이 그림이 되겠다는 것은 사진의 문외한조차 짐작할 수 있을 터. 실제로 내셔널지오그래픽 소속의 유명한 거장 스티브 맥커리가 담은 이곳 풍경이 화제가 되어 전 세계의 사진가들이 꼭 찾아야 하는 촬영 성지기도 하다. 사진이 목적이라면 빛이

좋은 이른 오전이나 늦은 오후 도리이를 배경으로 촬영 삼매경에 빠져 보는 것도 좋겠다. 운이 좋다면 진짜 영화 속에서 그랬던 것처럼 치요를 닮은 소녀가 끝없이 붉은 물결을 지나서 달려오는 '결정적 순간'을 담을지도 모를 일일 테니.

기억해 둘 것

- 버스를 타고 다닐 일이 많은 교토지만 후시미이나리타이샤는 버스보다 전철이 접근성이 좋다. JR 이나리 역이나 게이한혼센 후시미이나리 역에 내리면 도보로 5분 정도 소요된다. 간사이 스루 패스를 샀다면 사철인 게이한전차를 이용하면 된다.
- JR이 아닌 게이한 전철을 타고 이동할 때 급행열차가 아닌 보통열차를 탑승해야 한다. 급행열차는 후시미이나리 역을 건너뛰고 운행하기 때문이다.

포토 TIP. 후시미이나리타이샤 사진 따라잡기!

미션 1 : 붉은색 도리이 중심으로 펼쳐지는 로맨틱함을 찍어 보자.
미션 2 : 재미난 표정의 여우상을 담아 보자.

● 후시미이나리타이샤 근처에서 밥을 먹는다면?
  인근 맛집 베스트

> **450년 전통의 장어구이집**
> ── **네자메야** 祢ざめ家
>
> 주소 京都市伏見区深草稲荷御前町82-1
> 전화번호 075-641-0802
> 오픈 시간 09:00~18:00(비정기 휴무)
> 추천 메뉴 우나가돈うなぎ丼+유부우동きつねうどん 세트 1600엔
> 찾아가는 길 JR 나라센奈良線 이나리稲荷 역에서 도보 2분

전철역과 후시미이나리타이샤 사이에는 오래된 상점거리가 있다. 보통 관광명소 앞의 식당은 비싸고 족보가 없기 마련이나 여기만큼은 천만의 말씀! 수백 년 된 다양한 가게들이 합리적인 가격으로 성업 중이다. 그중 도요토미 히데요시 시절부터 장사를 했다는 450년 전통의 장어구이집 '네자메야'는 이 가게만 보고 이 지역에 찾아올 만한 명소. 수백 년 비기의 특제 소스를 발라 연세 지긋한 할머니께서 직접 구워주시는 장어구이의 냄새는 집 나간 며느리도 돌아오게 할 만큼 매혹적이다. 참고로 교토 지방의 갯장어(하모) 사랑은 유별나서 매년 7월에 열리는 기온 마츠리에 신에게 바치는 제물로 쓸 정도다. 장어덮밥과 유부우동 세트를 추천하지만 뼈째 먹는 참새구이도 이 집에서 꼭 먹어 봐야 할 별미.

✽ 벚꽃 명소

033.
>>>>>>>>>

물의 마을,
술의 고장에서
료마의 흔적을 찾아 거닐어 보는

_후시미伏見

■ 짓코쿠부네 十石舟

간단정보

주소 京都府京都市伏見区南浜町247
전화번호 075-623-1030
이용기간 4~5월, 10~11월 한시적으로만 운행(50분 정도 소요)
이용시간 10:00~16:40
이용대금 대인 1000엔, 소인 500엔
찾아가는 길
- 게이한혼센京阪本線 추쇼지마中書島, 후시미모모야마伏見桃山 역에서 하차
- 긴테츠교토센近鉄京都線 모모야마고료마에桃山御陵前 역에서 하차

분지로 둘러싸여 있지만 온통 녹음이 가득하여 물이 좋다고 알려진 교토에서 향긋한 술을 만들어 내니, 술맛을 느끼고 싶다면 후시미로 가라는 말이 있다. 도요토미 히데요시가 도읍이었던 교토와 상업도시인 오사카를 연결하는 뱃길의 요충지로 후시미에 항구를 만들었는데, 후시미 항에서 쌀과 주요 물자를 나르는 역할을 하며 아즈치모모야마 시대의 짧은 30년을 성행하였다. 잠시 번성하였던 곳이지만 지금은 그때의 뱃길이 관광객들에게 시원한 바람과 나들이를 표현하는 짓코쿠부네를 체험할 수 있는 곳으로 이용되면서 또 다른 후시미의 매력을 느낄 수 있게 바뀌었다.

■ 겟케이칸오쿠라기념관 月桂冠大倉記念館

간단정보

주소 京都府京都市伏見区南浜町247　**전화번호** 075-623-2056
홈페이지 www.gekkeikan.co.jp/enjoy/museum
이용시간 09:00~16:00　**휴무일** 오봉(8월 15일 전후), 연말연시
이용요금 대인 300엔(180ml 사케 1병 기념품 증정), 중·고등학생 100엔(엽서 5장 기념품 증정)

　니혼슈(일본주)에 사용될 정도로 맛이 좋다는 후시미의 물. 그 명수로 만든 전통 니혼슈를 좀 더 가까이서 만나볼 수 있는 기념관이 후시미에 있다. 바로 1637년 창업한 겟케이칸 주조회사의 박물관인 겟케이칸오쿠라기념관月桂冠大倉記念館이다. 니혼슈를 중심으로 각종 주류를 제조하는 겟케이칸은 한국에서도 유명한 사케들을 만드는 일본에서 손꼽히는 주조회사이다. 1982년 처음 겟케이칸오쿠라기념관을 설립하였지만 당시에는 회사를 내방하는 사람들에게만 견학이 허용되었다가 1987년 창립 350주년을 기념해 일반인들도 관람할 수 있도록 공개되었다.

　기념관의 입구에는 '스기다마杉玉'라는 것이 있는데, 삼나무 잎을 묶어서 커다란 볼 모양으로 만든 조형물로 '사카바야시酒林'라고도 부른다. 니혼슈 주조장의 처마 끝에 묶어 새로운 술이 나왔음을 알리는 역할을 했으며 삼나무 잎이 점점 마르면서 색이 변화되는 모습을 보고 사람들은 술의 숙성 상태를 알 수 있었다고 한다. 지금은 술을 판매하는 곳에 간판처럼 달아 놓은 곳이 많다.

　겟케이칸오쿠라기념관은 처음에 술 저장 용도의 창고로 사용되다가 개조하여 기념관으로 사용되고 있다. 니혼슈의 주조 과정을 표현한 모형과 실제로 사용되었던 도구들, 100년 전의 건물 사진 등 다양한 자료를 만나볼 수 있다. 뿐만 아니라 겟케이칸의 사케를 직접 시음해볼 수도 있으며 내장주조장에서는 직접 술 만드는 공정 과정을 볼 수 있는데 이것은 사전예약을 해야 견학 가능하다.

■ 료마도오리 竜馬通り · 테라다야 寺田屋

간단정보

테라다야 寺田屋
주소 京都府京都市伏見区南浜町263
전화번호 075-622-0243(숙박 문의 075-622-0252)   이용시간 10:00~16:00(접수 15:40까지)
휴무일 월요일, 1월 1일~3일
이용요금 대인 400엔, 중·고·대학생 300엔, 초등학생 200엔, 초등학생 미만은 견학불가

후시미에서 가장 예스럽고 고즈넉한 정취를 만나 보고 싶다면 료마도오리를 찾으면 된다. 역사 속에 남은 최고의 영웅으로 손꼽히는 사카모토 료마坂本龍馬의 발자취를 느끼기 위한 거리로 다양한 상점가들이 즐비하고 있어서 '료마도오리 상점가'라고 불리기도 한다. 이 료마도오리는 큐슈의 나가사키, 사카모토 료마의 고향인 시코쿠의 고치에도 있지만 상점가 자체에 '료마도오리'라는 이름이 붙은 곳은 후시미뿐이다.

사카모토 료마의 발자취를 좀 더 가까이에서 느껴보고 싶다면 테라다야로 향해 보자. 테라다야는 사츠마번의 무사들이 많이 묵었던 여관으로, 200년이 넘는 도쿠가와의 시대를 끝내고 새로운 근대 메이지 시대의 포문을 열게 한 젊은 영웅이었던 사카모토 료마도 교토나 후시미에 오게 되면 늘 테라다야에서 하룻밤을 묵었다고 한다.

테라다야에서 사카모토 료마의 발자취를 느낄 수 있는 또 다른 이유가 있는데 바로 '테라다야 사건'이다. 테라다야 사건은 1866년 발생한 후시미 봉행(에도 막부의 직명)에 의한 사카모토 료마 습격 사건을 말한다. 후시미 봉행이 사카모토 료마를 습격할 당시 이를 눈치 챈 오료(훗날 사카모토 료마의 아내)는 사카모토 료마가 묵고 있는 2층으로 올라가 습격의 위험을 알렸고, 그 덕분에 료마는 목숨을 구할 수 있었다. 이를 계기로 둘은 결혼까지 하게 되었다.

　테라다야는 직접 견학을 할 수 있는데, 기념으로 판매하는 옛그릇이나 기념품들이 즐비하고 벽면 곳곳에 료마의 사진, 료마와 관련된 기사, 료마의 부인인 오료의 모습, 료마의 친구이자 1년 후에 료마가 교토의 오우미야에서 암살되었을 때 함께 있었던 나카오카 신타로의 사진도 전시되어 있다. 일본의 영웅 사카모토 료마에 대해 더 자세히 알고 싶다면 직접 테라다야에서 하룻밤 묵어 보는 건 어떨까.

기억해 둘 것
후시미의 상점가, 관광지들은 대부분 월요일이 휴무이기에 되도록 피하는 것이 좋다.

포토 TIP. 후시미 사진 따라잡기!
미션 1 : 짓코쿠부네와 어우러진 후시미 강의 모습을 아름답게 담아 보자.
미션 2 : 겟케이칸오쿠라기념관의 세월의 흔적이 담긴 모습을 찍어 보자.

♛ 후시미에 가기 전
　알아 두면 좋은 일본의 영웅

후시미를 유명하게 만든 장본인 사카모토 료마 坂本龍馬

일본 에도 시대의 대표적인 무사로서 실질적으로 일본을 근대화로 이끈 영웅과도 같은 인물이다. 사카모토 료마를 따라다니는 연관 검색어를 살펴보면 막부의 풍운아, 메이지 유신의 영웅, 새로운 메이지 시대의 개척자, 도쿠가와 이에야스와 함께 일본에서 존경받는 영웅 등 한 마디 한 마디가 사카모토 료마라는 인물을 잘 알 수 있게 해 준다.

새로운 근대 메이지 시대의 포문을 연 일본의 젊은 청년이었던 사카모토 료마는 서로 대립관계에 있던 사츠마번과 초슈번의 동맹 및 막부와 번의 통일을 성사시켜 중앙집권적인 근대국가로 나아갈 수 있는 발판을 마련하였다.

시코쿠 고치현의 하급무사의 아들로 태어나 고향의 존왕양이주의자들과 교류를 하는 경제인이기도 하였고, 에도에서 막부의 해군이면서 친서양파인 가츠 가이슈의 제자가 되어 해운회사를 설립하기도 하였다.

사카모토 료마가 후시미나 교토에 오게 되면 늘 테라다야에서 묵었는데, 1866년 삿초동맹(사츠마번과 초슈번의 동맹)을 체결한 다음날 테라다야에서 후시미 봉행(당시 막부)의 습격을 받게 되었다. 그때 오료라는 여자가 목욕을 하다 말고 뛰쳐 와서 습격 사실을 알려준 것이 계기가 되어 결혼까지 골인하게 되었다. 치료와 신혼여행을 목적으로 가고시마현의 기리시마 온천에 갔는데 이들이 일본에서 최초로 신혼여행을 간 부부라고 한다. 사카모토 료마는 1867년 11월 15일 친구인 나카오카 신타로와 함께 막부순찰대의 습격을 받아 교토에서 33살이라는 젊은 나이에 결국 암살당하고 만다.

● 후시미 근처에서 꼭 맛봐야 하는 것이 있다면?
  인근 맛집 베스트

> 120여 년의 전통을 잇는 전통 화과자점
> ── **도미에이도** 富英堂
>
> **주소** 京都府京都市伏見区中油掛町93
> **전화번호** 075-601-1366
> **오픈 시간** 09:00~19:00(목요일 휴무)
> **추천 메뉴** 에가오 178엔
> **찾아가는 길** 후시미 짓코쿠부네를 탑승하는 강에서 후시미모모야마伏見桃山 역 방면으로
> 도보 10분

후시미에 간다면 꼭 가봐야 하는 1894년에 창업한 유명한 전통화과자점이다.
창업했을 때만 해도 일반인들에게 과자를 파는 곳이 아닌 다도에 사용되는 화과자나
절에 헌상하는 과자를 만들어 내는 곳이었다.
도미에이도에서 꼭 맛봐야 하는 과자는 두 가지가 있는데, 하나는 지금의 사장인
4대 점주가 만든 사케만주酒まんじゅう이고 또 하나는 전통의 에가오えがお이다.
웃는 얼굴이라는 의미를 담은 에가오는 달달한 팥소가 들어 있어서 디저트나
선물용으로 좋다.

✿ 벚꽃 명소 ✿ 단풍 명소

034.
>>>>>>>>>>

교토 벚꽃 명소
랭킹 1순위 사찰

_다이고지 醍醐寺

간단정보

주소 京都府京都市伏見区醍醐東大路町　**전화번호** 075-571-0002
홈페이지 www.daigoji.or.jp
이용시간
- 산보인 정원, 콘도・고주노토 : 3월~11월 09:00~17:00, 12월~2월 09:00~16:00
- 레이호칸 : 3월 24일~5월 6일, 9월 19일~12월 6일 09:00~17:00

이용요금
- 산보인 정원, 콘도・고주노토, 레이호칸 각 대인 600엔, 중・고등학생 300엔
- 2매 공통권 대인 1000엔, 중・고등학생 500엔 / 3매 공통권 대인 1500엔, 중・고등학생 750엔

찾아가는 길 시영지하철 도자이센東西線 다이고醍醐 역에서 도보 15분

우리나라뿐만 아니라 교토에서도 단연코 아름다운 계절은 봄과 가을이다. 그 중 봄에 팝콘 같은 핑크빛 알갱이들이 툭툭 피어오를 때 최고의 벚꽃 명소로 손꼽히는 벚꽃랭킹 1순위에 속하는 곳이 바로 교토 남동쪽에 자리하고 있는 다이고지이다. 최고의 벚꽃 명소답게 다이고지는 1000그루 이상의 벚나무들로 가득하다.

다이고지는 진언종 다이고파의 총본산으로 헤이안 시대 초기에 설립되었으며 서기 874년에 이원대사 쇼보에 의해 창건되었다. 일본 불교사상 가장 중요한 위치를 차지하며 교토에서 가장 오래된 목조건축물인 오층탑을 비롯하여 수많은 국보와 중요문화재를 소장하고 있는 세계문화유산으로 지정된 사찰이다.

시모다이고下醍醐에서부터 산 위의 가미다이고上醍醐까지 다이고산 전체가 사찰의 경내로, 중심부에는 대표적으로 산보인 정원三宝院庭園, 콘도金堂・고주노토五重塔, 다이고지레이호칸醍醐寺霊宝館이 자리하고 있다. 951년에 건립된 교토에서 가장 오래된 목조건축물인 고주노토는 다이고 천황의 명복을 빌기 위해 건립한 것으로 콘도와 함께 일본의 국보로 지정되어 있고, 1400년대에 일어났던 오닌의 난으로 인해 많은 문화재들이 불타거나 훼손되었는데 그중 살아남은 몇 안 되는 목조건축물 중 하나다.

콘도와 고주노토를 지나, 좀 더 깊숙한 곳으로 발길해 보면 아름다운 연못에 반영되는 붉은색 다리가 반갑게 맞이해 주는 벤텐도弁天堂를 만날 수 있다. 벤텐도는 많은 이들이 반해 버리는 가장 사진 찍기 좋은 곳으로 벤텐이라는 신을 모시는 작은 불당이다. 주변으로 단풍나무들이 둘러싸고 있어서 가을이면 붉은 잎 속에 붉은색 다리, 붉은색 불당이 어우러진 모습을 연못이 곱게 담아낸다. 봄과 여름에는 가을과는 대조적으로 푸른 초록 잎들 사이로 붉은빛이 강하게 비치는 아름다운 모습을 만날 수 있다.

산보인은 1115년 14대 주지승인 쇼카쿠 승정이 창건한 것으로, 다이고지의 주지가 거처하는 곳이기도 하다. 산보인의 건축물 대부분은 중요문화재로 지정되었으며 그중 오

모테쇼인表書院은 모모야마 시대를 대표하는 건축물이다. 특별명승으로 지정된 산보인 정원은 1598년 도요토미 히데요시가 꽃놀이를 즐기기 위해 직접 설계한 정원으로, 매년 4월 둘째 주 일요일이 되면 도요토미 히데요시가 애첩 요도기미와 그의 아들을 비롯하여 신하 1300여 명을 거느리고 꽃놀이를 즐겼던 모습을 재현한 가장행렬이 이어지기도 한다.

오모테쇼인은 헤이안 시대 귀족들의 대표적인 주택 양식인 신덴즈쿠리寢殿造 양식을 도입한 국보로 지정된 건축물로서 방바닥에 높낮이를 주어 노能(일본 전

통 연극) 무대를 만들었다. 또한 600년이 넘는 세월 동안 함께 숨 쉬어 온 소나무와 인공폭포, 기암괴석들로 거북섬과 학섬을 형상화함으로서 불로불사의 봉래산을 표현하였다. 다른 한쪽 구석에는 모래가 가득히 깔린 카레산스이식 정원과 이끼 정원이 다실과 어우러져 일본 정원의 모든 양식들을 한꺼번에 만나볼 수 있는 독특한 재미가 있으니 잠시 역사적인 미움은 뒤로한 채 정원의 편안한 속삭임을 느껴보는 건 어떨까.

기억해 둘 것

- 가장 먼저 다이고지의 어떤 것들을 볼 것인지 결정한 후에 표를 끊자. 세트권이 훨씬 저렴하기 때문이다.
- 산보인 정원에서는 절대 사진을 찍을 수 없으니 눈과 마음으로 만나 보자.

포토 TIP. 다이고지 사진 따라잡기!

미션 1 : 작은 불당 벤텐도가 연못에 반영되는 모습을 담아 보자.
미션 2 : 거대한 고주노토를 찍어 보자.

✿벚꽃 명소 ✿단풍 명소

035.
>>>>>>>>>>

일본과 에디슨의 인연을
만날 수 있는 곳
_이와시미즈하치만구
石清水八幡宮

후시미 지역

간단정보

주소 京都府八幡市八幡高坊30　**전화번호** 075-981-3001
홈페이지 www.iwashimizu.or.jp
이용시간 09:00~18:00
이용요금 무료, 케이블카 편도 200엔(15분 간격으로 운행, 5분 소요)
찾아가는 길 게이한혼센京阪本線 야와타시八幡市 역에서 하차 후 케이블카 타고 오토코야마산조男山山上 하차

    도시 전체가 역사책을 보는 듯 하고 모든 것들이 소중한 문화재인 교토에는 너무 많은 신사들과 사찰들이 있어서 지나치기 쉬운 곳들이 무궁무진하다. 이렇게 많은 사찰들이 있는 교토에 알려지진 않았지만 일본 내에서는 두 번째로 손꼽히는 최고의 신사로 불리는 곳이 있으니 그곳이 바로 오사카와 교토의 경계 부분인 남부 야와타시에 있는 이와시미즈하치만구이다.

    125m 높이의 산 오토코야마男山 위에 자리 잡은 이와시미즈하치만구를 만나기 위해서는 케이블카를 타고 올라가야 하는데, 케이블카를 타고 오르는 길에 야와타의 전망이 시원스레 펼쳐지니 마음이 탁 트이는 듯하다. 케이블카에서 내려 신사 입구까지의 길에는 나무동굴을 거니는 듯 최소 600~700년 된 녹나무들이 가득히 서 있다. 뭔가 조심스러우면서도 으스스한 기분에 휩싸이다 이와시미즈하치만구가 보일 즈음 환한 빛으로 펼쳐진 세상을 만날 수 있다.

    이와시미즈하치만구는 나라 시대에 다이안지의 스님이 국가를 지킬 신사를 지으라는 신탁을 받아 약 400년 전에 세운 곳으로 왕실 초기 천황을 신으로 모신 중요문화재인 신사이다. 신사에도 나름 급이라는 게 있는데 일본 천황과 인연이 깊으면 깊을수록 1급에 속하는 고급 신사가 되며, 일본에서 가장 손꼽히는 천황 신사라 일컫는 곳이 미에현 이세진구이고 두 번째로 대접받는 곳이 바로 이곳 이와시미즈하치만구인 셈이다.

    메이지 시대에 신사와 불각이 분리되면서 세력이 많이 약해져 그 옛날의 크

후시미 지역

게 번성했던 모습들이 자취를 많이 감춰 버렸다. 오토코야마에도 약 50여 개의 신사가 있었다고 전해지지만 지금은 이와시미즈하치만구 홀로 오토코야마를 지키고 있다.

 석등을 지나 푸르른 녹음들을 등에 업고 붉은빛 도리이 안으로 들어서면 온통 붉은 세상에 온 듯한 진한 다홍빛으로 옻칠 된 본관이 햇살에 반짝인다. 재미있는 사실은 본관이 평행으로 반듯하지 않고 살짝 비뚤어지게 만들어졌다는 것이다. 그 이유는 신성시되는 도리이와 본관이 평행으로 마주한다는 것은 신과 공평한 시선이요, 동등하다는 의미를 지니고 있기 때문이라고 한다.

 인공적인 색소가 아닌 자연에서 얻은 색으로 옻칠 되어 있는 경내의 모습이 어찌나 신기한지. 곳곳에 장식되어 있는 모모야마 시대의 화려한 동식물 조각들 또한 매우 독특하다. 참배를 올리는 본관 안으로 들어서면 신을 모시는 정면에 꽃문양 3개가 줄지어 있는데, 한 개만 다른 모양으로 있는 것을 알 수 있다. 실수인가 싶기도 하지만 사람도 완벽하지 않듯 이 세상 모두가 완벽하면 안 된다고 일부러 문양 하나를 다르게 표현함으로서 결점을 만들어 신사가 더욱 발전하길 바라는 마음을 담아낸 것이라고 한다.

아침마다 본관을 둘러싸고 있는 문을 위로 젖혀 올리면 바람도 들어오고 경내의 모습을 들여다볼 수 있는데, 여기에서 이 신사가 천황과 깊은 인연이 있는지 아닌지를 알 수 있다고 한다. 바깥쪽으로 문을 열면 일반 신사요, 신을 모시는 안쪽으로 젖혀서 열면 천황과 인연이 깊은 신사라는 것이다.

무엇보다 이 신사에서 독특한 것은 생뚱맞을지 모르는 미국의 발명가 에디슨과의 인연의 흔적. 이와시미즈하치만구를 거닐다 보면 커다란 에디슨 기념비를 만날 수 있다. 일본 신사에서 갑자기 웬 에디슨이라고 생각하는 건 당연할 터. 에디슨이 필라멘트를 연구할 당시 전 세계에서 1200종류의 대나무를 모아서 실험하였는데 교토의 사가노와 야와타의 대나무로 만든 필라멘트가 2450시간을 버텨 전기를 발명하는 데 큰 발판이 되었다고 한다. 그래서 대나무가 맺어준 인연으로 이와시미즈하치만구가 속해 있는 야와타와 에디슨의 고향인 오하이오주 밀란은 자매도시를 맺었고, 발명에 크게 공헌한 점을 높이 사 기념비를 세운 것이라 한다.

기억해 둘 것

- 4월 상순에는 오토코야마 벚꽃 축제가 개최되면서 야간 라이트업으로 화려함을 빛내 준다.
- 매년 9월 15일에 일본의 4대 칙제(천황의 명으로 열리는 제사) 중 하나인 이와시미즈 마츠리가 개최된다.

포토 TIP. 이와시미즈하치만구 사진 따라잡기!

미션 1 : 붉은색으로 옻칠 된 경내의 아름다운 본관을 담아 보자.
미션 2 : 케이블카를 타고 오토코야마를 오를 때 보이는 전경을 찍어 보자.

Special Tip

> "교토의 색을 입고 유혹한다!"
> **교토의 다양한 티켓 디자인**

교토를 하나의 색으로 표현해야 한다면 어떤 색이라고 단호하게 말할 수 있을까? 교토에 어떤 색을 칠해도 그 색깔은 교토를 감싸 안아 어우러질 것이고, 그 어우러짐은 또 다른 교토의 멋을 알려 줄 것이다. 일본 신사에서 자주 마주할 수 있는 붉은색 옻칠 때문에 교토의 색을 붉은색으로 떠올리기도 하지만, 봄날 벚꽃의 연분홍 빛깔, 여름날의 싱그러운 초록 빛깔은 교토를 또 다르게 표현하는 색깔일 터.

이처럼 교토에 어떤 색을 입혔을 때 그 색이 어떻게 표현되는지를 알 수 있는 '물건'이 있으니, 바로 티켓이다. 교토의 수많은 문화재와 정원, 신사는 입장권 단 한 장의 종이로 그곳만의 매력을 잘 표현해 놓았다. 어떤 곳이냐에 따라 사진 한 장으로, 또는 부적처럼 글귀 한 구절이나 그곳만의 멋스러움을 한 폭의 그림으로 나타내는데, 가지각색의 얼굴을 지닌 입장권들을 보기만 해도 꽤나 재미있고, 이는 잔잔한 교토의 향기에 젖어들게 하는 신기한 재주를 지녔다.

어쩌면 교토를 안내하는 또 다른 관광가이드가 되어 주는 입장권은 자신에게 주어진 큰 임무로 인해 부담스러울지도 모른다. 얼마나 매력적인 곳인지, 얼마나 후회 없는 명소인지를 종이 한 장으로 표현해 내야 하는 막중한 임무를 맡고 있기 때문에. 그래서 기요미즈데라처럼 디자인은 같지만 계절마다 다른 색깔로 표현해 놓은 모습이 재미나기만 하다. 더군다나 크기도 손바닥 안에 감기듯이 들어와서 책갈피로 사용하고 싶어질 정도로 매력적이다.

뿐만 아니라 벚꽃 시즌이나 단풍 시즌에만 특별히 입장권을 받는 곳들도 있다. 교토에서 벚꽃이 가장 늦게 피어나서 그 아름다움을 더욱 빛낸다는 닌나지의 벚꽃 시즌 입장권은 화사한 봄날의 교토를 고스란히 담아내어 포근함이 한껏 느껴지는 디자인이다.

교토의 다양한 디자인을 품고 있는 입장권들은 크게 세 가지로 분류할 수 있다. 명소만의 멋진 사진을 담은 입장권이 첫 번째이고, 단순하게 또는 유화의 느낌이 담겨진 일러스트로 표현한 입장권이 두 번째이다. 그리고 세 번째는 사진도 그림도 없는 부적형 입장권이니, 그곳이 바로 여행객들이 꽤나 헷갈려 하는 긴카쿠지(은각사)와 킨카쿠지(금각사)이다.

가방에 넣으면 구겨질 정도로 커다란 종이에 쓰인 한 구절의 글귀들과 도장이 찍힌 것이 전부인 입장권. 평범한 듯 하지만 외국인들이 우리나라의 한글을 보면서 "오, 아름다워."라고 하듯이 바람결에 따라 흩날리듯 쓰인 글귀들과 깔끔하게 이뤄진 모습이 왠지 "교토스럽네."라는 말이 절로 나오게 한다.

일러스트로 표현된 입장권은 또 어떠랴. '어쩜 이렇게 그대로 표현했을까' 싶을 정도로 명소 안에서의 최고의 스폿 포인트를 콕 찍어서 그려놓은 뵤도인, 잣코인, 텐류지, 고다이지 등의 다양한 입장권들이 강한 인상을 남겨 준다.

부적형 입장권, 일러스트형 입장권의 독특함에 비하면 사진으로 표현한 무린안, 도후쿠지, 니조조, 에이칸도, 헤이안진구 등의 사진형 입장권은 평범할지도 모른다. 하지만 그곳만의 아름다운 계절이 고스란히 담겨 있어 언제가 될지는 모르지만 '사진 속의 이 모습을 꼭 보고 말 거야'라는 꿈을 꾸게 해주니, 꼭 다시 교토를 찾아 달라는 메시지를 제대로 전달한 셈이다.

후시미 지역

교토에서 만나볼 수 있는 디자인이 입장권만 있겠는가. 골목골목을 누비는 것 자체만으로도 교토의 느낌이 가득 배어난 사인물, 인쇄물 등이 또 다른 교토의 얼굴이 되어 준다. 대대적으로 광고물 정비 사업을 강화하면서 교토를 지금의 모습처럼 복잡하고 화려한 사인물이 없는 거리로 만들었다. 교토로 들어서는 순간 '화려한 간판들은 다 어디로 갔지?!'라는 생각을 한 번쯤 하게 될 정도로 현대적인 간판을 찾기 힘들 정도이다. 그래서 목적지를 눈앞에 두고도 못 찾는 일은 교토에서 부지기수이다. 이렇게 복잡하고 화려한 사인물이 없는 교토에서 간판이 되어주는 것이 있으니, 바로 글귀를 새긴 천을 상점 입구의 처마 끝에 걸어둔 노렌のれん과 상점 이름을 새겨 놓은 나무 간판이다. 이밖에도 교토 골목을 거닐다 발견할 수 있는 게이코 포스터에서는 교토의 화려함과 옛스러움을 느껴볼 수 있다.

선명하지만 진한 색을 갖춘 것도 아닌, 다소 채도가 낮아서 빈티지스럽게 보이는 교토의 색깔들. 그 색깔들로 어우러진 교토만의 다양한 디자인들이 얼마나 무궁무진한지 직접 골목을 누비며 마주해 보자. 상상 그 이상의 색다른 디자인이 숨바꼭질하듯이 숨어서 기다리고 있을 터이니.

 도보 이동
 지하철·전철 이동
 버스 이동

PLAN 01. 7~8시간 코스

START → 닌나지 仁和寺 → 료안지 龍安寺 → 기타노텐만구 北野天満宮 → 히라노진자 平野神社 → 킨카쿠지 金閣寺 → END

PLAN 02. 7~8시간 코스

START → 코류지 広隆寺 → 도에이 우즈마사 영화마을 東映太秦映画村 → 묘신지 妙心寺 → END

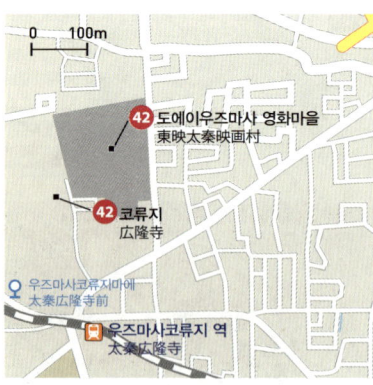

42 도에이우즈마사 영화마을 東映太秦映画村
42 코류지 広隆寺
우즈마사코류지마에 太秦広隆寺前
우즈마사코류지 역 太秦広隆寺

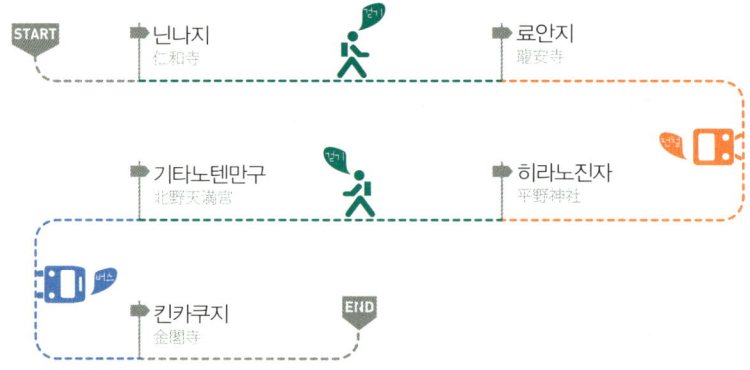

닌나지 38 仁和寺
오무로닌나지 御室仁和寺
카가리킷사 38 篝喫茶
오무로닌나지 역 御室仁和寺

교토에 반하다

★ 단풍 명소

036.
>>>>>>>>>>

햇살 아래
반짝이는 금빛이
화려한

_킨카쿠지 金閣寺

간단정보

주소 京都府京都市北区金閣寺町1　전화번호 075-461-0013
홈페이지 www.shokoku-ji.jp/k_about.html
이용시간 09:00~17:00
이용요금 대인 400엔, 초·중학생 300엔
찾아가는 길
- 버스 12, 59, 101, 102, 204, 205번 타고 킨카쿠지미치金閣寺道 하차 후 도보 5분
- 시영지하철 가라스마센烏丸線 기타오지北大路 역 하차 후 도보 15~20분

    교토의 북쪽에 반짝이는 화려한 금빛. 햇살이 드리워질수록 나뭇잎 사이로 보이는 금빛 전각의 반짝임은 더욱 강렬해져서 눈이 부셔 온다. 3층으로 이루어진 킨카쿠지(금각사)의 전각은 2, 3층이 모두 금으로 덮여 있는 것이 특징이다. 정식 명칭은 로쿠온지鹿苑寺이지만 지금은 아무도 그렇게 부르는 이는 없는 듯하다. 1397년 아시카가 요시미츠가 은퇴한 후에 새로운 거주지의 일부로서 킨카쿠지의 건축이 시작되었고, 1408년 요시미츠가 죽은 후에 선종의 절로 바뀌게 되었다. 요시미츠의 손자인 아시카가 요시마사가 킨카쿠지에서 영감을 받고 긴카쿠지(은각사)銀閣寺를 지었다.

    호수와 같은 큰 연못 가운데에 화려한 자태를 뽐내며 우뚝 서서 홀로 외로움을 견디며 살아가고 있는 이 금빛 전각은 요시미츠 일가에 의해 지어진 건물 중에서 유일하게 남아 있는 전각이다. 수차례의 고난을 겪으면서 교토의 대부분의 문화재들이 훼손되었고 오닌의 난으로 인해 킨카쿠지도 두 번이나 불에 탔었다. 또한 1950년에 킨카쿠지의 광신자였던 수도승에 의해 불이 나기도 했다. 지금의 킨카쿠지는 1955년에 다시 지어진 것으로 문화적으로나 정치적으로 화려하게 발전하고 부유했던 교토의 기타야마 문화를 되새기고자 하는 마음으로 지어졌다.

    총 3층으로 이루어진 킨카쿠지는 각 층마다 서로 다른 건축 양식을 보이고 있다. 1층은 헤이안 시대에 궁전을 지을 때 많이 사용하였던 양식인 신덴즈쿠리寢

殿造로 지어졌다. 많은 재료를 사용해 최대한 자연스러운 멋을 부각시키는 것이 특징이라서 다소 평범해 보이는 듯한 나무 전각만의 아름다움이 엿보인다. 이곳에는 석가여래좌상과 아시카가 요시미츠 좌상이 안치되어 있는데 내부로는 출입이 불가하다. 하지만 1층의 전각 문은 항상 활짝 열려 있기 때문에 연못의 반대편에서 조금씩은 눈으로 확인해 볼 수 있다.

킨카쿠지의 2층은 무사의 주택 양식인 부케즈쿠리武家造로 지어졌다. 2층 전체가 금박으로 뒤덮여 화려함에 있어서 최고의 명성을 보여주고, 내부에는 관세음보살상과 그 주변으로 하늘을 지키는 네 명의 왕을 표현한 동상이 있는 것이 특징이다. 킨카쿠지의 끝머리를 장식하는 3층은 특이하게 중국식 선

종(불교의 종파)의 양식을 따라 지어졌다. 외부뿐만 아니라 내부마저도 화려한 금박으로 뒤덮여 있는 것이 특징이고, 지붕 꼭대기에는 화려한 금박 봉황이 전각을 지키고 있는 듯한 모습으로 그 위엄을 과시한다.

킨카쿠지는 여느 교토의 사찰이 그렇듯 정원과 산책로가 아름다운 곳. 화려함과 어우러지는 푸른 연못과 수목들이 가득한 산책길을 한걸음씩 거닐다 보면 어느새 예전 주지 스님의 거주지인 호조方丈로 이어지게 되는데 호조에는 그림이 그려진 후스마(미닫이문)가 있다. 하지만 전각처럼 공개되지 않는 것 중 하나. 킨카쿠지의 뒤편으로 이어지는 아름다운 정원은 요시미츠 시대 때 만들어진 형식 그대로 지금까지 이어오고 있다.

정원에는 절대 마르지 않는다는 연못 안민타쿠安眠澤가 자리하고 있으며, 행운을 빌며 동전을 던지는 동상이 있어서 재미나게 즐길 수도 있다. 눈으로 봐도 좋고, 마음으로 느껴도 좋은 일본식 정원을 지나면 셋카테이夕佳亭 다실로 이어지게 되는데 에도 시대에 킨카쿠지에 추가된 곳으로서 입장료에 포함된 장소 중 하나이다. 다도 체험도 해 볼 수 있다고 하니 정원과 마주하는 곳에서 차 한 잔의 여유를 한껏 느껴 보도록 하자.

포토 TIP. 킨카쿠지 사진 따라잡기!

미션 1 : 연못에 반영되어 거울처럼 반사되는 금빛 전각을 찍어 보자.
미션 2 : 푸르른 산록에 둘러싸인 킨카쿠지의 정원을 담아 보자.

✽ 벚꽃 명소   ✤ 단풍 명소

037.
>>>>>>>>>>

엘리자베스 영국여왕마저
반해 버린
카레산스이 정원

_료안지 龍安寺

273
/
료 안 지 + 킨 카 쿠 지   지 역

> **간단정보**
>
> **주소** 京都府京都市右京区龍安寺御陵／下町13 **전화번호** 075-463-2216
> **홈페이지** www.ryoanji.jp
> **이용시간** 3월 1일~11월 30일 08:00~17:00 / 12월 1일~2월 말 08:30~16:30
> **이용요금** 대인·고교생 500엔, 중·초등학생 300엔, 간사이 스루패스 할인 가능
> **찾아가는 길**
> - 버스 59번 타고 료안지마에龍安寺前 하차
> - 교토 역에서 버스 50번, 기온이나 시조에서 버스 12번 타고 리츠메이칸다이카쿠마에立命館大学前 하차
> - 게이후쿠京福 란덴嵐電 전차 타고 료안지龍安寺 하차 후 도보 15분 소요

"독자적인 정원인 이곳에서 무엇을 어떻게 표현하고 있는가를 직접 찾아보세요. 여러분들이 오래 바라보고 느낄수록 공상이 더욱 넓게 펼쳐지게 됩니다."

료안지 안내서에 쓰여 있는 문구이다. 그만큼 생각하기 나름이오, 느끼기 나름이니, 내가 원하는 대로 생각하고 편안하게 바라보며 사색하기 좋은 정원이라는 말이 아닐까 싶다.

료안지는 1450년 후지와라의 소유지였던 땅을 후지와라의 분파인 호소카와 가츠모토細川勝元가 손에 넣으면서 건립했다고 한다. 하지만 오닌의 난(1467~1477) 때 화재로 소실되었고 소실된 곳은 호소카와 가츠모토 사후에 선종에게 양도되었으며, 1488년 호소카와 가츠모토의 아들인 호소카와 마사모토細川政元에 의해 료안지가 재건되었다.

선종의 정신을 느낄 수 있는 묘신지파에 속하는 임제종 사찰로, 사찰의 남쪽에는 커다랗게 자리 잡은 연못 쿄요치鏡容池가 있고 그 주변으로는 초록빛 융단을 깔아 놓은 듯한 이끼 정원이 자리하고 있다. 북쪽에는 본당과 불전 등이 있고, 서쪽에는 공개되지 않는 마당 니시노니와西の庭가 있는데 니시노니와에는 절을 창건한 호소카와 가츠모토의 목상을 모시는 호소카와 묘와 66대 이치조 천

황을 포함한 5명의 천황의 능묘가 자리하고 있다. 이들의 묘는 상당히 보잘것없는 상태로 방치되어 있었는데 19세기에 메이지 천황의 지시로 복구되면서 지금의 모습으로 탈바꿈되었다고 한다.

교토의 문화재이면서 유네스코 세계유산으로 등재된 료안지의 매력은 다른 정원에서 찾아보기 힘든 색다른 카레산스이 양식의 정원을 갖고 있다는 것에 있다. 일반 정원에 항상 있었던 물과 나무는 전혀 찾아볼 수 없고 오로지 모래 위에 잡초 한 포기 없이 하얀 자갈과 세월의 흔적을 느끼게 해주는 이끼, 그리고 돌로만 구성되어 있다.

정원의 하얀 모래 위에는 15개의 돌들이 동쪽에서 서쪽까지 5개, 2개, 3개, 2개, 3개씩 가지각색으로 자리하고 있는 게 특징적인데 그 돌들은 어느 곳에서 보더라도 15개가 다 보이지 않는다는 게 함정이라면 함정, 재미라면 또 하나의 재미이다. '왜 15개의 돌들이 다 보이지 않는 거야? 근데 왜 15개라고 하는 거

야? 정말 15개인 거야?'라는 의심은 하지 말도록 하자. 이는 우주 전체를 불완전한 존재로 살아가고 있는 인간들이 이해할 수 없으며 끊임없이 참선을 통해 진리를 알아야 다가갈 수 있다는 선종의 가르침이니.

아무런 간섭도 없이 나만의 세상을 조금 더 느껴 보기 위해 마루턱에 앉아서 가만히 료안지의 정원에 빠져들어 본다. 정원의 담벼락은 흙으로 낮게 만들어진 게 특징인데, 유채 기름을 넣어 반죽한 흙으로 만들어져 시간이 흐름에 따라 유채 기름이 자연스럽게 배어 나와 자연적으로 한 폭의 그림이 만들어진다. 따스한 햇살에 눈꺼풀이 가물가물 드리우는 봄이 되면 담벼락 너머 시다레 자쿠라(능수벚꽃)의 분홍빛으로 인해 더 아름다운 료안지만의 산수화가 그려진다.

료안지에서 그냥 지나칠 수 없는 흥미로운 볼거리를 또 하나 꼽으라 한다면 츠쿠바이蹲い에 새겨진 글귀이다. 츠쿠바이는 다실에 들어가기 전 손이나 입을 깨끗하게 하기 위해 씻는 물을 별도로 담아둔 돌그릇을 일컫는다. 돌그릇의 표면에는 각각 한자가 새겨져 있는데 그냥 읽었을 때는 별다른 의미가 없다. 하지만 그릇 중앙의 입구가 상징하는 '口'를 결합시켜 보면 吾, 唯, 足, 知가 되면서 '나는 단지 만족하는 것을 알고 있다'라는 의미를 갖추게 된다. 즉, 츠쿠바이에 새겨진 글귀는 불교의 기초적인 반물질주의적 가르침을 보강하는 또 하나의 의미인지도.

료안지는 1975년 영국의 엘리자베스 여왕이 일본에 왔을 때 "돌로 꾸민 정원을 보고 싶어요"라며 발걸음 하게 된 곳으로 알려지면서 유명세를 탔다. 료안지 입구에서부터 펼쳐지는 큰 연못과 그 주변의 산책길. 그리고 우주의 신비로움을 일깨워 주는 듯한 모래

정원의 아름다움에 그녀도 반했을 터. 안내문에 쓰인 글귀대로 무엇을 어떻게 표현하고자 했던 것인지 직접 가서 느껴 보자. 각자가 느끼기에 따라 달라질 테니.

🍵 기억해 둘 것

- 5월 초에 찾게 되면 큰 연못가에 보랏빛 포도송이 꽃들과 붉은빛 철쭉들이 즐비한 모습을 만나볼 수 있다.
- 절대 눈으로 대충 정원을 보고 지나치지 말자. 마루턱에 가만히 앉아 나만의 세상을 엿보는 건 어떨까.
- 경내에 자리하고 있는 세이겐인에서 뜨끈한 교토만의 유도후를 맛보자(10:00~17:00, 쇼진료리 유도후츠키 精進料理 湯豆腐付(사찰요리+유도후) 3300엔, 나나쿠사유도후 七草湯豆腐 1500엔)
- 료안지를 찾을 때 귀여운 한 량짜리 꼬마열차 란덴을 타고 소박한 교토의 향기에 취해 보자.

🍵 포토 TIP. 료안지 사진 따라잡기!

미션 1 : 15개의 돌이 놓여 있다는 카레산스이 정원을 담아 보자.
미션 2 : 불교의 가르침이 담겨 있는 츠쿠바이를 담아 보자.
미션 3 : 료안지로 향하는 푸르른 융단의 빛깔을 찍어 보자.

✿ 벚꽃 명소　✿ 단풍 명소

038.
>>>>>>>>>>

통계적으로
명실상부한 교토 최고의
벚꽃 명소

_닌나지 仁和寺

료안지 + 킨카쿠지　지역

간단정보

주소 京都府京都市右京区御室大内33　**전화번호** 075-461-1155
홈페이지 www.ninnaji.jp
이용시간 09:00~16:30
이용요금 본당 무료 / 정원 대인 500엔, 중·고등학생 300엔 / 본당(벚꽃 시즌) 대인 500엔 중·고등학생 200엔
찾아가는 길
- 버스 10, 26, 59번 타고 오무로닌나지御室仁和寺에서 하차(40분 소요) 후 바로
- 게이후쿠京福 란덴嵐電 전차 타고 오무로닌나지御室仁和寺 하차 후 도보 5분
- 료안지에서 서쪽으로 도보 10분

　따스한 봄날, 누가 먼저랄 것도 없이 서로 앞다투어 봉오리의 싹을 틔우고, 하늘거리는 꽃잎을 내보내며 세상 밖으로 행복 바이러스를 휘날려 주는 벚나무. 교토의 대부분 지역들은 이미 벚꽃 명소, 단풍 명소로 자자하다. 그중에 "먼저 양보할게. 내가 기꺼이 마지막이 되어주지."라고 당당히 말하듯이 교토에서 가장 벚꽃을 늦게 피우는 곳이 있으니, 바로 천황의 거실이었던 사찰 닌나지이다.

　닌나지는 닌나 2년(886년) 58대 천황인 고코 천황에 의해 처음 건립된 것이 시초로, 이듬해 고코 천황이 세상을 떠나면서 59대 우다 천황이 선제의 뜻을 이어 닌나 4년(888년)에 완성한 것이다. 연호를 따서 '닌나지'라고 부르게 되었다. 천황이 각별한 애착을 가지고 있어서 오무로(천황의 거실)를 만들어 오무로고쇼(황거)라고 불리기도 하는 닌나지는 1994년 유네스코가 지정한 세계문화유산으로 등록된 진언종 신사파의 총본산이다. 헤이안 시대 중기부터 가마쿠라 시대에 이르기까지 황실과 귀족의 비호를 받으며 교세를 확장하였지만 오닌의 난으로 인해 모두 소실되어 버렸고 약 100년 뒤에 도쿠가와 막부의 3대 장군인 도쿠가와 이에미츠(도쿠가와 이에야스의 손자)가 지금의 모습으로 다시 재건하였다.

　닌나지는 무수히 많은 교토의 벚꽃 명소 중에서도 시민들을 상대로 한 설문조사에서 항상 벚꽃 명소로 1위를 차지하는 곳. 닌나지는 드넓은 경내에 다양한

료안지 + 킨카쿠지 지역

종류의 건물과 다실, 종각, 정원이 있으며 우아한 궁전 양식에 시선을 빼앗기게 된다. 1630년대에 만들어졌다는 중요문화재인 오층탑도 볼거리 중 하나이다. 더군다나 교토에서 가장 늦게 피어난다는 희귀한 재배종인 키가 작은 오무로 벚나무는 닌나지의 최고의 볼거리 중 하나로 그 시기만 되면 북적임에 발 디딜 틈이 없을 정도이다. 정면으로 보이는 벚꽃잎들 위로 위엄을 자랑하듯 우뚝 서 있는 오층탑의 모습이 마치 한 폭의 그림을 보는 듯하다.

닌나지는 오무로 벚나무가 있기에 가볼 만한 곳이냐, 그건 아니다. 1000년 동안 왕족이 머무는 사찰로 이용되었던 닌나지의 정원은 빼놓을 수 없는 최고의 아름다움을 지녔다. 10여 동이나 되는 건물들은 지붕이 있는 회랑식 복도로 이어져 있고, 다양한 격자무늬로 이뤄진 하얀 모래알들이 깔린 정원이 있는가 하면 또 다른 안쪽에는 큰 연못과 작은 폭포와 함께 어우러진 수목들이 아름다움을 뽐내고 있다.

동서남북 그 어느 각도에서 봐도 연못과 정원이 잘 보이도록 설계를 해 놓았고, 정원의 소나무 뒤편으로는 경내에 있는 오층탑이 빼꼼 고개를 내밀어 주니 그 누구라도 그냥 지나칠 수 없어 사진 한 장씩 찍고 가는 건 기본이다. 시원한

마루를 거닐며 만나는 닌나지만의 아름다운 정원, 감히 아름답다는 말이 아닌 또 다른 말로 어찌 표현하리.

마루턱에 앉아 아름다운 정원을 하나씩 살펴보며 무거운 마음은 내려놓고 정원을 마주해 보자. 교토의 수많은 정원 중 단연코 최고라 칭하고 싶은 곳이다. 닌나지의 모든 건물들은 대부분 국보나 중요문화재로 지정된 곳으로 닌나지 자체가 보물인 셈. 그리고 아이들에게 인기가 좋은 만화영화〈명탐정 코난〉의 무대이기도 하니 코난의 팬이라면 닌나지에서 또 다른 재미를 만나게 되지 않을까.

> ☕ 포토 TIP. 닌나지 사진 따라잡기!
>
> 미션 1 : 오무로 벚꽃과 어우러진 오층탑의 모습을 위엄 있게 담아 보자.
> 미션 2 : 닌나지의 아름다운 정원을 품위 있게 찍어 보자.

● 닌나지 근처에서 밥을 먹는다면?
　인근 맛집 베스트

특이한 우동을 맛보고 싶다면
── **카가리 킷사** 篝喫茶

주소 京都府京都市右京区御室小松野町25-20
전화번호 075-461-2106
추천 메뉴 유바안카케우동湯葉あんかけうどん 850엔
찾아가는 길 게이후쿠京福 란덴嵐電 오무로닌나지御室仁和寺 역에서 닌나지 방면으로 도보 1분

두부가 유명한 교토에서 또 다른 별미인 유바(콩물을 끓였을 때 위에 생기는 얇은 막)의
맛을 색다르게 즐길 수 있는 곳이다.
걸쭉한 우동의 국물 위에 유바를 얹은 유바안카케우동湯葉あんかけうどん은
일반적인 우동과는 차별화된 맛으로 우동과 소바 중 선택 가능하다.
유바를 얹은 덮밥인 유바안카케돈湯葉あんかけどん도 있으니
각자의 취향에 맞게 골라 먹을 수 있다.

❋ 벚꽃 명소

039.
>>>>>>>>>>

미로같이
얽히고설킨
신비로운 사찰

_묘신지 妙心寺

285
/
료안지 + 킨카쿠지 지역

> **간단정보**
>
> **주소** 京都府京都市右京区花園妙心寺町64　**전화번호** 075-463-3121
> **홈페이지** www.myoshinji.or.jp
> **이용시간** 경내 무료, 투어 09:10~11:40, 12:30, 13:00~15:40 20분 간격으로 진행
> **휴무일** 4월 1일, 4월 8일~12일
> **이용요금** 경내 무료 / 투어 대인 500엔, 중학생 300엔, 초등학생 100엔
> 　　　　　다이조인 500엔(맛차 체험 시 800엔 추가), 초등학생·중학생 300엔
> **찾아가는 길**
> - 버스 91, 93번 타고 묘신지마에妙心寺前 하차 후 바로 앞(남문)
> - 버스 8, 10, 26번 타고 묘신지키타몬마에妙心寺北門前 하차 후 도보 10분 소요(북문)
> - 게이후쿠京福 란덴嵐電 전차 타고 묘신지妙心寺 하차 후 도보 5분 소요
> - JR 사가노센嵯峨野線(산인혼센山陰本線) 타고 하나조노花園 역 하차
> - 료안지나 닌나지에서 도보 10~20분 소요

　예로부터 귀족들의 별장이 가득하였던 곳으로 넓은 정원과 계절마다 울긋불긋한 꽃들이 가득히 둘러싸고 있어서 '하나조노花園(화원)'라고 불리는 곳이 있으니, 그곳이 바로 묘신지이다. 묘신지는 95대 천황 하나조노가 이 지역을 너무 사랑해서 별궁을 지었다가 불문으로 귀의하게 되면서 절로 바뀌었고 14세기 정도부터 묘신지라는 이름으로 불리게 되었다.

　미로같이 복잡해 자칫 잘못하면 출구도 못 찾을 정도로 넓게 자리하고 있는 묘신지는 남북으로 500m, 동서로 400m에 달하는 매우 큰 절로, 산문과 불전, 법당, 방장이 일직선상에 자리하고 있는 48개의 말사를 갖고 있는 임제종 묘신지파의 대본산이다. 묘신지의 48개의 말사 중 38개는 경내에 있지만 나머지 10개는 밖에 있으며, 아름다운 정원을 갖고 있는 료안지 또한 묘신지 밖의 말사 중 한 곳이다.

　천황과 권력을 갖고 있는 모든 귀족들에게 비호를 받았던 만큼 국보급 유물들이 가득한 묘신지에서 꼭 만나야 할 게 있다면 어디에서 봐도 용의 눈이 노려보는 것 같은 법당 천장에 그려진 카노 탄유狩野探幽의 운류즈雲龍図(용 그림)이다. 법당에는 698년에 만들어진 범종이 있는데 그 범종 또한 현존하는 범종

료안지 + 킨카쿠지 지역

중 가장 오래된 종으로서 최근까지도 직접 종을 울려 아름다운 선율을 들어볼 수 있었지만 지금은 보존을 위해 들을 수 없다고 한다.

묘신지에는 케이슌인桂春院, 다이신인大心院, 다이조인退蔵院이 일반인에게 공개되어 있고 정해진 시간마다 묘신지 투어가 진행된다. 묘신지의 케이슌인은 1598년에 창건한 아름다운 4개의 정원으로 이뤄진 곳으로 푸른 이끼 융단이 깔린 곳에 울긋불긋 붉은 빛깔의 철쭉이 가득히 감싸고 있는 국가 명승지로 지정된 곳이고, 다이신인은 템플스테이와 사찰 음식을 체험할 수 있는 말사이다. 다이조인은 1404년 하타노 시게미치波多野重通가 창건한 아름다운 정원인데, 봄꽃 명소로서 여러 그루의 거대한 수양벚나무가 정원을 빛내 준다. 그곳에 자리하고 있는 특유의 카레산스이식 모래 정원에는 봄꽃이 굽이굽이 자리 잡아 마치 벚꽃 강을 만들어 낸 듯한 아름다운 모습을 자아낸다. 또한 다이조인에서

는 직접 맛차 체험도 할 수 있다.

　수양벚나무의 꽃이 질 때에는 다른 벗을 소개시켜 주듯 새빨갛게 물든 철쭉들이 또 다른 배경을 만들어 주니 정원의 아름다움에 빠지지 않을 사람이 없을 것이다. 수많은 탑과 불상, 고찰, 그리고 자그마한 정원들까지 셀 수 없이 많은 것들이 자리하고 있는 묘신지를 모두 돌아보기에는 시간이 부족할 지경이지만, 곳곳을 연결해 주는 특유의 블록으로 이루어진 길목을 거니는 것마저도 재미있다. 어떤 곳은 사람 한 명 보이지 않는 조용함을 유지하고, 또 어떤 곳에서는 열심히 수도하는 스님들을 만날 수 있는 묘신지는 알면 알수록 신비로운 사찰임에 틀림없다.

● 포토 TIP. 묘신지 사진 따라잡기!

미션 1 : 묘신지의 다양한 불당들을 엮어 주는 길목들을 담아 보자.
미션 2 : 묘신지의 커다란 산몬을 찍어 보자.
미션 3 : 다양한 정원의 아름다움을 담아내 보고, 다이조인의 아름다운 수양벚나무의 꽃잎이 만들어 내는 카레산스이식 정원에 담겨진 물결을 담아 보자.

040.
>>>>>>>>>>

일본에서
으뜸가는
매화 명소

_기타노텐만구 北野天満宮

291
/
료안지 + 킨카쿠지 지역

간단정보

주소 京都府京都市上京区馬喰町　전화번호 075-461-0005
홈페이지 kitanotenmangu.or.jp
이용시간 05:00~18:00 / 매화 시즌(2월 초~3월 하순) 10:00~16:00
이용요금 무료 / 매화 시즌 시(2월 초~3월 하순) 대인 600엔, 초등학생 300엔
찾아가는 길
- 버스 10, 50, 51, 55, 101, 102, 203번 타고 기타노텐만구마에北野天満宮前 하차 후 도보 2분
- 게이후쿠京福 란덴嵐電 전차 타고 기타노하쿠바이초北野白梅町 하차 후 도보 10분

    신의 수만 수백만이라고 하는 일본에서는 '어떻게 이런 존재도 신이 될 수 있을까?'라고 생각되는 것들, 그리고 자연 속에서 당연하게 숨 쉬며 살아가는 모든 것들을 신으로 섬긴다(야구공과 글러브를 신으로 모시는 신사까지 있으니 정말 놀랄 노자). 그렇게 많은 신들 가운데 공부를 하고자 하는 이들에게 하늘에서 내려 주는 동아줄과도 같은 학문의 신이 있으니, 그 신을 모시는 곳이 바로 기타노텐만구이다.

    기타노텐만구는 헤이안 시대의 학자이자 정치가였던 스가와라노 미치자네菅原道真와 그의 아내, 아들을 모신 신사로서 규슈의 다자이후텐만구太宰府天満宮와 함께 전국의 모든 텐만구의 총본산이다. 스가와라노 미치자네는 뛰어난 능력으로 우다 천황이나 다이고 천황 등의 신임을 받고 우대신의 지위까지 올랐지만 당시 좌대신이었던 후지와라노 도키히라藤原時平의 참소로 죄를 받고 규슈 다자이후로 좌천되었다. 그가 죽은 후에 천황가 및 후지와라 가문들이 잇달아 죽게 되었고 역병이 유행하였는데 그것이 스가와라노의 원혼 때문이라는 이야기가 퍼지면서 일본 특유의 원령신앙이 시작되었다. 결국 사후 스가와라노 미치자네는 태정대신까지 추존되고 천신으로 여겨져 그가 모셔진 신사는 텐만구天満宮(천만궁)라는 귀한 칭호까지 받게 되면서 공부를 하고자 하는 이들이나 전국 수험생들이 교토에 오면 반드시 발걸음 하게 되는 신사이다.

293
/
료안지 + 킨카쿠지 지역

교토인들로부터 '텐진상天神さん' 또는 '기타노상北野さん'이라는 별칭으로 불리는 기타노텐만구의 본전은 모모야마 시대의 대표적인 건축양식으로 이뤄져 있어서 화려함이 극에 달한다. 들어서는 입구에서부터 신성시되는 문이라 일컫는 커다란 도리이가 기타노텐만구의 앞을 장식하고 곳곳에 부수적인 도리이와 학문의 신을 뜻하는 소의 모습들이 가득히 자리하고 있는 것이 재미나다. 소를 쓰다듬으면 공부를 잘한다는 속설이 있기에 많은 이들이 필히 쓰다듬게 되니, 곳곳에 검은 옻칠이 벗겨져 소의 속살을 만나 보는 건 너무나도 쉬운 일이다. 특히나 시험철인 11월과 12월에는 기타노텐만구를 찾는 이들이 급증하고 명문대로 손꼽히는 교토대나 도쿄대를 가려면 필히 이곳에서 참배를 해야 한다는 이야기가 있을 정도라고. 갈 때마다 전국에서 몰려든 학생들을 만나게 되니 굳이 찾아다니지 않아도 다양한 교복을 입은 일본의 학생들을 접할 수 있으니 이 또한 재미난 일이다. 이렇게 매년 10만여 명의 사람들이 기타노텐만구를 다녀가면서 자신의 소망을 적어낸 에마絵馬가 경내에 즐비하고 있다.

학문의 신이라고 해서 딱딱할 것이라는 편견은 버리자. 기타노텐만구는 학문의 신을 모시는 신사로 알려져 있지만 반면에 매화꽃이 가장 아름다운 곳이기도 한 봄의 대표적인 명소이다. 매화나무는 제신인 스가와라노 미치자네와 관련이 있으며, 기타노텐만구 내에는 50종의 다양한 매화나무들이 약 1500그루 자리하

고 있어 이곳을 뒤덮을 정도이다. 매년 2월 초순부터 3월 하순까지는 마치 매화꽃을 위한 신사가 된 듯, 거니는 곳곳마다 청초한 매화꽃잎들이 향기로움을 가득히 퍼트리고 쌀쌀함 속에서 만나는 봄꽃이 마음을 따스하게 녹여 준다. 스가와라노 미치자네의 기일인 2월 25일에는 매년 텐진상 프리마켓이 개최되고 다양한 야외 다도회도 즐겨 볼 수 있다고 하니 꽃과 함께 여유를 만끽해 보자.

기억해 둘 것

소를 쓰다듬으면 공부를 잘하게 된다고 하니 꼭 쓰다듬어 보자.

포토 TIP. 기타노텐만구 사진 따라잡기!

미션 1 : 입구에서 펼쳐지는 거대한 도리이와 기타노텐만구를 한 컷에 담아 보자.
미션 2 : 모모야마 시대의 건축양식으로 이뤄진 본전의 화려함을 찍어 보자.
미션 3 : 학문의 신이라 일컫는 소를 쓰다듬는 인증샷을 담아 보자.

041.
>>>>>>>>>>

다양한 벚꽃을
마주할 수 있는
벚꽃 박물관

_히라노진자 平野神社

간단정보

주소 京都府京都市北区平野宮本町1　　**전화번호** 075-461-4450
홈페이지 www.hiranojinja.com
이용시간 05:30~17:30
이용요금 무료
찾아가는 길
- 버스 15, 50, 55, 205번 타고 기누가사코마에衣笠校前 하차 후 도보 5분
- 게이후쿠京福 란덴嵐電 전차 타고 기타노하쿠바이초北野白梅町 하차 후 도보 10분

따스한 바람이 부는 봄이 되면 나무들은 앞다투어 봄꽃을 피운다. 사람들은 알지 못하는 그들만의 정해진 순서가 있는 건지 동백, 매화, 개나리, 진달래, 벚꽃 등 줄줄이 봄 향기를 물씬 풍기며 피어나니, 품종이며 개화시기를 일일이 기억하고 있기란 어려운 일이다. 봄이 되면 가장 먼저 생각나는 꽃은 무엇일까. 아마도 겨울과는 사뭇 다른 눈을 흩날려 주는 벚꽃이 아닐까. 벚꽃 중에도 먼저 피는 꽃이 있고 나중에 피는 꽃이 있으며, 간혹 구분하기 힘든 벚꽃들도 많다. 그런 벚꽃에 대해 이해시켜 주기라도 하려는 것인지 교토에는 벚꽃 전시장이라는 애칭을 지니고 있는 신사가 있으니, 바로 히라노진자다.

히라노진자는 일본의 수도가 나라奈良에서 지금의 교토인 헤이안平安으로 옮겨진 시기인 약 794년에 창건된 곳으로 총 4명의 신을 모시고 있다. 본래 히라노진자가 있는 터가 백제인들의 집단 거주지였던 점과 일본 황실이 백제 왕족 계열이라는 점에서 미루어 볼 때 백제인 천황가의 신사라는 말이 있다. 헤이안 시대 말기의 문헌인 『대초지袋草紙』에서는 "하쿠헤키왕白璧王의 아들인 야마베왕山部王의 어머니의 할아버지가 히라노신의 증손이다."라는 구절을 볼 수 있는데, 하쿠헤키왕이라 함은 고닌왕光仁王을 일컫는 것이고, 야마베왕은 간무왕桓武王을 일컫는 것이니, 간무왕의 어머니의 할아버지는 야마토후비토倭史이므로 그가 히

라노신의 증손자라 한다면 이곳의 주신인 히라노신은 다름 아닌 백제의 성왕聖
王을 뜻하는 것이다.

  작은 신사에 불과한 히라노진자는 백제 성왕인 금목신을 모신 배전이 지금도 고스란히 남아 있고, 도리이를 지나 경내로 들어서면 온통 벚꽃에 둘러싸인 모습을 마주하게 된다. 벚꽃을 위해 만들어진 것만 같은 모습으로 반기니, 꽃의 나라가 있다면 바로 이런 모습이 아닐는지.

  "세상에! 이렇게 다양한 벚꽃들이 있었나?"라는 감탄사가 나올 정도로 히라노진자에는 수많은 신기한 벚꽃들이 가득하다. 수양버들처럼 흘러내리는 수양벚나무는 기본, 왕벚나무부터 시작해서 꽃잎이 하얀색, 연분홍색, 진분홍색을 띠는 꽃들도 있고 특이하게도 연둣빛을 띠는 꽃잎까지 있으니 식물원에서도 마주할 수 없는 벚꽃의 세계에 빠져 볼 수 있는 곳이다.

  히라노진자의 본전은 문화재로 지정되었으며 내부에는 삼십육가선三十六歌仙이라는 그림이 걸려 있다. 벚꽃이 휘날릴 때에는 주변으로 가득히 야타이(포장마차)들이 즐비하니 시원한 음료 한 잔을 즐기며 밤의 여신 벚꽃과 로맨틱한 데이트를 즐겨 보도록 하자.

🍵 포토 TIP. 히라노진자 사진 따라잡기!

미션 1 : 다양한 벚꽃의 모습을 아름답게 담아 보자.
미션 2 : 경내와 어우러진 도리이의 전경을 찍어 보자.
미션 3 : 벚꽃 시즌 밀집해 있는 야타이 사이로 벚꽃을 즐기는 이들의 행복함을 담아 보자.

042.
>>>>>>>>>>

한반도와
깊은 연관이 있는
보물사찰

_코류지 広隆寺

간단정보

주소 京都府京都市右京区太秦蜂岡町32　　**전화번호** 075-752-0227
이용시간 09:00~17:00
이용요금 700엔
찾아가는 길
- 버스 11번 타고 우즈마사코류지마에太秦広隆寺前 하차 후 바로 앞
- 게이후쿠京福 란덴嵐電 전차 타고 우즈마사코류지太秦広隆寺 역 하차 후 바로 앞

교토에서 가장 오래된 절인 코류지에서는 국보 제1호로 지정된 미륵보살반가사유상을 만나볼 수 있다. 한 량 짜리 란덴 전차를 타고 우즈마사코류지 역에 내리면 정면으로 거대한 니오몬仁王門과 첫 인사를 나누게 된다. 코류지는 나라의 호류지法隆寺, 오사카의 시텐노지四天王寺 등과 함께 쇼토쿠 태자聖德太子에 의해 창건된 곳으로 7대 사찰 중 하나이며 한반도에서 건너온 신라인 하타노가와카츠秦河勝가 쇼토쿠 태자에게서 받은 목조 불상을 모시기 위해 건립하였다고 기록되어 있다. 스이코 천황 11년인 603년에 창건되었고, '게이린지桂林寺'라고 불리기도 하였지만 신라인 우즈마사 가문이 크게 기여하였다고 해서 주로 '우즈마사데라太秦寺'라고 불리기도 한다.

우즈마사太秦라는 지명에 관한 재미난 이야기가 있다. '太秦'가 일반적인 일본식 발음과는 다른데, 신라에서 온 여인들이 고향에 두고 온 아이들을 그리워 할 때마다 울었고 그때마다 '우지마소~'라고 한 것이 일본식으로 바뀌면서 '우즈마사'가 되었다는 이야기가 전해지기도 한다. 코류지에는 미륵보살반가사유상뿐만 아니라 또 다른 국보 20점과 중요문화재 48점을 보유하고 있으며 818년과 1159년에 화재로 인해 절이 불타 버렸지만 나무로 만들어진 미륵보살반가사유상은 소실되지 않아 그때의 위엄스러운 모습으로 지금까지 남아 있다.

규모가 크지는 않지만 묘하게 끌리는 넓은 공원과 어우러지는 니오몬의 거대함에 놀라움을 감출 수 없고, 조용하게 펼쳐지는 길들에 친근감이 느껴짐과

동시에 경건해진다. 그도 그럴 것이 코류지가 우리나라와 깊은 연관이 있기 때문인데, 나무로 만들어진 국보급 미륵보살반가사유상이 우리나라 국보 83호인 신라의 금동미륵보살반가상과 생김새가 매우 흡사한 데다가 그 재질 또한 우리나라의 적송赤松이기 때문에 우리나라에서 직접 조각해서 일본으로 전해졌거나 또는 우리나라의 기술자들이 일본으로 나무를 갖고 가서 만들었다고 추측되고 있다.

코류지의 레이호덴靈宝殿에 있는 수많은 불상들 중 유독 시선을 끄는 것이 있는데, 바로 어린 시절의 쇼토쿠 태자의 총명한 모습이 새겨진 불상이다. 그 외에도 다양한 자세와 표정으로 반기는 불상들을 보며 새로운 불교문화를 접하는 기분에 휩싸여 보자.

기억해 둘 것
다양한 스타일의 불상들이 전시되어 있는 작은 사찰로서 내부 촬영이 불가능하다.

● 코류지 근처에서
  또 다른 명소를 찾고 싶다면?

일본 최초의 에도 시대를 재현한 영화촬영장
— **도에이우즈마사 영화마을** 東映太秦映画村

주소 京都府京都市右京区太秦東蜂岡町10
전화번호 075-864-7716
홈페이지 http://www.toei-eigamura.com
오픈 시간 09:00~17:00(12월~2월 09:30~16:00)
이용요금 대인 2200엔, 중·고등학생 1300엔, 소인 1100엔(유카타 입고 입장 시 50% 할인)
찾아가는 길 게이후쿠京福 란덴嵐電 우즈마사코류지太秦広隆寺 역에서 도보 5분

우리나라에는 흔하고 흔한 드라마 및 영화 세트장을 일본에서 만나는 건 왠지 쉽지 않은데,
교토에 에도 시대 거리를 고스란히 재현한 대형 영화 세트장이 자리하고 있다.
일본 드라마나 영화에 등장하는 옛 일본의 모습을 그대로 만나 볼 수 있는 세트장으로
에도 시대의 모습을 그대로 재현하였고 메이지 시대의 모습 또한 볼 수 있는 곳이다.
일본 최초의 영화 촬영 장소로서 1897년 교토에서 처음 영화가 상영하게 되었고 1975년에
다양한 이벤트와 체험을 즐길 수 있는 지금의 테마파크로 탄생하게 되었다.
일본 전역에 총 8개의 촬영 세트장이 있었지만 지금은 겨우 두 곳만 남아 있다.
도에이우즈마사 영화마을은 금방이라도 타임머신을 타고 에도 시대로 이동한 듯한 착각에
빠질 정도로 리얼하게 재현되어 있어서 실제로도 다양한 드라마나 영화를
많이 촬영하고 있는 장소이다. 때에 따라서 실제로 촬영하고 있을 때의 견학도
가능하지만 불가능한 경우도 많다. 혹여나 직접 견학하고 싶다면 촬영일 전날
홈페이지에 공지하기 때문에 미리 확인해 보면 된다.
1997년엔 영화마을 안에 대형 실내 놀이기구 시설인 '파디오스'가 들어서면서 아이들이
즐길 수 있는 다양한 시설들로 구성되어 있다. 특히나 우리나라의 뽀로로처럼
아이들에게 인기 있는 가면 라이더나 슈퍼 히어로 친구들을 만날 수도 있다.
또한 오픈 세트장 내에 이곳만의 트릭아트관도 있어서 좀 더 재밌는 추억을 남길 수 있다.

> Special Tip

> "교토이기에 직접 해 보고 싶은 특별한 경험"
> 교토에서 즐기는 체험 정보

1. 기모노 및 유카타 체험

상호 홋코리ほっこり　　주소 京都市下京区永原町153-14
전화번호 075-352-5122　　홈페이지 www.k-hokkori.com
오픈 시간 09:00~19:00(연중무휴)　　체험료 여자 2500엔, 남자 3500엔, 헤어 500엔
찾아가는 길 한큐교토센阪急京都線 가라스마烏丸 역 14번 출구에서 도보 5분 소요
　　　　　또는 시영지하철 가라스마센烏丸線 시조四条 역에서 도보 5분

일본의 전통의복인 기모노와 유카타를 빌려 입고 여행지를 직접 거닐어 볼 수 있는 체험으로 교토에서 꼭 경험해 봐야 하는 문화이다. 무더운 여름에는 가벼운 유카타를, 다른 계절에는 기모노를 입고 교토의 곳곳을 거니는 것만으로 교토에 녹아드는 느낌에 사로잡힐 것이다. 누구나 즐기는 흔한 체험 중 하나이므로 부끄러워할 필요도 전혀 없다. 활동하기 다소 불편할지도 모르지만 하루쯤은 교토다운 차림을 하고 여행을 즐겨 보는 것도 좋을 것이다. 기모노 착·탈의는 직원의 도움을 받을 수 있고 하루 동안 시간을 보내다가 다시 돌아와 반납하면 된다.

2. 마이코 체험_1

상호 시키四季
주소 본점 京都府京都市東山区高台寺南門桝屋町351-16
　　 사쿠라점 京都府京都市東山区東大路松原上る辰巳町110-9
전화번호 본점 075-531-2777, 사쿠라점 075-533-6666
홈페이지 www.maiko-henshin.com　　오픈 시간 08:30~15:00(1일 8명 한정)
체험료 마이코 스튜디오 촬영 15000엔, 마이코 야외 촬영 22000엔,
　　　 마이코 스페셜 촬영 33000엔, 사무라이 체험(남자) 6500엔

소요 시간 2~3시간 소요(코스마다 다름)   찾아가는 길 니넨자카 내

교토의 꽃이라 불리는 게이코가 되기 위한 수련생인 마이코를 체험할 수 있다. 직접 마이코가 되는 건 아니지만 특유의 하얀 피부와 붉은색 입술로 분하고, 겹겹이 싸매어 입은 옷까지 제대로 갖춘 후 코스별로 촬영이 가능하다. 스튜디오 촬영, 야외 촬영, 인력거 체험, 산책 등을 하며 잠시나마 교토사람들과 관광객의 시선을 사로잡아 보자.
시즌별로 20~40%의 다양한 할인 금액이 적용되니 미리 체크하는 게 좋다. 또 하얀색 양말, 반가발(앞부분은 자신의 머리를 이용하고 뒷부분만 가발을 사용)은 별도로 추가금액이 발생하는 점도 미리 알아 두자.

3. 마이코 체험_2

상호 마이카 Maika   주소 京都府京都市東山区宮川筋4丁目
전화번호 075-551-1661   오픈 시간 10:00~19:00(부정기휴일)
참고사항 기본 미야코 코스 15,750엔(세금 포함). 마이코 분장이 화장이 두꺼운 만큼 나중에 화장을 지울 때를 대비하여 개인 클렌징 제품을 가져가면 좋다.
찾아가는 길 미야가와초 중간쯤 마이코 복장을 한 미국 만화 캐릭터인 베티붑 모형이 있는 가게

여자 여행자라면 교토의 꽃 게이샤 체험을 한 번 해 볼까 하는 생각을 가진 사람도 있을 것이다. 교토에서 기요미즈데라 주변, 기온 주변, 아라시야마 등지에서 게이샤 체험을 하는 가게들을 갈 수 있는데 이왕이면 여전히 가장 전통 있는 하나마치(게이샤 거리)인 이곳 미야가와초에서 체험을 해 보자.
미야가와초의 대표적인 게이샤 체험 가게로는 마이카를 들 수 있다. 미야가와초 중간쯤에 게이샤 복장을 한 유명한 미국 만화 캐릭터인 베티붑 모형이 있는 가게를 발견할 수 있는데 그곳이 마이카다. 미리 예약을 해야 게이샤 체험을 할 수 있으며 기본 미야코 코스를 선택하면 약 40분 동안 게이샤 분장을 하고, 약 40분 동안 인근 거리를 산책할 수 있다. 또한 실내 스튜디오에서 기념촬영까지 해 준다. 게이샤가 된 기분으로 오래된 게이샤 거리를 걷다 진짜 게이샤를 마주치는 기분은 묘할 터. 교토에서의 색다른 체험이 될 것이다.

4. 화과자 만들기

상호 칸슌도 甘春堂   주소 京都市東山区川端正面東入ル
전화번호 075-561-1318   홈페이지 www.kanshundo.co.jp
오픈 시간 09:00~18:00(1월 1일~3일 휴무)
체험료 2000엔   소요 시간 1시간 15분
찾아가는 길 버스 타고 하쿠부츠칸산주산겐도마에博物館三十三間堂前 하차 또는 지하철 게이한혼센京阪本線 시치조七条 역 하차 후 교토국립박물관에서 도보 5분 소요

에도 시대부터 전통을 이어온 화과자를 판매하는 교토의 이름난 노포 중 한 곳으로 화과자를 구매할 수도 있고 직접 체험을 통해 차와 함께 맛볼 수도 있는 곳이다. 항상 쓰디쓴 맛차와 함께 맛보게 되는 달콤한 화과자는 모양도 가지각색이다. 직접 화과자 만들기를 체험할 때 총 3개의 화과자를 만드는데, 시기마다 화과자의 모양새가 다르다. 체험이 끝나면 차 한 잔을 내어 주며, 만든 화과자 중 1개는 직접 시식을 하고 나머지 2개는 갖고 갈 수 있게 포장해 준다.

5. 유젠 소메모노 체험

상호 마루마스니시무라야丸益西村屋   주소 京都市中京区小川通御池南入る
전화번호 075-211-3273   홈페이지 www.marumasu-nishimuraya.co.jp
오픈 시간 09:00~19:00(1월 1일~3일 휴무)
체험료 핸드폰주머니 1575엔, 에코백 2100엔, 텀블러 2200엔, 티셔츠 2625엔(코스마다 다름)
소요 시간 1~2시간 소요(코스마다 다름)
찾아가는 길 시영지하철 도자이센東西線 또는 가라스마센烏丸線 가라스마오이케烏丸大池 역 하차

소메모노란 염색물이라는 뜻으로 염색을 체험할 수 있는 공방이다. 300여 년 전 교토 기온에 미야자키 유젠 사이라는 사람이 부채에 그림을 그린 것이 염색의 시초이다. 기모노에 그림을 그리는 등 인기를 끌면서 유젠

이라는 이름으로 노포를 연 것이 바로 '마루마스니시무라야'이다. 니시무라야는 교토 양식의 주택을 재현하여 만든 공방으로 견학이 가능하고, 직접 만든 물건을 구매할 수도 있으며 가방, 수건, 안경집, 핸드폰지갑, 넥타이 등에 직접 그림을 그리거나 기존에 준비된 패턴을 이용하여 스텐실 기법을 사용해 나만의 소중한 물건을 만들 수 있다.

6. 주조장 체험

상호 하쿠레이주조 아마노쿠라/ハクレイ酒造 天の蔵
주소 京都府宮津市由良949
전화번호 0772-26-0001   홈페이지 www.hakurei.co.jp
오픈 시간 09:00~17:00   체험료 무료
찾아가는 길 KTR 미야즈센宮津線 단고유라에키丹後由良 역에서 도보 7분

1832년에 시작된 단고 지방을 대표하는 전통 깊은 주조장으로서 하쿠레이, 슈텐도지, 코덴이 유명하다. 창업 당시의 주조장 부엌과 창고 등 옛날의 모습들이 고스란히 남겨져 있는 텐포쿠라 주조장과 10만 리터의 술을 만들 수 있는 쇼와쿠라 주조장, 계절별 특산 청주를 직접 맛볼 수 있는 신설 주조장들을 무료로 견학하며 시음할 수 있으며 직접 술을 만드는 체험도 가능하다.

7. 도자기 체험_1

상호 카쇼가마嘉祥窯   주소 京都府京都市東山区清水3丁目343
전화번호 075-531-0056   홈페이지 www.kashogama.com
오픈 시간 10:00~17:00(연중무휴)
체험료 컵 1800엔, 작은 그릇 2200엔, 큰 그릇 3500엔, 배송비 2500엔
찾아가는 길 산넨자카에서 기요미즈데라로 향하는 길에 있음

아기자기한 소품이 가득한 일본에서 예쁜 그릇, 빈티지한 매력이 가득 담긴 그릇에 빠져들어 그릇만 엄청 수집하게 되는 경우가 종종 생기게 되는데, 교토에서 세상에 단 하나뿐인 나만의 도자기를 직접 만들어 볼 수 있다. 그릇의 형태, 색깔들을 모두 내가 원하는 대로 선택을 하고, 선생님을 따라 하나하나 직접 물레를 돌려 만들면 완성. 도자기를 직접 굽는 건 아니지만 주소

만 남겨 놓는다면 2~3일 내에 구워서 직접 우편으로 배송까지 해 주니, 잊을 만할 때 교토를 생각하며 선물 받는 기분이 무척이나 매력적이다.

8. 도자기 체험_2

상호 세요카이 회관青窯会会館　　주소 京都府京都市東山区東林町20
전화번호 075-531-5678　　이용시간 10:00~17:00(일요일, 공휴일 휴관)
이용요금 문양 넣기 코스—찻잔 1050엔, 맛차 잔 1575엔 / 자기 체험 코스 4750엔
찾아가는 길 버스 타고 센뉴지미치泉涌寺道 하차 후 도후쿠지 방향으로 도보 5분

산간 지역인 센뉴지 지역에는 예로부터 도자기를 굽는 가마가 많았다고 한다. 산에서 곧바로 땔감을 구하기 쉬웠기 때문. 그래서 센뉴지부터 고조자카까지 이어지는 지역은 교토의 도자기를 상징하는 '교야키京都燒'를 중심지로 명성을 얻었고 지금도 이 일대는 기품 있는 도자기 가게를 많이 볼 수 있다. 교토에 간 김에 도자기를 하나 사 와도 좋겠지만 가격은 상상초월. 게다가 한국까지 깨지기 쉬운 도자기를 들고 온다는 것은 꽤나 어려운 '미션'이다. 그렇게 도자기에 관심 많은 사람들이 찾으면 좋은 곳이 있으니 바로 도자기 만드는 체험을 할 수 있는 세요카이 회관. 센뉴지와 도후쿠지 사이에 있는 세요카이 회관은 두 종류의 체험교실이 있는데 초벌구이한 자기에 유약으로 직접 문양을 그려볼 수 있는 문양 넣기 코스와 회전판을 이용해 직접 자기의 모양을 만들어 보는 코스가 있다. 직접 만든 자기는 가마에서 구워 며칠 뒤 직접 배송해 준다고. 국제 배송도 되니 교토 도자기의 명산에서 직접 자신이 만든 도자기를 갖고 싶은 사람이라면 방문해 보면 좋겠다. 사전예약은 필수다.

9. 버터 만들기 체험

상호 단고저지목장丹後ジャージー牧場　　주소 京都府京丹後市久美浜町神崎411
전화번호 0772-83-1617　　홈페이지 www.tango-jersey.co.jp
오픈 시간 10:00~17:00
체험료 500엔(체험 전날 오후 5시 전까지 예약해야 가능, 당일 체험 불가능)
찾아가는 길 기타킨키北近畿 열차로 코야마甲山 역에서 내려서 도보 15분 소요

교토 북부 지역에 있는 구미하마에 자리하고 있는 목장으로 매일 신선한 우유를 짜서 버터체험도 하고, 우유 관련한 제품들을 판매 또는 직접 맛볼 수도 있는 곳이다. 단고저지목장에서 짜낸

우유는 일반 우유보다 훨씬 풍미가 진하고 우유의 맛이 고소하면서도 부드러워서 버터 만들기에 최고의 조건을 갖추었다. 버터는 신선한 우유로 만드는데, 덩어리가 생길 때까지 흔들어 주면 되기 때문에 어렵지 않다. 열심히 팔 운동한다 생각하고 흔들어 주면 된다.

신선한 우유로만 가능하기 때문에 필히 전날 문 닫기 전까지는 예약을 해야 한다. 매일 아침 저지목장에서 짜낸 신선한 우유들은 모두 가공공장으로 보내지기 때문에.

10. 오뎅 만들기 체험

상호 마이즈루 카마보코舞鶴かまぼこ　　주소 京都府舞鶴市和田945
전화번호 0773-64-4533　　홈페이지 maizuru.cocolog-nifty.com
체험 가능한 시간 10:30~12:00
체험료 1600엔(체험하는 사람들이 3명 이상일 때 1인당 가격), 2000엔(2명 이하일 때 1인당 가격)
찾아가는 길 JR 니시마이즈루西舞鶴 역에서 차로 5분 소요

직접 잡은 생선들의 살로 이색적인 오뎅 만들기 체험을 즐겨볼 수 있다. 보통은 어떤 오뎅을 만드느냐에 따라서 생선의 종류도 달라지기 마련인데, 어떤 종류의 오뎅을 만들게 될지 예측할 수도 없고, 체험하는 이가 없을 때에는 생선살이 낭비가 되기에 좋은 생선들로 합의점을 찾아 예약한 인원에 따라 넉넉하게 생선살을 버무려 오뎅 만들기 체험이 가능하도록 미리 준비되어 있다.

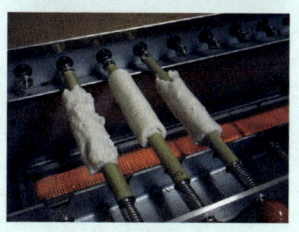

생선살을 나무틀에 동그랗게 올려서 쪄서 먹는 오뎅, 대나무 꽂이에 동그랗게 말아서 굽는 오뎅, 다양한 틀 모양에 생선살을 채워서 튀기는 오뎅을 만들 수 있는데, 모두 완성하면 직접 맛볼 수도 있고, 나머지는 포장해서 가져갈 수 있다. 같은 재료이지만 어떻게 조리를 하느냐에 따라서 쫄깃해지고, 부드러워지는 오뎅의 맛은 신기할 따름.

Chapter 08.

산에서
부는
산들바람 같은 곳

아라시야마+사가노 지역

* 아라시야마 인력거

 도보 이동
 지하철·전철 이동
 버스 이동

PLAN 01. 7~8시간 코스

- 도게츠쿄 渡月橋
- 텐류지 天龍寺
- 사가노 도롯코 嵯峨野トロッコ
- 치쿠린, 노노미야진자 竹林, 野宮神社
- 호즈가와쿠다리 保津川下り
- 아라시야마 몽키파크 嵐山モンキーパーク

PLAN 02. 8~9시간 코스

- 도게츠쿄 渡月橋
- 다이카쿠지 大覚寺
- 니손인 二尊院
- 기오지 祇王寺
- 조잣코지 常寂光寺
- 세이료지 清涼寺

043.
>>>>>>>>>>

청아한 대나무 숲을 거닐며
인연을 꿈꿔 보는

_치쿠린竹林
노노미야진자野宮神社

간단정보

주소 京都府京都市右京区嵯峨野宮町1　전화번호 075-871-1972
홈페이지 www.nonomiya.com
이용시간 노노미야진자 09:00~17:00(연중무휴)
이용요금 무료
찾아가는 길
- 버스 11, 28, 93, 61, 62, 64, 71, 72, 74번 타고 노노미야野宮 하차 후 도보 5분 소요
- 게이후쿠京福 란덴嵐電 전차 타고 아라시야마嵐山 역 하차 후 도보 10분 소요
- JR 사가노센嵯峨野線 타고 JR 사가아라시야마嵯峨嵐山 역 하차 후 도보 10분 소요
- 오사카 우메다에서 한큐센阪急線 타고 가츠라桂 역에서 한큐아라시야마센阪急嵐山線으로 환승, 한큐아라시야마阪急嵐山 역 하차 후 도보 15분 소요

    청아한 대나무 잎사귀들에 바람이 부딪히는 소리가 들려오고, 하늘이 안 보일 정도로 까마득히 줄지어 서 있는 대나무 숲을 거닐 수 있는 곳, 바로 아라시야마의 얼굴이라 할 수 있는 치쿠린이다. 우리나라의 유명한 대나무 숲인 전남 담양군의 죽녹원과는 사뭇 다른 모습으로 얼마나 큰 키를 자랑하고 있는지 높이 줄지어 서 있는 모습에 놀라게 된다. 좁은 산책로가 아닌 차가 다닐 수 있을 정도의 제법 넓은 길로, 양 옆으로는 짚으로 이루어진 울타리가 있어서 더욱 운치 있다.

    아라시야마를 가는 사람들은 아마도 치쿠린을 찾기 위함일 터. 다소 짧은 거리이지만 대나무 소리에 귀 기울이며 거닐어 보는 것만으로도 아라시야마를 제대로 둘러봤다고 할 수 있을 정도이다. 치쿠린을 걷다 보면 1000년 전에 쓰인 일본 고전소설 중 최고라 일컬어지는 『겐지모노가타리源氏物語』의 무대가 된 자그마한 노노미야진자를 마주하게 되는데 대나무 숲 사이로 빼어난 미모를 자랑하듯 자리하고 있는 신사에도 역시나 사람들로 늘 북적인다.

    이 노노미야진자에는 일본 그 어느 곳에서도 찾아보기 힘든 독특한 존재가 있으니, 바로 상수리나무를 껍질도 벗기지 않고 원목 그대로 세워서 만든 '구로키노도리이黒木の鳥居'이다. 노노미야진자는 미혼의 왕녀가 신녀로서 몸을 바쳐야

하는 제도가 있던 옛날, 새로이 즉위한 천황을 대신하여 일본의 건국신이라 일컬어지는 아마테라스오미카미天照大神를 모신 미에현의 이세진구로 봉양하러 가는 임무를 부여받은 사이구가 머물던 곳이다. 지금은 사이구라는 존재가 이미 흔적도 없이 사라졌지만 매년 10월이 되면 100여 명의 사이구 행렬이 이세진구로 향하는 모습을 재현하는 행사가 있다 하니 무엇 하나 지우지 않고 지켜나가는 문화가 참으로 존경스럽기도 하다.

노노미야진자는 젊은 여성들에게 인기가 높은 신사 중 한 곳인데 그 이유는 인연을 맺어 주는 신과 자녀를 갖게 해 준다는 신을 모시고 있기 때문이다. 신사 안에는 '오카메이시お亀石'라는 거북이 등 모양의 돌이 있는데 그 돌을 문지르면 소원이 이뤄진다는 말이 있기에 많은 이들이 찾고 있다. 그리고 신사에 있는 에마絵馬에 소원을 담아 걸어 놓는 모습도 빼놓을 수 없다. 북적이는 인파 속에서 자주 볼 수 있는 인력거의 모습들도 아라시야마의 진풍경 중 하나이다.

노노미야진자에서 '나에게도 인연을 찾아 주소서'라며 소원도 빌어 보고 장쯔이가 주연을 맡았던 영화 〈게이샤의 추억〉의 한 장면으로 등장하였던 청아한 대나무 숲인 치쿠린을 거닐어 보며 좋은 인연이 생기길 빌어 보자.

🍵 기억해 둘 것

- 인력거를 타고 치쿠린 숲을 즐겨 보자. 기왕이면 기모노 또는 유카타를 입고 거닐어 보는 것은 어떨까.
- 12월에 치쿠린을 찾는다면, 곳곳에 등불이 켜지며 아름다움을 발산하는 아라시야마 하나토로嵐山花灯路 마츠리 시즌에 찾는 것도 하나의 방법이다(보통 12월 둘째 주~중순까지).

🍵 포토 TIP. 치쿠린 사진 따라잡기!

미션 1 : 영화 〈게이샤의 추억〉의 명장면처럼 청아한 대나무 숲 사이로 택시가 다가오는 모습을 담아 보자.
미션 2 : 대나무 숲 속 인력거의 모습을 찍어 보자.
미션 3 : 곳곳에 기모노나 마이코 체험을 하는 이들이 나타나곤 하니 그 모습을 찍어 보자.

● 노노미야진자 근처에서
  또 다른 명소를 찾고 싶다면?

아름다운 선율에 반해 버린
― 아라시야마 오르골 박물관 嵐山オルゴール博物館

주소 京都府京都市右京区嵯峨天龍寺立石町1-38
전화번호 075-865-1020
홈페이지 www.orgel-hall.com
이용시간 3월~12월 10:00~18:00 / 1월~2월 10:00~17:00
이용요금 대인 1000엔, 초등학생 600엔
찾아가는 길 텐류지天龍寺에서 세이료지清凉寺 방면으로 도보 5분 소요

아라시야마에 있는 작은 박물관으로, 1층은 카페 및 오르골을 판매하는 가게이고 2층에는 기도 류즈가 평생 모아 온 다양한 오르골이 전시되어 있다. 아라시야마 오르골 박물관은 기도 류즈의 아버지가 작은 공방을 설립한 것이 시작이었다. 특이한 오르골, 몇천만 원이 넘는 귀한 오르골, 세계에서 가장 오래된 오르골 등 가지각색의 오르골을 만나 볼 수 있다. 같은 음악이어도 오르골마다 들려오는 소리가 달라 다양한 오르골의 음색을 즐길 수 있다. 입장료가 다소 비싸게 느껴질 수도 있지만 오르골 마니아나 오르골에 관심 있는 사람들에게는 결코 아깝지 않을 요금일 터. 오르골 문화가 많이 쇠퇴하던 때에도 기적적으로 재기와 성공을 이끌어 지금의 모습을 만들어 낸 오르골 박물관의 오랜 세월이 담긴 모습을 직접 확인해 보자.

● 노노미야진자 근처에서 밥을 먹는다면?
  인근 맛집 베스트

마이코의 얼굴이 담긴 차 한 잔을 맛볼 수 있는 곳
── **아카만마** AKAMANMA/赤マンマ

주소 京都府京都市右京区嵯峨天龍寺瀬戸川町26
전화번호 075-881-9073
홈페이지 akamanma.jp
오픈 시간 평일 10:00~18:00 / 토-일, 공휴일 10:00~22:00
추천 메뉴 사가도후노그라탕嵯峨豆腐のグラタン 840엔, 디저트류 500엔~900엔
찾아가는 길 텐류지天龍寺에서 세이료지清涼寺 방면으로 도보 5분 소요 /
아라시야마 오르골 박물관嵐山オルゴール博物館 맞은편

여행객들이 편안하게 쉬면서 즐길 수 있기를 바라는 마음으로 1973년에 오픈한 프랑스 및 이탈리아 요리를 선보이는 레스토랑이다. 직접 파티시에가 만든 달콤한 디저트의 향기가 반기는 레스토랑으로 곳곳의 아기자기한 소품들과 로맨틱한 인테리어가 돋보이는 곳이다. 파스타, 밥, 스테이크, 케이크 등의 다양한 음식들을 교토식과 잘 어우러지게 표현한 퓨전식 요리를 즐길 수 있다. 그중 '사가도후노그라탕'은 물이 맑아서 맛있다는 교토식 두부에 미트소스를 얹은 그라탕 요리로서 일반 스파게티나 밥을 이용한 그라탕 요리와는 달리 부드러운 식감을 살리고 두부만의 담백함을 담아낸 독특한 맛을 느낄 수 있다.
뿐만 아니라 다양한 케이크와 파르페의 맛이 일품인데, 우지 녹차와 현미차, 흑밀, 오색 콩이 어우러진 파르페가 단연 돋보인다.

❀ 벚꽃 명소 ❀ 단풍 명소

044.
>>>>>>>>>>

아라시야마에 가면
꼭 보게 되는 대표 명소

_텐류지 天龍寺
도게츠쿄 渡月橋

> **간단정보**
>
> **주소** 京都府京都市右京区嵯峨天龍寺芒ノ馬場町68　**전화번호** 075-881-1235
> **홈페이지** www.tenryuji.com
> **이용시간** 08:30~17:30(10월 21~3월 20일 17:00까지)
> **이용요금** 정원 대인 500엔, 초·중학생 300엔 / 제당 참배 시 대인 600엔, 초·중학생 400엔
> **찾아가는 길**
> - 버스 11, 28, 93, 61, 62, 64, 71, 72, 74번 타고 아라시야마텐류지마에嵐山天龍寺前 하차 후 도보 5분 소요
> - 게이후쿠京福 란덴嵐電 전차 타고 아라시야마嵐山 역 하차 후 도보 10분 소요
> - JR 사가노센嵯峨野線 타고 JR 사가아라시야마嵯峨嵐山 역 하차 후 도보 10분 소요
> - 오사카 우메다에서 한큐센阪急線 타고 가츠라桂 역에서 한큐아라시야마센阪急嵐山線으로 환승, 한큐아라시야마阪急嵐山 역 하차 후 도보 15분 소요

　교토에서 당일치기 여행을 떠난다면 모든 이들이 선택하는 아라시야마. 봄에는 팝콘 같은 벚나무들이, 여름에는 시원한 물줄기가, 가을에는 알록달록한 단풍나무가 눈을 즐겁게 해 주니 이런 멋진 광경을 카메라에 담고 싶다면 꼭 들러야 하는 교토의 대표적인 명소이다.

　아라시야마의 중심을 가로지르는 큰 물줄기는 더위에 지친 여행객에게 시원함을 선사해 준다. 그 물줄기 사이로 '달님이 건너는 다리'라는 아름다운 별칭을 지니고 있는 도게츠교가 반기고 있다. 2001년에 개축한 155m의 길쭉한 이 다리는 아라시야마를 대표하는 명소이다. 9세기경 한 승려가 지금의 위치보다 200m 정도 상류에 다리를 놓은 것이 시초였는데, 그 당시 다리 근처의 사찰 이름을 따서 '호린지바시'라고 불렸다고도 한다. 1272년 천황이 아라시야마로 나들이를 나왔다가 '환하고 둥근 달이 다리를 건너가는 것 같구나'라며 탄성을 자아낸 것이 지금의 도게츠교라는 이름으로 불리게 한 것이다.

　도게츠교를 건너면 아라시야마의 중심부에 자리한 국가사적특별명승 제1호로 지정된 텐류지를 만날 수 있다. 텐류지는 1255년 왕실의 별궁으로 지어졌다가 1339년 고다이고 천황을 위해 절로 개축한 아라시야마에서 유일하게 유네스코 세계문화유산으로 지정된 임제종 텐류지파의 사찰이다. 텐류지는 수많은 다

른 사찰들처럼 여러 차례 불에 탔으며, 지금의 사찰은 메이지 시대에 새로 지어진 것이다. 절을 설립한 주지이자 유명한 정원 디자이너인 무소 소세키夢窓疎石가 감상용으로 정원을 함께 만들었는데 사찰의 건물들과는 달리 화재 속에서 꿋꿋이 살아 남은 교토에서 가장 오래된 정원들 중 하나로 꼽힌다.

텐류지의 가장 큰 볼거리라 한다면 바로 이 정원이라 할 수 있겠다. 소겐치曹源池 연못을 중심으로 만들어진 소겐치 정원曹源池庭園은 치센카이유식 정원으로, 소겐치 연못의 수면에는 화려한 물감을 퍼뜨린 것 같이 곱디고운 단풍과 화사한 봄꽃의 모습이 고스란히 담겨 계절마다 서로 다른 매력에 빠져들 수밖에 없다.

주지였던 무소 소세키가 정원을 만들기 위해 연못의 진흙을 파내었더니 '소겐잇테키曹源一滴'라는 글이 새겨진 돌이 발견되었다고 한다. 한 방울의 물조차도 생명의 근원이 되고, 모든 사물의 근원이라는 의미인 '소겐잇테키'라는 글자에서 유래된 고승사찰 텐류지의 정원에는 바위들이 하늘을 향해 세워져 있고 3

단 폭포를 통해 잉어가 올라가면 용이 하늘로 승천한다는 중국 설화를 고스란히 구현해 놓은 것이 특징이다.

걷고 또 거닐어도 늘 새로운 얼굴로 반겨 주는 텐류지. 무거운 마음은 내려놓고 연못과 어우러진 푸른 나무들과 그 뒤로 펼쳐지는 대나무 숲 사이로 불어오는 청아한 바람소리에 귀를 기울이며 나만의 시간을 가져 보자.

🍵 기억해 둘 것

자전거를 대여해서 둘러보는 것도 좋다(1일 사용료 700~1000엔).

🍵 포토 TIP. 텐류지 + 도게츠쿄 사진 따라잡기!

미션 1 : 도게츠쿄와 어우러진 아라시야마의 전경을 담아 보자.
미션 2 : 소겐치 정원을 기품 있게 찍어 보자.

아 라 시 야 마 + 사 가 노 지 역

● 텐류지 근처에서 디저트를 즐긴다면?
　인근 맛집 베스트

아라시야마만의 상징인 치쿠린을 만나 보자
── **요지야 카페 사가노아라시야마점** よーじやカフェ 嵯峨野嵐山店

주소 京都府京都市右京区嵯峨天龍寺立石町2-13
전화번호 075-865-2213
홈페이지 www.yojiya.co.jp
오픈 시간 09:00~18:00
추천 메뉴 치쿠린 롤 650엔
찾아가는 길 도게츠쿄渡月橋에서 도보 5분 소요, 교토시 버스 정류장 노노미야에키 맞은편

교토에서 빼놓을 수 없는 명소인 요지야. 교토에 본점을 두고 있는 요지야는 각 분점마다 특색을 갖추고 있으며 먹을거리들이 가득한 곳이다. 요지야 카페 아라시야마점에는 아라시야마를 더욱 돋보이게 하는 대나무 숲 '치쿠린'을 모델 삼아 만든 메뉴가 있다. 바로 초록색 빛을 입은 빵 안에 아이스크림이 들어 있는 디저트인데 아라시야마에서만 맛볼 수 있다. 그 외에 맛차 라테나 맛차 카푸치노는 이미 유명한 요지야의 메뉴들이다.

대나무 통을 가득히 채운 고사리떡
― 이네 稲

주소 京都府京都市右京区嵯峨天龍寺造路町19
전화번호 075-882-5808
홈페이지 www.kyo-ine.com/saga.html
오픈 시간 10:00~18:00
추천 메뉴 와라비모치파르페わらび餅パフェ 950엔, 쿄젠자이京ぜんざい 700엔
찾아가는 길 텐류지天龍寺 정문에서 상점가 거리 쪽으로 도보 2~3분 소요

담백하고 부드러운 두부의 맛을 제대로 느낄 수 있는
두부 요릿집으로 사랑받는 이네이지만, 고사리 전분으로 만들어서
투명한 것이 특징적인 와라비모치蕨餠를 제대로 맛볼 수 있는 곳이기도 하다.
아라시야마를 대표하는 대나무를 이용한 커다란 통 안에는 떡, 밤, 팥, 생크림,
와라비모치, 콩가루 등이 가득히 채워진 와라비모치파르페는 교토만의 색다른
전통 파르페의 맛을 고스란히 느낄 수 있는 메뉴이다.
뿐만 아니라 녹차를 이용한 다양한 맛차 디저트류와 우리나라의
팥죽과는 다른 젠자이(일본식 팥죽)의 달콤함도 느껴볼 수 있는 전통 디저트 카페이다.

✽ 벚꽃 명소 ✽ 단풍 명소

045.
>>>>>>>>>

덜컹거림 속에서
로망을 즐기는 관광열차

_사가노 도롯코
嵯峨野トロッコ

간단정보

주소 京都府京都市右京区嵯峨天龍寺車道町   **전화번호** 075-861-7444
홈페이지 www.sagano-kanko.co.jp
이용시간 (수요일 휴무)
- 도롯코 사가 역 출발 : 09:07, 10:07, 11:07, 12:07, 13:07, 14:07, 15:07, 16:07, 17:07
- 도롯코 카메오카 역 출발 : 09:35, 10:35, 11:35, 12:35, 13:35, 14:35, 15:35, 16:35, 17:35

이용요금 편도 대인 620엔, 소인 310엔 (승차일로부터 한 달 전에 티켓 구매 가능-JR 니시니혼의 주요역 미도리노마도구치 또는 일본 여행회사에서 구매)
이동경로 도롯코 사가トロッコ嵯峨 역-도롯코 아라시야마トロッコ嵐山 역
　　　　　-도롯코 카메오카トロッコ亀岡 역(7.3km, 25분 소요)
찾아가는 길
- JR 사가노센嵯峨野線 타고 JR 사가아라시야마嵯峨嵐山 역 하차 후 우측에 바로
- 게이후쿠京福 란덴嵐電 전차 타고 아라시야마嵐山 역 하차 후 도보 10분 소요
- 오사카 우메다에서 한큐센阪急線 타고 가츠라桂 역에서 한큐아라시야마센阪急嵐山線으로 환승 후 한큐 아라시야마阪急嵐山 역에서 도보 15~20분 소요

　　여행길에 타는 기차는 묘한 감흥을 선사한다. 특히 세계에서 둘째가라면 서러울 기차 대국 일본에서는 기차만 테마로 여행을 해도 전혀 지루함이 없을 만큼 다양한 재미를 선사하는데, 교토 역시 교토만의 지형과 문화를 대변하는 다양한 열차를 만날 수 있다. 그중에서도 으뜸가는 인기쟁이 열차는 아라시야마의 사가노 도롯코 열차가 아닐까.

　　세계문화유산과 청아한 대나무 숲이 자리하고 있고, 곳곳에 수많은 신사들과 정원이 있는 청정지역 아라시야마. 더군다나 시원한 물줄기가 그 사이로 흐르고 있으니 자연스레 그 풍경 속으로 스며들 수 있는 다양한 체험문화가 있는데 그중 하나가 바로 도롯코 열차(렛샤)다. 옛날 시멘트나 목재를 운반하던 기차를 '도롯코'라고 하였는데 짐을 운반하던 기차처럼 객차 위쪽을 활짝 개방하여 아름다운 자연을 좀 더 가까이에서 맞이할 수 있는 열차를 만들면서 '도롯코'라는 이름을 붙여 '도롯코 렛샤'가 되었다. 도롯코 열차는 아라시야마와 사가노 지역을 로맨틱하게 즐길 수 있는 교토여행의 명물 코스로 1991년 그 첫 운행을 시작한 관광열차다.

일본에는 수많은 도롯코 열차가 있는데, 홋카이도의 라벤다 밭을 달리는 후라노센의 도롯코 열차와 도야마의 구로베 협곡을 달리는 도롯코 열차 등 아름답다고 알려진 일본의 절경이 있는 곳이라면 어디든지 이 도롯코 열차가 놓여 있다 해도 과언이 아니다. 특히나 아라시야마의 도롯코 열차는 일본에서 가장 아름답다고 알려진 구로베 협곡의 도롯코 열차와 서로 인기 쟁탈전을 벌일 정도라고 하니 교토에 가서 그 아름다움을 만나 보지 않는다면 아쉬울 터.

7.3km라는 다소 짧을 수도 있는 거리를 달리지만, 분홍색 꽃잎이 휘날리는 봄날이나 오색빛을 머금은 가을이 되면 너무나도 인기가 많아서 미리 예약을 해야 탈 수 있다. 보통은 승차일로부터 한 달 전에 티켓 구매가 가능하다고 하니 미리 구매해 두거나 아라시야마를 여행할 때 미리 승차권을 끊어 놓고 여행을 즐기다가 정해진 시간에 맞춰 타는 것도 하나의 방법.

도롯코 열차는 도롯코 사가 역을 출발해 대나무 숲으로 유명한 치쿠린에 자

리 잡은 아라시야마 역에 한 번 정차하고, 중간에 도롯코 호즈쿄 역에서 정차를 한 후 카메오카까지 이동하게 된다. 종점인 카메오카 역에서 5분 정도 휴식 시간을 갖고 다시 출발점이었던 도롯코 사가 역으로 되돌아오게 된다. 편도로 도롯코 사가 역에서 카메오카 역까지 이동한 후 카메오카 역에서 호즈가와쿠다리保津川下り(관광 나룻배 체험)를 하며 도게츠교가 있는 곳으로 되돌아오는 방법도 추천한다.

사계절 언제나 인기 많은 이 열차는 손님을 가득 태우고 아라시야마의 아름다운 절경을 따라 수많은 나무들을 뚫고 터널을 지나 달려 나간다. 높은 절벽 옆을 지나가면서도 한쪽으로는 호즈가와保津川의 시원한 물줄기가 반겨 주니 가슴이 탁 트이는 시원함에 행복한 미소가 떠나질 않는다. 멀리 강이 보이면 힘껏 손을 뻗어 흔들어 보라. 호즈가와의 물줄기 위로 호즈가와쿠다리를 즐기는 이들도 반갑게 손을 흔들어 줄 테니.

다소 지루할 수도 있는 열차길에 재미난 포인트가 하나 있다. 중간역인 호즈쿄 역에 다다를수록 오르골이 울리는 듯한 청아한 음악소리가 들려오고, 복을 불러온다는 타누키(너구리) 인형들이 반갑게 맞이해 주는 너구리 역을 만날 수 있다. 그냥 단순히 정차하는 역이라고 생각하지 말고 너구리 역에 다다르면 꼭 고개를 바깥으로 내밀어 보자. 이때 도깨비 탈을 쓴 사람이 도롯코 열차를 타는

데, 카메오카 역까지 함께 타고 간다. 도깨비 탈을 쓴 사람은 붙임성 좋게 관광객들에게 그 비호감(?)의 얼굴을 들이대니, 무서운 외모임에도 불구하고 함께 기념사진 찍겠다는 이들에게 인기가 넘치는 유명인사이다.

　도깨비 탈을 쓴 사람은 다음 도롯코 열차를 위해 호즈쿄 역에서 마지막 인사를 한다. 아쉬움의 눈물, 또 만나자는 눈물을 훔치듯이 하얀 손수건을 흔들며 "사요나라(さよなら, 안녕히 가세요)"라고 외치는 그 모습이 기억에 남을 것이다. 돌아가는 이들에게 들려 주는 선물이라며 역장님이 노래를 한 구절 불러 주시기도 한다. 사소한 재미를 불어 넣었기에 더욱 생각나고 매력적인 추억으로 다가오는 사가노 도롯코 열차. 기차에서 즐기는 로망이 있기에 교토에서의 이 시간이 오랫동안 잊혀지지 않는 기억으로 남게 된다.

📷 포토 TIP. 사가노 도롯코 사진 따라잡기!

미션 1 : 칙칙폭폭 달리는 도롯코 열차를 담아 보자.
미션 2 : 호즈쿄 역에서 만나는 도깨비 탈을 쓴 사람과 함께 인증샷을 남겨 보자.
미션 3 : 달리는 기차 밖으로 보이는 풍경을 찍어 보자.

● 사가노 도롯코 열차 외에
또 다른 즐거움을 느끼고 싶다면?

사계절을 스릴 있게 즐길 수 있는 나룻배 래프팅
── **호즈가와쿠다리** 保津川下り

주소 京都府亀岡市保津町下中島2
전화번호 0771-22-5846
홈페이지 www.hozugawakudari.jp
이용시간 3월 10일~11월 30일 09:00, 10:00, 11:00, 12:00, 13:00, 14:00, 15:30 /
3월 10일~11월 30일 15:30 추가운행 / 12월 1일~3월 9일 10:00, 11:30, 13:00,
14:30 운행 / 토, 일, 공휴일, 단풍시즌에는 추가 운행
이용요금 대인 4100엔, 소인(4세~초등학생) 2700엔
운행구간 카메오카 선착장~아라시야마 선착장(16km)
출발은 무조건 카메오카 선착장에서만 가능
소요시간 운행구간에 따라 1시간 20분~1시간 40분 소요
찾아가는 길 JR 카메오카亀岡 역에서 도보 8분 소요 또는 도롯코 카메오카トロッコ亀岡 역에서
게이한 교토버스 타고 종점으로 이동(15분 소요)

아름다운 산과 시원한 물줄기로 자연을 몸소 느낄 수 있게 하는 아라시야마에서 빼놓지 않고 즐겨 보아야 할 체험이 있는데, 바로 아라시야마에서 사가노 도롯코 열차를 타고 종점인 도롯코 카메오카 역까지 가서 호즈카와쿠다리를 즐기며 아라시야마로 돌아오는 것이다. 호즈카와쿠다리는 일반 래프팅과 달리 커다란 나룻배로 즐기는 래프팅인데, 왕복은 운행하지 않으며 카메오카에서 아라시야마로 이동하는 편도 노선만 운행한다. 16km의 계곡을 약 2시간에 걸쳐서 내려오는데, 뱃사공이 이곳저곳 아름다운 명승지를 소개해 주기도 하고, 중간에서 만나는 이색적인 매점에서 사 먹는 군것질거리는 나룻배 여행의 재미를 더해준다.
목재, 땔나무 등 단바 지역의 특산물을 교토로 운반하는 산업의 수로로 이용했던 것이 지금의 호즈카와쿠다리로 자리 잡게 되었다. 강에서 바라보는 개구리바위, 사자바위, 병풍바위 등의 다양한 기암절벽들과 어우러진 사계절의 아름다움을 즐기며 특별한 추억 한 장 만들어 보자.

● 사가노 도롯코 열차를 탄 후 디저트를 즐긴다면?
  인근 맛집 베스트

목욕탕에서 즐기는 차 한 잔의 여유
— **사가노유** 嵯峨野湯/SAGANOYU

주소 京都府京都市右京区嵯峨天龍寺今堀町4-3
전화번호 075-882-8985   **홈페이지** www.sagano-yu.com
오픈 시간 11:00~20:00
추천 메뉴 사쿠라모치 팬케이크 桜餅パンケーキ 세트 910엔
찾아가는 길 JR 사가아라시야마嵯峨嵐山 역이나 도롯코사가トロッコ嵯峨 역에서 도보 3분 소요

센토(대중목욕탕)의 화끈한 변신을 제대로 느낄 수 있는 특색 있는 카페이다. 1923년 시민들이 쉬어갈 수 있는 목욕탕 '사가유'로 이용되었던 곳이 2006년 8월 10일 카페로 다시 태어났다. 모든 걸 뜯어고치기보다는 목욕탕이라는 특색을 고스란히 살린 독특한 인테리어가 돋보이는 곳으로 샤워기, 목욕탕의 타일 하나하나까지도 그대로 남아 있고, 목욕탕일 때 사용했을 법한 오래된 시계나 가지각색의 테이블과 의자도 꽤 매력적인 곳이다.

높은 천장에 뚫린 커다란 창에서 들어오는 따스한 햇살을 마주하며 사가노유만의 다양한 런치메뉴와 차 한 잔을 즐길 수 있기에 많은 이들이 편안한 휴식처로 찾는 곳이다. 더군다나 나무 도마 같은 접시 위에 담겨 나오는 부드러운 팬케이크는 사랑받고 있는 메뉴로 봄에는 벚꽃 잎이 들어간 퓨전식 사쿠라모치 팬케이크도 맛볼 수 있다.

● 사가노 도롯코 열차를 탄 후
또 다른 명소를 찾고 싶다면?

작은 책방을 가득히 채운 다양한 중고책들
— 런던북스 London Books

주소 京都市右京区嵯峨天龍寺今堀町22
전화번호 075-871-7617
홈페이지 londonbooks.jp
오픈 시간 10:00~19:30(월요일, 셋째 주 화요일 휴무)
찾아가는 길 JR 사가아라시야마嵯峨嵐山 역이나 도롯코사가トロッコ嵯峨 역에서 도보 5분 소요 / 사가노유에서 도보 1분 소요

새하얀 외관에 'London Books'라고 쓰인 지붕. 진한 초록색 문을 열고 들어서면
자그마한 공간에 가지런히 쌓인 책들이 반기고 있다.
런던북스는 헌책방으로, 헌책방만의 묘한 분위기를 만들어 내는 동글동글한 전등에서
쏟아지는 그윽한 불빛들은 책들의 소중함을 가치 있게 높여 준다.
한 권 한 권 쌓여 있는 책들 사이로 들려오는 감미로운 음악 소리에 저절로 책 보는
재미에 빠져들 수 있는 곳이다.
잡지, 디자인책, 그림책, 동화책, 소설책, 교토에 관한 책 등 다양한 주제의 책들을
만나 볼 수 있고, 일반 책들에 비해 저렴하게 구입할 수 있다는 것이 가장 큰 매력이다.
꾸준히 책들이 입고되기 때문에 새로운 책을 득템할 수 있기도 하다.
찾고 있던 책, 그리운 책, 처음 보는 책 등 다양한 만남이 기다리고 있는
헌책방에 발걸음 해 보자.

046.

>>>>>>>>>> 귀여운 원숭이들이
살고 있는 나라

_아라시야마 몽키파크
嵐山モンキーパーク

간단정보

주소 京都府京都市西京区嵐山元録山町 8　　**전화번호** 075-872-0950
홈페이지 www.kmpi.co.jp
이용요금 대인 550엔, 소인 250엔 / 1년 패스권 대인 3800엔, 소인 2000엔
찾아가는 길
- 버스 28, 62, 64, 72, 74번 타고 나카노시마코엔中の島公園 하차 후 도보 10분 소요
- 게이후쿠京福 란덴嵐電 전차 타고 아라시야마嵐山 역 하차 후 도보 10분 소요
- JR 사가노센嵯峨野線 타고 JR 사가아라시야마嵯峨嵐山 역 하차 후 도보 10분 소요
- 오사카 우메다에서 한큐센阪急線 타고 가츠라桂 역에서 아라시야마센阪急嵐山線으로 환승, 한큐아라시야마阪急嵐山 역 하차 후 도보 15분 소요

교토와 원숭이라니, 왠지 어울리지 않는 것 같지만 교토에는 원숭이 마을이 있다. 간사이 여행을 할 때는 마치 정해진 코스처럼 오사카, 교토, 고베, 나라 위주로 여행 일정을 짜게 되는데, 그중 나라는 사슴으로 꽤 유명한 곳이다. 사슴을 신처럼 받들기에 사슴이 사람보다 우선적으로 도로를 횡단하고, 눕고 싶은 곳에 눕고, 먹고 싶은 곳에서 밥을 먹으며 울타리에 갇히지 않은 채 자유롭게 살고 있는 것이 특징적이다. 하지만 아라시야마 몽키파크의 원숭이들을 나라의 사슴들과 같다고 생각하면 큰 착각이다.

아라시야마 몽키파크는 원숭이 전용 동물원이라 해도 과언이 아닌데, 동물원보다는 원숭이를 위한 마을이라는 표현이 더 맞을 듯하다. 아라시야마의 산언덕을 힘겹게 오르다 보면 "원숭이와 눈을 마주치지 마세요", "원숭이에게 음식을 보여 주지 마세요", "원숭이에게 돌을 던지지 마세요"와 같은 경고문을 마주하게 된다.

몽키파크에 다다르면 터질 듯한 붉은색 얼굴로 귀찮은 듯 "어서와"라고 손짓하는 원숭이부터 갓 태어난 새끼 원숭이까지 가지각색의 원숭이를 만날 수 있다. 일반적인 동물원보다는 꽤 가까운 거리에서 원숭이를 볼 수 있기 때문에 많은 이들이 호기심을 갖고 찾는 곳이다. 원숭이가 귀엽고 사랑스럽다고 해서 경고문을 무시했다가는 물릴 위험이 있으니 경고문대로 조금은 조심하는 게 좋

336
/
교토에 반하다

다. 순한 얼굴을 하고 있어도 의외로 원숭이의 이빨은 호랑이만큼이나 날카롭기 때문이다.

다양한 모습의 원숭이들을 만나다 보니 시간 가는 줄 모르고 사진 찍기에 몰입하게 된다. 정해진 시간이 되면 먹이를 직접 줄 수 있는 체험도 할 수 있다. 털을 골라 주며 애정을 과시하는 원숭이들도 있고, 어미 품에서 절대 떨어지지 않으려고 꼭 붙잡고 다니는 새끼 원숭이들도 있고, 사람이 지나가든 말든 눈길 한 번 안 주는 원숭이들도 있다. 이런 원숭이들의 다양하고 흥미로운 행동들 때문에 일반 동물원에서는 느끼지 못한 재미를 느낄 수 있다.

언덕 위에 자리하고 있는 아라시야마 몽키파크는 원숭이들을 직접 만날 수 있는 점 외에 시원스럽게 펼쳐진 교토의 시내 모습을 조망할 수 있다는 또 다른 큰 매력이 있다. 다닥다닥 붙어 있는 집들 사이로 교토의 명소들이 하나둘씩 보이고, 저 멀리 교토타워까지 보일 정도이니 교토 전망을 할 수 있는 또 다른 뷰 포인트이다. 몽키파크에서만 원숭이를 볼 수 있느냐고 묻는다면 꼭 그렇지만도 않다. 간혹 대나무가 우거진 치쿠린 숲에서도 행운이 따르는 날이라면 원숭이를 만나 볼 수 있다고.

기억해 둘 것
호기심이 많은 원숭이들이 화려한 액세서리를 탐낼 수도 있고 가방 속 음식을 탐할 수도 있으니 경고문을 절대 무시하지 말도록 하자.

포토 TIP. 아라시야마 몽키파크 사진 따라잡기!
미션 1 : 원숭이들의 생동감 있는 다양한 모습들을 담아 보자.
미션 2 : 시원스레 펼쳐진 교토 시내의 모습을 찍어 보자.

★ 단풍 명소

047.

푸른 이끼 사이의
돌계단을 올라
사가노 지역을 조망할 수 있는

_조잣코지 常寂光寺

간단정보

주소 京都府京都市右京区嵯峨小倉山小倉町 3　**전화번호** 075-861-0435
홈페이지 www.jojakko-ji.or.jp
이용시간 09:00~17:00
이용요금 400엔
찾아가는 길
- 도롯코 아라시야마トロッコ嵐山 역에서 도보 5분 소요
- JR 사가노센嵯峨野線 타고 JR 사가아라시야마嵯峨嵐山 역 하차 후 도보 15분 소요
- 치쿠린竹林에서 도보 7분 소요

돌계단의 차가움을 등에 업고 한 걸음, 두 걸음 거닐어 본다. 세상에는 수많은 계단이 있지만 그 계단들이 전부 다르게 느껴지는 것은 돌계단을 어디에, 어떻게, 어떠한 모양으로 놓았는지에 따라 계단과 어우러지는 풍광이 서로 다르기 때문은 아닐까. 그중 돌계단의 매력을 가장 뽐내고 있는 곳이 있으니 그곳이 바로 조잣코지다. 1595년 산속에 지어진 자그마한 사찰인 조잣코지는 있는 듯 없는 듯한 곳이지만 가을이 되면 어디서 입소문을 들었는지 많은 인파들로 인해 북적임이 가득해지는 아라시야마의 대표적인 단풍 명소이다.

조잣코지에 들어서는 순간 이 세상을 모두 가려 버리겠다는 듯 사방이 단풍잎들로 가득하고, 그 사이로 비집고 들어오는 밝은 한 줄기의 햇빛이 아름다움을 더한다. 약간 오르막길인 조잣코지의 백미는 싱그러운 빛을 내뿜는 푸른 이끼들 사이로 놓인 돌계단. 높지 않은 그 계단을 한 걸음씩 오르다 보면 어느샌가

자연의 향기에 스며들고 그 어디에도 비교할 수 없는 아름다움을 확인할 수 있다.

　아담한 연못이 어우러져 있는 조잣코지는 평범해 보이지만 언덕 위로 올라가 보면 아라시야마가 속해 있는 사가노 지역의 가옥들이 옹기종기 모여 있는 모습이 보인다. 시원한 바람이 귓가를 스쳐 지나니 자연이 좀 더 가까이 느껴진다. 12월 중순이 되면 아라시야마 전체에 등불이 줄줄이 불을 밝히고, 이 등불들이 조잣코지의 단풍을 비추어 아름다움을 더해 주니 이 얼마나 운치 있는 산책길인가.

> 📷 포토 TIP. 조잣코지 사진 따라잡기!
> 미션 1 : 푸른 이끼에 둘러싸인 돌계단을 찍어 보자.
> 미션 2 : 조잣코지의 위로 올라 사가노 지역을 한눈에 담아 보자.

● 사가노 지역의 또 다른 명소를
  알고 싶다면?

── 니손인 二尊院

주소 京都府京都市右京区嵯峨二尊院門前長神町27
전화번호 075-861-0687   이용시간 09:00~16:30
이용요금 대인 500엔, 소인 무료   찾아가는 길 조잣코지에서 도보 3분 소요

오구라야마의 중턱에 자리하고 있는 니손인은 사가 천황의 기원으로 창건한 사원이다.
본전에 석가여래와 아미타여래의 두 개의 불상을 모시고 있는 데서 그 이름이 유래되었다.
본당으로 가는 기나긴 길은 벚꽃과 단풍의 명소로 유명하고, 꽃잎이 130장이 있는
독특한 벚꽃품종인 '후겐조사쿠라普賢像桜'를 볼 수 있어 더 유명한 곳이다.

── 아다시노넨부츠지 化野念仏寺 + 사가도리이모토마치 嵯峨鳥居本町

주소 京都市右京区嵯峨鳥居本化野町17
전화번호 075-861-2221   홈페이지 www.nenbutsuji.jp
이용시간 09:00~16:30   이용요금 600엔
찾아가는 길 버스 타고 도리이모토鳥居本에서 하차

아라시야마의 청아한 대나무들과 아름다운 경내의 모습을 한눈에 볼 수 있는
사가노 최고의 사찰로서 영혼을 달래는 엄숙함이 절로 느껴지는 사찰이다.
갈 곳 없는 시신을 풍장하던 곳에 지은 절로 약 8000여 개나 되는 석탑과 돌부처가 있어
저절로 숙연해지면서도 본전 뒤에 있는 대나무와 어우러진 오솔길이 참으로 멋진 곳이다.
사찰 근처에는 사가노 지역 서북쪽에 자리하고 있는 작은 마을 사가도리이모토마치가
있는데 1979년에 전통건물 보존지구로 지정되었다. 작지만 마치 타임머신을 타고
옛날로 돌아간 듯 일본의 옛 모습을 만나볼 수 있다.

── 오타기넨부츠지 愛宕念仏寺

주소 京都府京都市右京区嵯峨鳥居本深谷町2-5
전화번호 075-865-1231   **홈페이지** www.otagiji.com
이용시간 09:00~17:00   **이용요금** 400엔
찾아가는 길 버스 키요타키淸滝 방면 62, 72번 타고 오타기데라마에愛宕寺前에서 하차

현재 교토의 시조 니시인부터 히가시야마 방면에 걸쳐 옛날에는
오타기군愛宕郡이라고 불렀다.
나라 시대 말, 쇼무 천황의 딸인 쇼토쿠 천황이 이곳에 사원을 지었는데
오타기의 땅에 지어진 것에서 오타기데라라고 이름 지어졌다.
하지만 헤이안 시대 초기 가모가와의 홍수로 인해 폐사가 되었고,
절의 부흥을 명받은 것이 천태종의 승려 센칸이다.
센칸은 항상 염불念仏(넨부츠)을 외고 있었기 때문에 민중으로부터
염불 성인이라고 불렸고, 이것에서 절의 이름을 오타기넨부츠지라고 부르게 되었다.
오타기넨부츠지에는 다양한 석상들이 셀 수 없이 가득해 각기 다른 표정의
석상을 보는 재미가 있다.
오랜 세월의 흔적을 자랑스럽게 드러내듯 푸른 이끼에 꽁꽁 숨어 있는 석상들이
지루함을 덜어 준다.

✤ 벚꽃 명소 ✤ 단풍 명소

048.
>>>>>>>>>>

아라시야마의
숨은
벚꽃 명소

_세이료지 清凉寺

아 라 시 야 마 + 사 가 노 지 역

> 간단정보

주소 京都府京都市右京区嵯峨釈迦堂藤ノ木町46   전화번호 075-861-0343
이용시간 09:00~17:00
이용요금 경내 무료 / 본당 400엔
찾아가는 길
- 버스 28, 91, 61, 62, 64, 71, 72, 74번 타고 사가샤카도마에嵯峨釈迦堂前 하차 후 도보 3분 소요
- 게이후쿠京福 란덴嵐電 전차 타고 게이후쿠아라시야마京福嵐山역 하차 후 도보 10분 소요
- JR 사가노선嵯峨野線 타고 JR 사가아라시야마嵯峨嵐山 역 하차 후 도보 10분 소요
- 오사카 우메다에서 한큐센阪急線 타고 가츠라桂 역에서 한큐아라시야마센阪急嵐山線으로 환승 후 한큐아라시야마阪急嵐山 역 하차, 도보 25분 소요

　아라시야마에 숨어 있는 많은 사찰 속에 작은 크기로 자리 잡고 있는 세이료지는 잘 정돈되어 있으면서도 고풍스러움을 잃지 않은 사찰이다. 정토종의 사찰로 987년 미나모토노 토오루의 별장에 불당을 세운 것이 시초이다. 산호山戶(이름 앞에 붙이는 산의 칭호)를 고다이산으로 칭하고 '사가석가당'이라는 이름으로 알려졌다. 일설에는 『겐지모노가타리』의 주인공 히카루 겐지의 모델이었다고 전해지는 미나모토노 토오루의 별장 세이카칸이 이곳에 있어서 토오루가 사망한 후에 세이카지라고 칭했던 것이 세이료지의 시작이라고도 한다.

　세이료지로 들어서기에 앞서 가장 먼저 마주하게 되는 것은 신사의 도리이와 같은 사찰의 큰 산몬이다. 세이료지의 산몬은 교토의 문화재로 등록된 것으로에도 시대에 처음 지어졌으나 그 이후에 소실되면서 1776년 재건된 것이다. 산몬을 지나면 넓은 경내의 참배길이 나오고 1701년 도쿠가와 5대 장군 츠나요시, 그의 모후인 게쇼인 등의 발기에 의해 재건되었다는 본당을 만나게 되는데, 본당에는 국보급 석가여래입상을 안치하고 있다. 석가여래입상은 인도, 중국, 일본의 세 나라에 전래되고 있는 특유의 불교문화의 색을 입고 있는 신비로운 불상이다. 160cm의 높이, 서른일곱의 젊은 모습으로 새겨져 있는데, '삼국에서 전래된 살아 있는 부처님'이라고 불리기도 한다.

　석가여래입상을 가지고 중국(송나라)에서 돌아온 초넨 대사가 그 상을 안치

하기 위해 '다이세이료지'의 건립을 계획하였지만 중간에 사망하였고, 제자인 조산이 세이료지를 건립하여 상을 안치하였는데 1953년에 등에서 뚜껑이 발견되면서 그 안에 내장을 본뜬 실크로 만든 오장육부가 발견되면서 살아 있는 부처님이라는 별칭을 갖게 된 것이다. 그 외에도 경내에는 초넨 대사, 미나모토노 토오루, 사가 천황, 단린 황후의 묘 등이 안치되어 있고 국보로 지정되어 있는 2개의 불상이 매년 봄과 가을인 4~5월, 10~11월에만 특별 공개된다.

　본당뿐만 아니라 좌측에는 1703년에 지어진 교토문화재로 지정된 다보탑이 자리하고 있고 그 주변으로는 자그마한 벚꽃군락지가 있어서 대표적인 아라시야마의 벚꽃 명소이기도 하다.

🍵 기억해 둘 것

- 봄과 가을에만 특별 공개되는 불상이 있으니 그 기간을 잘 알아 두자.
- 세이료지의 다보탑 바로 옆에 '아부리모치'라는 특별한 떡꼬치를 먹을 수 있는 가게 '다이몬지야'가 자리하고 있다. 아부치모치는 대나무꼬치에 떡을 꽂아 숯불에 구운 후 하얀 된장을 발라 먹는 것으로, 먹으면 1년간 무병무사한다 하니 맛보는 것도 좋다(아부리모치 + 맛차 세트 520엔).

🍵 포토 TIP. 세이료지 사진 따라잡기!

미션 1 : 입구에서 반기는 커다란 산문을 담아 보자.
미션 2 : 다보탑과 어우러진 벚꽃을 찍어 보자.

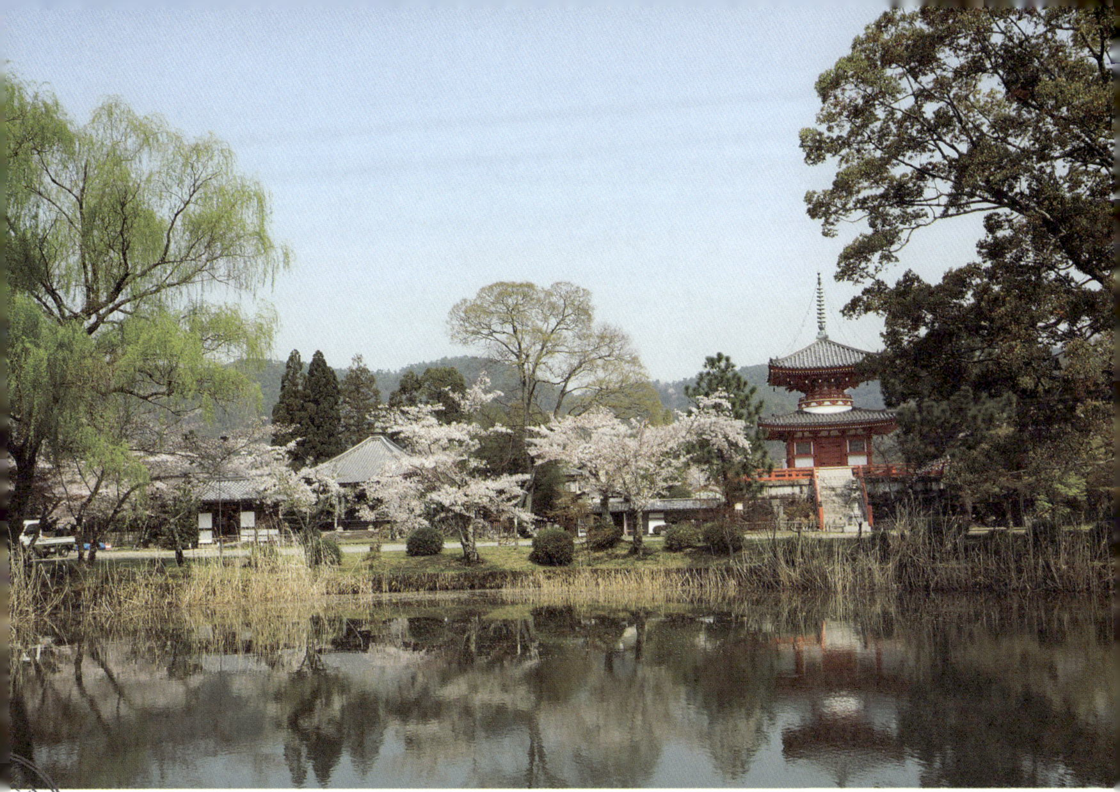

✽벚꽃 명소 ✽단풍 명소

049.

>>>>>>>>>>>

사가 천황의 일생이 담긴 _다이카쿠지大覚寺

간단정보

주소 京都府京都市右京区嵯峨大沢町4 **전화번호** 075-871-0071
홈페이지 www.daikakuji.or.jp
이용시간 09:00~17:00
이용요금 500엔(기오지와 세트권으로 구매 시 600엔)
찾아가는 길
- 버스 28, 61, 64, 71, 74, 91번 타고 다이카쿠지大覚寺 하차 후 도보 2분 소요
- JR 사가노센嵯峨野線 타고 JR 사가아라시야마嵯峨嵐山 역 북쪽 출구에서 도보 20분 소요
- 오사카 우메다에서 한큐센阪急線 타고 가츠라桂 역에서 한큐아라시야마센阪急嵐山線으로 환승 후 한큐 아라시야마阪急嵐山 역 하차 후 도보 30분 소요

벚꽃이 아름다운 교토의 봄, 매력적인 붉은빛의 단풍으로 온통 감싸지는 교토의 가을. 하지만 벚꽃이나 단풍이 아름다울 수 있는 건 자연과 어우러진 초록색의 나무들이 있기 때문 아닐까. 수많은 교토의 명소들 중에서 유독 초록빛과 잘 어울리는 아라시야마에서 자전거의 페달을 밟고 사가노 안쪽 깊숙이 들어서야 만날 수 있는 사가노의 사원들 중 단연코 최고라 할 수 있을 정도로 크기부터가 남다르다.

다이카쿠지는 사가 천황이 나라를 위해 참배하였던 곳으로 헤이안 시대(876년)에 절로 개축한 몬제키 사원이다. 몬제키 사원이라 하면 닌나지처럼 천황이 자리에서 물러나 거주하던 곳을 일컫는데, 사가 천황이 서거한 뒤 한참이 지나서야 절로 개축되었기 때문에 옛 황실의 느낌이 곳곳에 남아 있어 꽤 독특한 모습의 절을 마주할 수 있다.

사가 천황은 천황 중에서도 손꼽힐 정도로 왕권을 제대로 발휘하였다는 업적을 지니고 있는데, 시인으로도 유명했고 꽃꽂이의 시조이기도 하다. 또한 옥좌를 내놓았음에도 그의 권력이 사라지지 않았기에 다이카쿠지를 다른 말로 '사가 고쇼'라고도 불렀다. 아무것도 없던 사가노를 유유자적 즐기며 하나씩 또 하나씩 개척해 나갔다. 그래서 사가 천황의 이름을 붙여 현재의 '사가노'라는 지명으로 불리고 있는 것이다.

교토의 수많은 사원들처럼 다이카쿠지도 신덴寢殿, 미에이도御影堂, 고다이도五大堂 등이 회랑식 복도로 연결되어 있어서 신발을 벗고 거닐 수 있다. 거니는 발걸음마다 들려오는 마루의 소리, 마룻바닥이나 기둥에 고스란히 남아 있는 부드러운 나뭇결이 정겹기만 하다. 절에서 바라볼 수 있는 드넓은 모래정원에는 덩그러니 수양벚나무가 화려한 꽃잎을 휘날리며 반겨준다.

에도 시대 초기에 고미즈노오 천황이 선물로 주었다는 수양벚나무는 문무 신하를 상징하고 있으며 모래 정원과 마주한 곳에는 노 무대가 있다. 또한 일본에서 놓치지 말아야 할 유명한 작품들이 남아 있는데, 그중에서도 신덴 내에 자리하고 있는 모모야마 시대를 빛냈던 유명한 화가 카노 산라쿠狩野山楽의 작품인 〈보탄즈牡丹図〉와 〈고바이즈紅梅図〉의 화려한 금빛과 어우러진 벽화들은 참배객들의 눈길을 끌고 있다.

다이카쿠지 바로 옆에는 1km의 면적으로 이뤄진 커다란 오사와노이케大沢池라는 연못이 있는데, 중국의 유명한 동정호를 토대로 만들어진 인공 연못으로 산책하기 좋다. 특히 벚꽃이 휘날리는 봄날에는 연못 주변으로 수많은 벚나무들이 꽃을 피워서 교토에서 가장 아름다운 연못으로 대변신한다. 따스한 봄날에 연못 주변으로는 벚꽃이 휘날리고 연못에선 오리들이 즐거운 시간을 보내

니, 그 어떤 곳보다 평화롭기만 하다. 또한 오사와노이케는 추석에 달맞이를 즐기는 장소로 알려져 있는데, 용머리 조각이 붙어 있는 배를 연못에 띄우는 행사가 열리기도 한다.

그 외에도 무더운 여름날에 피어나는 아름다운 연꽃, 봄의 시작을 알려 주는 매화, 사가노 지역에서 빼놓을 수 없는 대나무 숲이 함께 어우러져서 계절마다 색다른 멋을 느낄 수 있다. 옛 모습이 남아 있지도 않고, 목조 건물이 아닌 콘크리트 건물에 불과하지만 오사와노이케와 어우러진 붉은빛 가득한 탑 신교호토心経宝塔의 모습도 함께 만나 보도록 하자.

🍵 기억해 둘 것

- 기오지와 함께 저렴하게 둘러볼 수 있으니 다이카쿠지만 관람할 것인지 기오지와 함께 관람할 것인지 잘 선택하도록 하자.
- 다이카쿠지와 마주하는 연못길을 꼭 산책해 보도록 하자.

🍵 포토 TIP. 다이카쿠지 사진 따라잡기!

미션 1 : 다이카쿠지 법당 앞으로 펼쳐진 수양벚나무와 모래 정원을 기품있게 담아 보자.
미션 2 : 인공 연못 오사와노이케의 모습을 찍어 보자.
미션 3 : 붉은빛 가득한 신교호토가 오사와노이케에 반영된 모습을 아름답게 담아 보자.

● 다이카쿠지 근처에서
　또 다른 명소를 찾고 싶다면?

초록색 이끼가 매력적인
── **기오지** 祇王寺

주소 京都府京都市右京区嵯峨鳥居本小坂町32
전화번호 075-861-3574
홈페이지 www.giouji.or.jp
이용시간 09:00~17:00
이용요금 대인 300엔(다이카쿠지와 세트권으로 구매 시 600엔), 소인 100엔
찾아가는 길 조잣코지常寂光寺, 니손인二尊院에서 도보 5분 소요
　　　　　　 JR 사가아라시야마嵯峨嵐山 역에서 도보 10분 소요

사가노에 꽁꽁 숨겨져 있는 자그마한 비구니 사찰이다. 헤이안 시대 말기에 최고의 권력자라고 불리는 이에게 총애를 받다가 버려진 '기오'와 '기조'라는 자매가 17세라는 어린 나이에 버림을 받고 그녀들의 어머니와 함께 이곳 기오지에서 여생을 보냈다.
기오지는 치쿠린과는 또 다른 푸르름에 가득히 둘러싸여 있는 곳으로 작은 오두막과 커다란 정원이 있다. 정원에는 숲의 정령이 나올 듯 푸른 이끼가 햇살에 반짝이고 그 위로 하늘 높은 줄 모르고 쭉쭉 뻗은 나무들이 인상적이다. 봄에는 이끼 위로 산의 벚꽃잎들이 날아와서 소복이 쌓이고, 가을에는 울긋불긋 물든 단풍잎으로 아름다운 경관을 보여 주는 곳이다.

● 다이카쿠지 근처에서 밥을 먹는다면?
  인근 맛집 베스트

큰 창으로 들어오는 햇살과 마주하는 시골밥상
— **모미 카페** カフェモミ/MOMI CAFE

주소 京都府京都市右京区嵯峨二尊院門前北中院町15
전화번호 075-882-6982
홈페이지 momi-cafe.com
오픈 시간 11:00~17:00(화, 수요일 휴무)
추천 메뉴 세이진고항런치精進ごはんランチ 1260엔
찾아가는 길 기오지祇王寺 또는 니손인二尊院에서 다이카쿠지大覚寺 방면으로 도보 7분 소요

사방이 정적으로 둘러싸인 한적한 마을에 자리 잡은 모미 카페는 푸른 잔디가 인상적인 곳이다. 새하얀 나무의 간판과 갈색의 건물이 무척 돋보인다. 겉보기에는 2층 건물처럼 보이지만 정작 내부로 들어서면 1층으로 이루어져 있으며, 높은 천장이 답답함을 뚫어 주어 마음이 시원해지는 듯하다. 정원을 제대로 감상할 수 있는 커다란 통유리가 모미 카페만의 매력 포인트이다.
테이블은 많지 않지만 소수의 인원이 편안하게 쉬었다 갈 수 있는 정원 카페로, 높은 천장 위에 매달린 은은한 조명과 창밖의 꽃과 나무들이 카페를 더욱 아름답게 뒷받침해 주고 있다. 모미 카페에서는 교토의 채소를 이용한 런치 메뉴가 사랑받고 있는데, 다양한 채소를 이용한 반찬으로 차려진 밥상이 우리나라 시골밥상을 연상케 한다.
깔끔하면서도 채소 본연의 맛을 제대로 느낄 수 있고, 몸이 건강해지는 듯한 음식이다. 한쪽 벽면에는 핸드메이드 액세서리들이 판매되고 있다. 아기자기한 소품은 기본, 동화책이나 고양이와 관련된 책들이 비치되어 있다. 기회가 된다면 모미 카페 주인이 키우는 귀여운 고양이도 만날 수 있다.

Chapter
09.

교토의
자연에 묻혀
힐링하는 곳

오하라+우지+구라마 지역

* 우지의 가마우지 낚시

PLAN 01. 5~6시간 코스

START → 산젠인 三千院 → 호센인 宝泉院 → 잣코인 寂光院 → END

PLAN 02. 5~6시간 코스

START → 우지진자, 우지가미진자 宇治神社, 宇治上神社 → 뵤도인 平等院

END ← 고쇼지 興聖寺 ← 다이호안 다도 체험 対鳳庵

PLAN 03. 5~6시간 코스

START → 구라마데라 鞍馬 → 기부네진자 貴船神社 → END

▼오하라

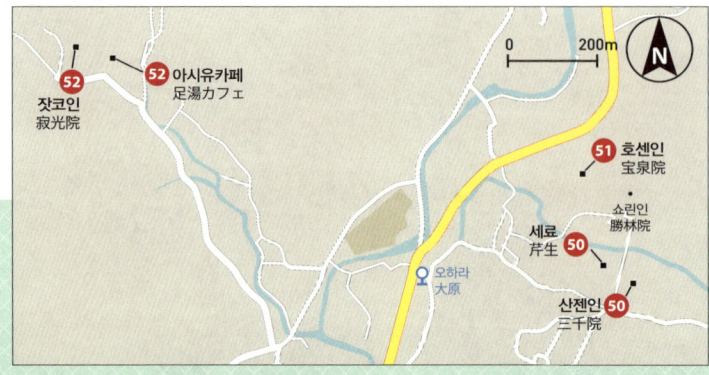

52 잣코인 寂光院
52 아시유카페 足湯カフェ
51 호센인 宝泉院
쇼린인 勝林院
50 세료 芹生
오하라 大原
50 산젠인 三千院

▼구라마

▼우지

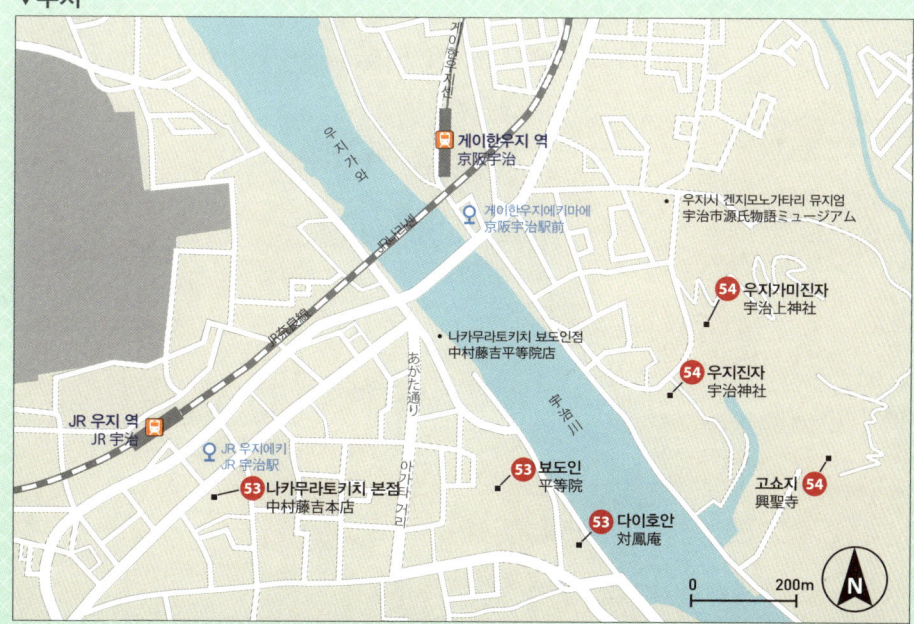

🍁 단풍 명소

050.
푸르른 이끼로 뒤덮인
보석들이
옹기종기 숨어 있는

_산젠인 三千院

> ### 간단정보
>
> **주소** 京都府京都市左京区大原来迎院町540 **전화번호** 075-744-2531
> **홈페이지** http://www.sanzenin.or.jp
> **이용시간** 3월~10월 09:00~17:00 / 11월 08:30~17:00 / 12월~2월 09:00~16:00
> **이용요금** 대인 700엔, 중학생 400엔, 초등학생 150엔
> **찾아가는 길**
> - 버스 16, 17번 타고 오하라大原에서 하차 후 도보 15분 소요(교토시버스 1일권(500엔)을 사용하면 추가 금액 발생)

　　푸른 노송나무와 삼나무가 가득하고 물소리, 새소리가 들려오는 곳, 자연 속에서 나른함과 싱그러움을 함께 즐길 수 있는 교토 북부의 산속 마을 오하라. 한없이 조용하고 산새들이 지저귀는 소리에 마음을 빼앗겨 버린 지는 이미 오래전 일. 가도 가도 또 가고 싶어지는 곳이다.

　　자연 그대로가 살아 숨 쉬는 오하라의 대표적인 사찰 산젠인은 왕족이 출가해 들어간 절을 의미하는 몬제키 사찰로서 8세기경에 종교계의 대부로 칭해진 사이초最澄가 창건한 천태종 밀교 사원이다. 이름과 장소가 계속 바뀌다가 1871년 산젠인이라는 이름으로 정해져 지금까지 오하라에 꿋꿋이 자리 잡고 있다.

　　신발을 벗고 시원한 촉감이 고스란히 느껴지는 마루를 살포시 거닐며 좁은 공간을 활용하여 만든 모래 정원을 지나 퀴퀴한 다다미방의 갸쿠덴客殿(손님을 맞이하는 객전)으로 들어서 본다. 눈앞에 펼쳐지는 슈헤키엔聚碧園과 유세이엔有清園 정원은 여름이면 푸른 모습으로, 가을에는 울긋불긋한 색동옷을 곱게 입고 반기고 있으니, 그 누가 아름답지 않다 하겠는가. 시계 바늘이 멈춘 듯 갸쿠덴에서 하염없이 유세이엔을 바라보며 나릇한 시간을 보낸 후, 천황이 행차할 때 거처로 사용했다는 신덴寢殿을 거쳐 무릎 꿇고 앉아 있는 아미타삼존상이 안치된 오조고쿠라쿠인往生極楽院으로 향해 본다.

　　계절마다 서로 다른 색으로 변신하는 아름다운 정원을 가진 산젠인. 하염없

이 고개를 위로 젖혀야만 그 끝이 보이는 삼나무숲, 단풍나무들과 어우러진 푸른 이끼, 사랑을 나누는 연인들처럼 설레는 표정으로 고개를 갸우뚱하고 있는 지정보살의 모습은 산젠인의 대표적인 포인트이다. 푸른 이끼 옷을 입은 지정보살 주변에는 복과 장수를 준다는 약수가 흐르고 있다. 꼭꼭 숨겨진 귀여운 지정보살을 찾는 재미도 쏠쏠하다.

거니는 것만으로도 힐링이 되는 산젠인은 봄에는 벚꽃, 여름에는 수국, 가을에는 단풍이 경내를 더욱 아름답게 해 주는 고즈넉함이 가득한 곳으로, 교토대학에서 수학한 소설가 이노우에 야스시는 이런 말을 하였다고 한다.

"산젠인은 동양에서 손꼽히는 아름다운 보석상자입니다."

🫖 기억해 둘 것

오하라에 대한 자세한 관광정보는 홈페이지
kyoto-ohara-kankouhosyoukai.net/index.html를 참고한다.

🍵 포토 TIP. 산젠인 사진 따라잡기!

미션 1 : 오조고쿠라쿠인과 어우러진 이끼 정원을 찍어 보자.
미션 2 : 이끼 밖으로 고개를 빼꼼 내민 지정보살을 담아 보자.

● 산젠인 근처에서 밥을 먹는다면?
  인근 맛집 베스트

오하라만의 신선한 제철음식으로 건강을 챙기는
— **세료** 芹生

주소 京都市左京区大原三千院畔
전화번호 075-744-2301
홈페이지 www.seryo.co.jp
오픈 시간 08:00~21:00
추천 메뉴 미치쿠사벤토三千草井당 2756엔, 당고だんご 200엔
찾아가는 길 산젠인三千院 정문 맞은편

산속 마을 오하라에는 신선한 채소를 이용한 음식들이 즐비하다.
세료에서는 3단 도시락이 가장 유명한데, 다소 비싼 편이지만 오하라만의
제철 음식들로 이루어진 것이 특징이다.
바로 옆에 있는 세료 찻집으로 향하면 또 다른 매력의 디저트를 맛볼 수 있는데,
따뜻한 호지차와 함께 나오는 짭조름하면서도 쫄깃한 당고의 맛이 일품이다.

✤ 단풍 명소

051.
>>>>>>>>>>

길쭉하게 늘어선 기둥들이
만들어 낸 오하라만의
자연 미술관

_호센인宝泉院

오하라 + 우지 + 구라마 지역

간단정보

주소 京都府京都市左京区大原勝林院町187　**전화번호** 075-744-2409
홈페이지 www.hosenin.net
이용시간 09:00~17:00(매년 봄·가을 야간라이트업 17:45~21:00)
이용요금 대인 800엔, 중·고등학생 700엔, 초등학생 600엔(맛차, 와가시 포함) / 야간 라이트업 시 1000엔
찾아가는 길 버스 16, 17번 타고 오하라大原에서 하차 후 도보 15분 소요(교토시버스 1일권(500엔)을 사용하면 추가 금액 발생)

　교토에는 1년 내내 다양한 표정을 지어 한 번 본 작품은 다시 볼 수 없는 자연이 만들어 낸 미술관인 호센인이 있다. 호센인은 교토 외곽의 산골촌인 오하라에 "꼭꼭 숨어라 머리카락 보일라"라고 외치듯이 숨어 있는 보석 같은 사원이다. 호센인은 스님들의 숙소 역할을 했던 쇼린인勝林院이라는 사찰이 창건되면서 본격적으로 유명해졌고 현재는 인공적으로 가꾸지 않은 자연 속의 사찰로 많은 이들의 발길을 끌고 있다.

　오하라의 보석상자라 불리는 산젠인三千院을 지나고, 자그마한 정원인 짓코인実光院을 지나, 불교음악의 기원이 되었다고 전해지는 쇼린인에 다다르면 자그마한 오솔길을 만날 수 있다. 그 오솔길을 뚫고 지나야만 자연 그대로의 정원인 호센인이라는 술래를 잡을 수 있는데, 그곳을 찾는 누구나 그 한적함에 반하게 될 터.

　너무나 조용하기에 조심스럽게 "들어가도 돼요?"라고 여쭤 보고 들어가야만 될 것 같다. 한 폭의 그림인 호센인 속으로 들어서면 푸른 대나무 숲이 아름다운 그림처럼 펼쳐지는 액자 정원인 가쿠부치노테이엔額縁の庭園과 낙원의 경계라 칭하는 호라쿠엔宝楽園 정원과의 만남이 시작된다. 입구 근처에 자리하고 있는 호라쿠엔은 2005년에 만들어진 정원으로 신의 세계인 평화로운 낙원과 불교를 하얀 모래와 바위, 계절마다 환하게 웃어 주는 나무들에 일본 특유의 아기자기함을 더하여 낙원의 경계를 표현하였다.

　자연을 만끽하다 신발을 벗고 조심스럽게 갸쿠덴으로 들어서면 300년을 지켜

온 장수의 상징으로 알려진 학과 거북이를 형상화하여 만든 츠루카메테이엔鶴龜庭園을 만나게 된다. 두 개의 웅덩이는 학의 날개를, 중간에 세 개의 돌은 학의 몸통을 뜻하고, 작은 거북이가 앉아 있는 돌은 거북이의 머리를, 동쪽에 있는 수목들은 거북이의 등딱지를 뜻한다. 추운 날에는 꽁꽁 얼어 버린 손발을 녹여 주는 화로가 자리하고 있고 그 옆에는 옛 시절 젊은 승려들이 종교적인 노래를 연습할 때 그들의 목소리를 훈련하기 위해서 사용되었던 세키반石盤이라는 실로폰처럼 생긴 돌로 된 악기가 자리하고 있다.

높이 2m, 폭 4m의 갸쿠덴 기둥이 마치 액자의 틀과 같은 역할을 하고, 청초한 대나무들과 천연기념물로 지정된 호센인의 700년 이상의 역사를 지켜 본 고요노마츠五葉の松가 한 폭의 그림이 되어 준다. 여기에 대나무 통을 흘러내려 온 물방울들의 고운 선율이 함께하니 지상 최고의 자연 미술관으로도 손색없는 풍치를 자랑한다.

카스가하라 전투가 있던 1600년 경, 도쿠가와 이에야스의 충신이었던 도리이 모토타다와 그 수하들이 도요토미 히데요시의 대군에 후시미성을 함락당하고, 이 후시미성에서 무려 370명의 사무라이들이 할복 자결을 했다고 한다. 도요토미 히데요시의 힘에 눌린 도쿠가와 이에야스는 부하들의 시신을 무려 3년이나 그대로 두었는데, 이에 오랫동안 방치되어 있던 사무라이들의 핏자국이 성의 마루에 스며들었다고 한다. 3년 후 도쿠가와 이에야스가 전국을 통일하게 되면서 그들의 시신을 오하라의 호센인, 요겐인養源院, 겐코우안源光庵 등의 절로 옮기면서 할복한 사무라이들의 넋을 달래기 위해 사무라이들의 핏자국이며 흔적들을 그 사찰의 천장에 붙였다고 한다.

　빨간 천이 곱게 깔린 갸쿠덴 다다미 위에 앉으면 주문을 한 것도 아닌데 사찰 관리인이 씁싸름한 맛차와 달콤한 와가시和菓子를 내어 준다. 눈과 귀가 즐거워지는 곳에서 입으로 느끼는 달콤함이 소박한 행복을 느끼게 해 준다. 사계절 항상 다른 표정으로 반겨 주는 풍경, 살랑거리는 대나무 잎사귀가 내는 바람 소리, 청초하게 들려오는 물방울 소리. 이것이야말로 교토에서 할 수 있는 제대로 된 힐링이 아닐까.

기억해 둘 것
- 호센인만의 오엽송(700년 된 소나무)을 꼭 만나 보자.
- 400년 전에 후시미성에서 자결한 군사들의 혈흔의 흔적을 찾아보자.
- 대나무에서 물방울이 떨어지면서 울려 퍼지는 스이킨쿠츠만의 음악소리로 여유를 만끽하자.

포토 TIP. 호센인 사진 따라잡기!
미션 1 : 갸쿠덴과 대나무가 어우러진 액자 정원의 모습을 담아 보자.
미션 2 : 아름다운 선율을 들려주는 대나무 통으로 물이 흐르는 스이킨쿠츠를 찍어 보자.

● 오하라에 가기 전
  알아 두면 좋은 팁

> 오하라 축제
> ─ **오하라메 마츠리** 大原女まつり
>
> **마츠리 기간(매년 조금씩 다름)** 5월 초~5월 중순 / 10월 말~11월 중순
> **오하라메 복장 무료 대여(선착순 예약제/여성만 가능)** 075-744-2148 / 10:00~14:00(전화예약)
> **오하라메 복장 유료 대여(마츠리 기간 외)** 2000엔 / 10:00-14:00 /
> 오하라메 복장을 입고 관광지, 식당, 상점으로 들어가면 할인 혜택을 받을 수 있다.

>>> 오하라메大原女란?

오하라메란 군청색 겉옷에 흰 수건을
허리에 감고 짚으로 만든 신발을 신은 채
머리에 땔감을 이고 교토까지 걸어서 팔러 갔던
오하라 여인네들을 뜻한다.
그 옛날 매우 가난한 마을이었던 오하라는
숯이 많이 나서 교토까지 걸어가 숯을 팔았다고
한다. 하지만 가마쿠라 시대(1180년) 이후
오하라의 숯나무를 전부 다른 지역으로
옮겨 버렸고, 여인네들은 숯 대신 땔감으로
사용하는 장작나무나 채소들을 머리에 이고
교토에 팔러 갔다고 한다.
차로 이동하면 한 시간 남짓 소요되지만
차가 없던 옛날에는 반나절 넘는 시간을
걸어야 했는데, 그렇게 장작을 판 돈으로
가족들을 먹여 살렸다고 전해진다.

✽ 단풍 명소

052.
>>>>>>>>>>

아픔이 가득한
교토에서 가장 슬픈 사찰

_잣코인寂光院

> **간단정보**
>
> 주소 京都府京都市左京区大原草生町676　　전화번호 075-744-2545
> 홈페이지 www.jakkoin.jp
> 이용시간 09:00~17:00(매년 1월 중순경 6일간 휴무)
> 이용요금 600엔 / 비공개문화재 특별 공개 시 800엔 추가
> 찾아가는 길
> - 버스 16, 17번 타고 오하라大原에서 하차 후 도보 15분 소요(교토시버스 1일권(500엔)을 사용하면 추가 금액 발생)
> - 오하라 버스 정류장을 기점으로 산젠인과 정반대의 위치에 자리하고 있다. 산젠인에서 도보 30분 소요

　오하라 동쪽의 산젠인과 호센인을 만났다면, 오하라 버스 정류장을 기점으로 서쪽의 잣코인을 만나 보자. 잣코인으로 향하는 길목에는 산젠인으로 향하는 오하라의 마을과는 달리 곳곳에 논밭이 즐비하다. 개울가에는 물이 졸졸 흘러내리며 사람 한 명 보이지 않을 정도로 조용함이 가득하다.

　20여 분쯤 산책하듯 거닐다 보면 어느덧 잣코인 앞에 서게 된다. 잣코인은 504년 쇼토쿠 태자가 창건한 작은 사찰로, 일본의 유명 문학인『헤이케모노가타리平家物語』의 절로 유명하다. 그 옛날 무사들은 시시때때로 권력 다툼을 벌였는데, 타이라 씨平氏와 미나모토 씨源氏의 싸움인 겐페이 전쟁으로 인해 타이라 씨(헤이케 집안)는 멸족하게 된다. 타이라노 키요모리平清盛의 딸 겐레이몬인建礼門院은 부귀영화를 한껏 누리다 전쟁으로 집안이 몰락하게 되면서 바다에 몸을 던졌지만 운명의 장난인지 하필 적에 의해 목숨을 건지게 되었다. 그런 자신의 운명을 저주하며 절에 의탁해 먼저 떠난 가족들을 공양하며 여생을 보낸 곳이 바로 잣코인이다.

　『헤이케모노가타리』에 의하면, 패전에 대비해 각오하고 있던 니이노아마(타이라노 키요모리의 아내)는 보검을 허리에 찬 후 겐레이몬인의 아들인 안토쿠 천황을 안고 단노우라의 물속으로 뛰어들기 위해 배의 난간으로 향했다고 한다. 이때 안토쿠 천황이 니이노아마에게 "나를 어디로 데려가는 것입니까"라고

묻자, 니이노아마는 "전생의 수행에 의해 천자로 태어났지만 악연을 끊지 못해 운이 이미 다해 버렸습니다. 이 세상은 괴롭고 힘든 곳이기 때문에 극락정토라고 하는 좋은 곳으로 데려가는 것입니다."라고 위로하며 겨우 7살인 안토쿠 천황을 안은 채로 단노우라의 급류에 몸을 던졌다고 한다.

이러한 아픔을 갖고 있는 잣코인은 2000년 늦은 봄날 또 한 번의 아픔을 겪는다. 큰 사찰은 아니지만 400여 년간 위엄을 자랑하던 본당이 이름 모를 누군가의 방화로 인해 흔

적도 없이 소실되었고, 바로 옆에 있던 15m의 천 년 노송도 불타 버려 그 흔적만 살짝 남아 있을 뿐이다. 5년 후 본당은 다시 세워졌지만 아직 방화범은 잡히지 않았다고 한다.

잣코인으로 들어서는 길은 커다란 돌을 쌓아 올려 계단을 만들었고, 그 계단 사이로 커다란 나무가 자리하고 있어서 푸른 잎사귀가 반길 때면 마치 초록빛 터널을 올라 극락의 세계로 향하는 기분에 휩싸인다. 넓지도 좁지도 않은 계단에 어찌나 로맨틱함이 줄줄 흐르는지, 아픔을 간직하고 있다는 것을 금세 잊어버리게 되는 멋스러운 곳이다. 잣코인에는 중요문화재인 목조지장보살입상이 수장고에 보관되어 있고 이는 특별한 날에만 공개된다고 하니 놓치지 말자.

> 📷 포토 TIP. 잣코인 사진 따라잡기!
> 미션 1 : 잣코인 입구에서 경내로 들어서는 계단과 어우러진 나무를 담아 보자.
> 미션 2 : 자그마한 경내와 연못이 어우러진 모습을 찍어 보자.

● 잣코인 근처에서
느긋함을 즐기고 싶다면?

> 뜨끈한 물에 발을 푹 담그고 차 한 잔을 즐길 수 있는
> ─ **아시유 카페** 足湯カフェ
>
> **주소** 日本京都府京都市左京区鹿ケ谷法然院町15
> **전화번호** 075-744-2227
> **오픈 시간** 09:00~17:00
> **찾아가는 길** 오하라 버스정류장에서 잣코인寂光院 방면으로 도보 10분 소요

무료 족욕을 즐기며 누적된 피로도 풀 수 있고,
가볍게 차 한 잔 마시며 쉬어갈 수 있는 카페이다.
다양한 도자기 교실이 운영되고 있으며 초벌구이 머그컵,
꽃병 등을 직접 만들어 볼 수 있다.
추운 겨울날에는 따뜻한 차를, 무더운 여름날에는 시원한 차를
한잔 마시며 족욕을 즐겨 보는 건 어떨까.
쉬엄쉬엄 산 공기를 듬뿍 마시며 힐링을 제대로 즐길 수 있는 곳이다.

053.
>>>>>>>>>>

10엔짜리 동전 뒷면을
독차지한 주인공인
세계문화유산

_보도인平等院

간단정보

주소 京都府宇治市宇治蓮華116   **전화번호** 0774-21-2861
홈페이지 www.byodoin.or.jp
우지 관광정보 www.kyoto-uji-kankou.or.jp
이용시간 08:30~17:30, 호오도 내부(20분 간격으로 1회 50명 선착순) 09:10~16:10
이용요금 대인 600엔, 중·고등학생 400엔, 초등학생 300엔 / 보도인 내 호오도 300엔 추가
찾아가는 길
- 게이한우지센京阪宇治線 전철 타고 우지宇治 역 하차 후 2번 출구에서 도보 10분 소요
- JR 우지宇治 역에서 도보 10분 소요

10원짜리 동전 뒷면에는 다보탑, 50원짜리 동전 뒷면에는 보리, 100원짜리 동전 뒷면에는 충무공 이순신. 화폐에는 율곡 이이, 세종대왕, 신사임당 등 우리나라의 역사적인 인물들이 그 자리를 채우고 있다. 일본의 화폐에도 우리나라와 같이 서로 다른 주인공들이 가득히 자리하고 있는데, 지나칠 법한 화폐 속에 담긴 이야기를 여행 속에서 찾아보는 일도 재미있을 것이다. 지금이야 물가가 올라 가치가 많이 떨어졌지만 한때 일본에서 가장 중요한 화폐였던 10엔짜리 동전 뒷면에는 일본 3대 녹차 산지 중 하나인 교토 우지의 보도인이 새겨져 있다.

보도인은 교토의 대표적인 문화재이자 유네스코 세계문화유산으로 등재된 곳으로서 17세기 이래 천태종과 정토종을 겸하였지만 지금은 특정 종파에 속하지 않는 자유로운 불교 사원이다. 본래 헤이안 시대(998년)에 후지와라 가문의 일원이었던 후지와라 미치나가가 자신의 별장으로 만들었다가 그 후 1052년 후지와라노 요리미치에 의해 별장은 불교 사원으로 탈바꿈되었다. 1336년 내전으로 인해 부속 건물들이 불에 타 버리고 나머지 건물들이 지금의 보도인의 얼굴로서 자리하게 되었다.

보도인에 처음 들어가게 되면 하루의 시작을 가장 먼저 맞이할 수 있도록 동쪽으로 세워진 호오도鳳凰堂를 만나게 된다. 호오도는 1053년에 세워졌으며 일

376
/
교토에 반하다

본에서 중요한 보물 중 하나인 뵤도인의 아미타여래좌상을 아늑하게 감싸주고 있다. 호오도 내부를 관람하기 위해서는 구름다리를 건너가야 하는데, 별도의 입장료를 내야 하고 지정된 시간에 제한된 인원만이 입장 가능하다. 편백나무로 만들어 금으로 옻칠하는 기법으로 제작된 국보 아미타여래좌상의 신비로움에 가득 차 있는 표정을 대면해 볼 수 있다. 아미타여래좌상은 헤이안 시대 최고의 불상 제작가인 조초가 만들었는데 그의 작품 중 유일하게 현존하는 것이라고 한다.

뵤도인의 상징이라 할 수 있는 호오도는 중당, 좌우의 익랑, 미랑으로 구성되어 있다. 다른 곳에서 그 사례를 찾아볼 수 없는 독특한 건축물로 봉황이 날갯짓하는 모습을 형상화했고 아미타여래좌상뿐만 아니라 삼면의 다양한 조각을 통해 극락정토로 가는 길을 함께 하겠다는 무언의 믿음과 의지를 표현하고 있다. 호오도 지붕 위에는 "호오도는 내가 지켜내겠다"라는 결연한 의지에 찬 당당한 모습으로 봉황 조각이 자리하고 있고 그러한 기세등등한 모습은 무려 만 엔짜리 지폐에서도 만나볼 수 있으니, 뵤도인은 1만 10엔의 입장료를 내고 방문해도 아깝지 않다는 농담이 나올 정도.

뵤도인은 이런 유적의 가치 외에 보라색으로 대변되는 경내의 풍경으로도 유명하다. 초여름 호오도로 들어서는 길에 수령 280년이 넘은 등나무에 보라색 꽃이 피는데, 포도송이처럼 주렁주렁 매달려 있는 보랏빛 꽃잎들이 짙지는 않지만 농염한 향기로 관람객들의 코를 간질인다. 보랏빛이 가득한 등나무 꽃 사이로 따뜻한 햇살이 함께 보이는

보도인의 모습은 아늑하기만 하다. 이 외에 보도인의 유명한 풍경은 경내 드넓은 연못들이 호오도를 품고 있는 모습. 1997년 고고학 발굴을 위해 준설된 이 연못의 수면으로 떠오르는 또 다른 보도인의 모습은 카메라에 꼭 담아 가야 할 풍경이다.

🍵 기억해 둘 것

- 5월 초에는 보도인이 온통 보랏빛 등나무 꽃의 향기로 뒤덮인다.
- 8월 중순에는 우지강에서 불꽃축제가 열린다.
- 여름에는 매일 밤 우지강에서 우카이(가마우지 낚시)를 체험해 볼 수 있다.
- 녹차가 유명한 우지에서 다도 체험도 즐겨 보고 녹차 소바, 녹차 아이스크림, 녹차 젤리 등 다양한 먹거리를 즐겨 보자.

🍵 포토 TIP. 보도인 사진 따라잡기!

미션 1 : 정원의 연못에 반영된 보도인을 찍어 보자.
미션 2 : 아치형 다리를 건너 호오도로 들어가는 길을 담아 보자.
미션 3 : 내일 다시 만나자고 인사를 건네는 보도인 뒤로 넘어가는 일몰을 찍어 보자.

● 우지에서 밥을 먹는다면?
　인근 맛집 베스트

150년 된 우지 차로 만든 녹차 소바와 녹차 젤리를 맛볼 수 있는 곳
── **나카무라토키치 본점** 中村藤吉本店

주소　京都府宇治市宇治壱番10
전화번호　0774-22-7800
홈페이지　www.tokichi.jp
오픈 시간　평일 차 판매 10:00~17:30, 카페 11:00~17:30 / 토·일·공휴일 차 판매 10:00~18:00, 카페 11:00~18:00
추천 메뉴　녹차 소바 세트茶蕎麦そば 1100엔, 생차 젤리 맛차生茶ゼリイ抹茶 720엔
찾아가는 길　게이한우지센京阪宇治線 전철 타고 우지宇治 역 하차 후 2번 출구에서 도보 10분 소요

1859년에 문을 연 곳으로 차 마을 우지에서 명성이 자자한 차 전문점이다. 메이지 시대의 차 전문점 건축 양식의 대표적인 모습을 보여주는 곳이다. 일본의 3대 녹차(사이타마 현 차야마 차, 시즈오카 현 시즈오카 차, 교토 우지 차) 중 하나인 우지 차로 만들어 낸 쫄깃한 소바, 그리고 독특한 대나무 통에 팥앙금과 함께 들어 있는 녹차 젤리는 꼭 맛봐야 한다. 나카무라토키치는 우지 지역에 본점 외 뵤도인점도 있다.

● 우지에서 차를 한 잔 마신다면?
인근 맛집 베스트

일본의 느낌이 물씬 풍기는 카페를 가고 싶다면
— **다이호안** 対鳳庵

주소 京都府宇治市宇治塔川 2
전화번호 0774-23-3334
오픈 시간 카페 11:00~17:30 / 식당 10:00~17:30
추천 메뉴 다도체험 500엔
찾아가는 길 게이한우지센京阪宇治線 타고 우지宇治 역 하차 후 2번 출구에서 도보 10분 소요

교토를 대표할 수 있는 우지 차는 다양한 음식으로도 맛볼 수 있다.
하지만 우지 차의 진짜 맛을 알기 위해 일본 전통 격식을 갖춘
다도 체험을 해 보는 것은 어떨까.
우지시 다도연맹 회원들이 매일 바뀌가며 다도를 시연하기 때문에
차의 맛이 늘 다를지도 모른다.
쓴맛이 풍기는 맛차와 달콤한 와가시의 맛으로 우지 차 본연의 향을 느껴 보자.

054.

>>>>>>>>>>

교토 교외의
한적한 신사

_우지가미진자宇治上神社
　우지진자宇治神社

381
/
오하라 + 우지 + 구라마 지역

간단정보

주소 京都府宇治市宇治山田 1　　전화번호 0774-21-3041
이용시간 09:00~16:30
이용요금 무료
찾아가는 길
- 게이한우지센京阪宇治線 타고 우지宇治 역 하차 후 2번 출구에서 도보 5분 소요
- JR 우지宇治 역에서 도보 5분 소요

　시원스레 펼쳐진 커다란 우지의 강변을 따라 5분 정도 걸어가다 보면 커다란 붉은색 도리이가 반겨 주는데, 이 도리이에서부터 우지진자와 우지가미진자와의 첫대면이 시작된다. 우지진자와 우지가미진자는 본래 하나였는데 메이지 시대 때 분리된 곳이다. 규모가 작아서 그다지 볼거리가 없다는 생각이 들 정도로 시선을 끌지 못하는 곳이지만 곳곳의 세심함과 더불어 소박한 멋이 발걸음을 멈추게 한다.

　우지 역에서 걸어오다 보면 먼저 만나게 되는 것은 우지진자인데 우지진자로 들어서는 커다란 붉은색 도리이 앞에 놓인 석등이 멋스럽기만 하다. 우물 위의 장식이 용이 아닌 토끼인 것이 독특한 멋스러움 중 하나. 이것에는 재미있는 스토리가 있으니, 고대의 왕자 우지노와키이라츠코가 길을 잃었는데 그때 "어디선가~ 누군가에~ 무슨 일이 생기면~"이라는 만화의 주제가처럼 토끼가 나타나 길을 인도해 주었다는 전설이 있다.

　우지진자를 지나 또 다른 붉은색 도리이를 지나면 우지가미진자를 만나게 되는데, 세계문화유산으로 지정된 일본에서 가장 오래된 신사이다. 우지가미진자로 들어서면 혼덴本殿과 하이덴拝殿이 자리하고 있다. 앞마당에는 새끼줄로 틀을 만들어 그 새끼줄에 오마모리와 오미쿠지를 엮어 놓았고, 틀 안으로 원뿔 같은 모래더미 2개가 봉긋 솟아올라 있다.

　　우지가미진자에는 오진 천황의 아들 우지노와키이라츠코에 관한 슬픈 전설이 있다. 오진 천황에게는 3명의 아들이 있었는데 첫째 아들은 왕권을 노리다가 죽임을 당하였고 자연스레 둘째 아들이 왕권을 물려받아야 하는데 오진 천황은 유언으로 막내인 우지노와키이라츠코를 다음 왕권 대표주자로 지목을 했다. 착한 막내는 형을 두고 이럴 수 없다며 양보를 하고, 형 또한 아버지의 말씀을 어기면서까지 왕권을 이어받을 수 없다고 서로 양보를 하니 나라가 점점 혼란에 빠지게 되었고, 결국 막내 우지노와키이라츠코는 이대로는 안 되겠다 싶어 자결을 했다고 한다. 우지가미진자는 이러한 우지노와키이라츠코의 혼을 달래기 위해 그의 집터에 세워진 것으로, 우지라는 지명도 그의 이름에서 가져온 것이다.

　　우지가미진자 출구 바로 옆에는 우지의 7대 명수 중 유일하게 남아 있는 기리하라미즈桐原水가 있다. 이미 다른 곳들은 모두 물이 말라 사라져 버렸고 우지가미진자의 명수만이 마르지 않고 남아 있는데, 최근 대장균 소동 이후 마시지 못하는 명수가 되어 버렸다고 한다.

☕ **포토 TIP. 우지가미진자 사진 따라잡기!**

미션 1 : 우지가미진자의 커다란 붉은색 도리이를 찍어 보자.
미션 2 : 우지가미진자로 들어섰을 때 처음으로 마주하는 원뿔형의 모래더미를 담아 보자.

● 우지에서 또 다른
  명소를 찾고 싶다면?

단풍을 가득히 담고 있는
── 고쇼지 興聖寺

전화번호 0774-21-2040
오픈 시간 09:00~16:00   이용요금 무료
찾아가는 길 우지진자宇治神社에서 강변 따라 도보 10분 직진

우지진자와 우지가미진자보다는 경내가 크고 화려한 곳이다.
고쇼지로 들어서는 길은 단풍들이 둥글게 터널을 만들었는데, 그 끝에 만나게 되는
고쇼지의 커다란 문이 특유의 흰색과 어우러져 신선한 느낌을 자아낸다.
고쇼지 경내에는 석가삼존을 모시고 있으며 아기자기한 정원들이 파릇파릇한 느낌으로
자리하고 있어 잠깐의 여유조차도 행복으로 만들어 준다.
교토의 후카쿠사에 처음 건립되었다가 잇따른 전쟁으로 인해 1649년
요도성의 성주인 나가이 나오마사에 의해 지금의 자리에 재건되었다.

일본에서 가장 큰 중국식 사찰
만푸쿠지 萬福寺

주소 京都府宇治市五ケ庄三番割34   전화번호 0774-32-3900
홈페이지 www.obakusan.or.jp
이용시간 09:00~16:00   이용요금 대인 500엔, 소인 300엔
추천메뉴 후차벤토普茶弁当 3000엔 / 후차료리普茶料理 5000엔, 7000엔(입장료 별도)
찾아가는 길 게이한우지센京阪宇治 오바쿠黃檗 역 하차 후 도보 7분 소요

중국 불교의 영향이 짙게 배어 있어서 일본의 일반적인 사찰과는 사뭇 다른 느낌으로
자리하고 있는 오바쿠종의 총본산 만푸쿠지는 넓은 경내와 함께 회랑식 복도 및
커다란 대형 물고기로 된 나무 종들이 고즈넉함을 더해 주어 인상 깊은 곳이다.
지붕의 모양, 거니는 길, 본전 등 모든 게 새로운 건축 양식으로 이뤄져 있고,
일본이지만 일본이 아닌 짙은 중국의 향을 조금이나마 느낄 수 있는 색다른 곳이다.
만푸쿠지에서는 이곳 승려들이 먹던 사찰요리를 다소 비싼 가격일 수도 있지만
직접 맛볼 수 있다.
후식으로 나오는 만푸쿠지의 상징인 물고기 형상의 센베이 또한 별미이다.

★ 단풍 명소

055. >>>>>>>>>> 교토에서 무작정 거닐고 싶을 때
찾게 되는

_구라마鞍馬
기부네진자貴船神社

간단정보

주소 구라마데라 京都府京都市左京区鞍馬本町1074
　　　기부네진자 京都府京都市左京区鞍馬貴船町180
전화번호 구라마데라 075-741-2003　기부네진자 075-741-2016
홈페이지 구라마데라 www.kuramayama.net　기부네진자 kifunejinja.jp
이용시간 구라마데라 09:00~16:30 / 기부네진자 5~11월 06:00~20:00, 12~4월 06:00~18:00
이용요금 구라마데라 대인(고등학생 이상) 200엔, 고등학생 이하 무료, 구라마데라 케이블카 편도 100엔 (산몬에서 다보탑역까지 이동) / 기부네진자 무료
찾아가는 길
- 구라마 : 데마치야나기出町柳 역에서 에이잔叡山 전철 타고 구라마鞍馬 역에서 하차(30분 정도 소요)
- 기부네진자 : 데마치야나기出町柳 역에서 에이잔叡山 전철 타고 기부네구치貴船口 역에서 하차 후 버스 이용(무인역이기에 전차에서 내릴 때 앞문으로 내리면서 운전수에게 요금 지불)

*에이잔 전철 eizandensha.co.jp
운행구간 및 이용요금은 같지만 전철 디자인이 일반과 모미지덴샤(단풍전철) '키라라'로 나뉜다. 키라라는 창문 쪽으로 의자가 배치된 전망열차로 모두 자유석이며, 단풍시즌에는 많은 이들이 찾기 때문에 서둘러야 한다. 키라라 열차시간이 자주 변경되기 때문에 유념해 두어야 하고, 8월에는 임시열차가 운행되기도 한다(데마치야나기 역에서 구라마까지 편도 410엔).

　　교토는 문화유산이 가득하고 예스러운 도시라는 이미지가 강하지만, 그런 이미지와는 전혀 다른 묘미를 지니고 있는 명소들도 가득하다. 그중 멀리 벗어나지 않아도 교토의 색다름을 마주할 수 있는 대표적인 트레킹 코스가 있으니 그곳이 바로 구라마이다. 교토 어디를 가더라도 타박타박 거닐기 좋은 길, 풍취에 취해 거니는 것만으로도 행복한 길들이 가득하지만, 제주도의 올레길처럼 녹음이 가득한 자연이 선사하는 향기에 취해 거닐 수 있는 트레킹 코스가 있다는 건 교토에서 제법 매력적이다.

　　구라마는 교토 도심을 기준으로 북쪽에 자리하고 있으며 2량짜리 귀여운 에이잔 전차를 타고 30여 분 정도 달리면 만날 수 있다. 해발 584m의 구라마산 아래 구라마 강의 물줄기가 시원스레 흘러내리고, 반대편으로는 기부네 강의 물줄기가 흘러내리니, 물과 나무와 시원한 바람이 있어 더욱 거닐기 좋은 명소로 손꼽힌다. 전차를 타고 도착한 구라마 역은 7, 80년대로 돌아간 듯이 추억이 떠오르는 아담한 역사로 1929년에 만들어진 것이라고 한다. 이 역사에는 구

라마에서만 볼 수 있는 특이한 명물이 있는데 바로 일본 전설에 등장하는 괴물인 텐구天狗이다.

　산세가 험한 구라마 산은 은신하기 쉬웠기에 많은 영웅호걸들이 숨어들었고, 그 대표적인 인물이 미나모토 요시츠네이다. 미나모토 요시츠네가 아버지의 원수를 갚기 위해서 구라마 산을 찾아 텐구에게 무술을 배웠다는 이야기가 구라마에서는 꽤 유명한 이야기로 전해진다. 곧 터질 듯한 새빨간 얼굴로 거짓말을 해서 쭉쭉 늘어난 듯한 기다란 코를 자랑스럽게 내밀고 진한 눈썹과 커다란 눈에 불끈 힘주고 있는 오오텐구의 동상을 마주하면 본격적인 구라마 여행이 시작된다.

　산꼭대기에 위치한 구라마데라鞍馬寺로 가는 길은 케이블카를 이용해서 쉽게 이동할 수 있지만 30여 분 정도 녹음 가득한 오솔길을 거닐며 자연을 느껴 보는 것도 좋다. 수백 년을 구라마 산에 뿌리내려 살아온 삼나무들이 하늘을 모두 가릴 듯이 뻗어 있고, 나무의 뿌리는 울퉁불퉁 바깥으로 튀어나와 얽히고설킨 모습이 정말 텐구가 나타날 것만 같이 음산한 기분에 휩싸이기도 하지만, 자연이 주는 아름다운 모습들에 반해 텐구는 떠오르지 않을 정도이다. 구라마데라로 향하는 길에 마주하는 유키진자由岐神社는 중요문화재로 지정된 건축물로 교토에서 뽑은 기이한 3대 축제 중 하나인 '구라마노히마츠리鞍馬の火祭'가 열리는 유명한 신사이다. 구라마노히마츠리는 선선해진 가을, 10월 22일 헤이안 시대 말기쯤 제사로 모시는 신을 구라마로 맞이하였을 때의 모습을 그대로 재현한 것으로 옛 무사들처럼 짚신을 신고 "사이레~ 사이료~"라고 구호를 외치며 횃불을 손에 들고 행진하는 불 축제이다.

　유키진자를 지나 구라마데라 본전에 다다라 산 위에서 바라보는 구라마의 모습은 그야말로 절경이다. 초록색 융단을 깔아 놓은 듯 삐죽삐죽 얼굴을 내밀고 있는 울창한 숲의 모습은 마음이 뻥 뚫리도록 시원스럽게 맞이해 준다. 770년에 창건한 구라마데라는 화재로 인해 소실되어 지금의 모습은 대부분 재건된 것이다.

오하라 + 우지 + 구라마 지역

구라마데라에서 기부네진자까지 본격적인 구라마 트레킹 코스를 즐길 수 있는데, 일본 애니메이션 〈원령공주〉의 원시적인 숲 속을 직접 마주한 듯 설레어 온다. 나무의 뿌리가 만들어 주는 그물 같은 신비한 모습들이 다소 낯설면서도 환호성을 지르게 하고, 오랜 세월 쭉쭉 뻗어온 삼나무의 모습들은 절로 마음을 치유해 주는 트레킹 코스이다. 구라마에서 시작한 키노네미치木の根道(나무뿌리길)의 종착점인 기부네진자는 좋은 인연을 맺어 주는 신사로서 물의 신을 모시는 곳이다. 투명하고 시원스런 물줄기가 폭포처럼 쏟아져 내리는 기부네 강은 바다가 없는 교토에 무더운 여름이 찾아오면 인산인해를 이루는 명소이다.

기부네진자가 멋스러운 것은 입구에서부터 반겨 주는 붉은빛의 커다란 도리이 뒤로 홍등이 한 계단 한 계단을 밝게 비추는 모습이다. 해가 어둑어둑 지고 나면 홍등의 붉은빛이 길을 밝혀 주니 그 모습이 어찌나 아름다운지, 기부네진자의 아름다운 가로등 길을 보려고 찾는다고 해도 과언이 아닐 터. 기부네진자는 농업, 어업, 술 양조 등 물과 관련된 사람들이 많이 찾는 곳으로 매년 7월 7일에는 물의 신을 위해 기원하는 물 축제가 열리기도 한다. 물의 신을 모신 곳으로 유명한 신사이지만 말 그림으로도 유명한 기부네진자에서는 특이하게 하얀색

말과 검은색 말의 동상을 만나볼 수 있다. 비가 너무 많이 내리는 날에는 홍수가 나지 않게 해 달라고 하얀색 말을, 비가 너무 안 내려 날이 가물 때는 제발 비를 내려 달라고 검은색 말을 산 채로 제물을 올렸는데, 계속되는 기원으로 인해 말 그림으로 대체하게 되었다고 한다. 그래서 기도를 드리고 말 그림을 신사 내에 안치해야 하는 것이지만 요즘은 그 말 그림을 기념품으로 가지고 간다고.

기부네진자에는 홍등, 말 동상 외에도 배 모양의 암석들이 꽤 있고, 아이오이노스기相生の杉라는 수령 1000년이 넘은 삼나무도 볼거리 중 하나이다. 아이오이노스기는 분명 같은 뿌리를 내리고 살아가는 삼나무이지만 자연스레 두 그루로 나뉘어져 그 모습이 마치 화목한 노부부 같다고 하여 장수하는 의미를 담고 있다. 기부네진자는 좋은 인연을 맺어 준다 해서 재미 삼아 물 점을 보는 이들도 많은데, 운세를 보는 평범한 오미쿠지처럼 보이지만 물 위에 종이를 띄우면 종이 가운데에 동그라미 원이 보이면서 길흉을 알려 준다. 물론 물에 젖은 종이를 말리면 동그라미의 모습이 사라진다고.

☕ 기억해 둘 것

- 기부네구치 역에서 기부네진자까지 운행하는 버스가 자주 운행되지 않기 때문에 버스 시간을 미리 확인해 두면 좋다.
- 기부네구치 역에서 기부네진자까지 1시간 정도 소요된다.
- 구라마에서 구라마데라로 이동할 때 케이블카를 이용하지 않고 도보로 이동하면 30분 정도 소요된다.
- 구라마데라에서 기부네진자까지 트레킹을 즐길 수 있는데 1~2시간 정도 소요된다.

📷 포토 TIP. 구라마 + 기부네진자 사진 따라잡기!

미션 1 : 구라마 역 앞에서 만나는 붉은색 텐구를 담아 보자.
미션 2 : 울퉁불퉁 삐져나온 키노네미치(나무뿌리 길)를 멋스럽게 담아 보자.
미션 3 : 기부네진자의 돌계단과 홍등이 어우러진 모습을 고풍스럽게 찍어 보자.

Chapter
10.

교토 밖의
교토를
만나다

교토 외곽 지역

* 조루리지

 도보 이동
 지하철·전철 이동
 버스 이동

PLAN 01. 9~10시간 코스

PLAN 02. 4~5시간 코스

 기차 이동
 케이블카 이동
 관광선 이동

PLAN 03.  7~8시간 코스

 START → 교토 역 京都駅
→ 미야마초 가야부키노사토 美山町かやぶきの里
 END ← 교토 역 京都駅

PLAN 04. 4~5시간 코스

 START → 간센지 岩船寺 → 석불 탐방 → 조루리지 浄瑠璃寺 END

PLAN 05. 8~9시간 코스

 START → 교토 역 京都駅   → 케이블 사카모토 역 ケーブル坂本駅
 END ← 교토 역 京都駅   ← 엔랴쿠지 延暦寺

▼엔랴쿠지

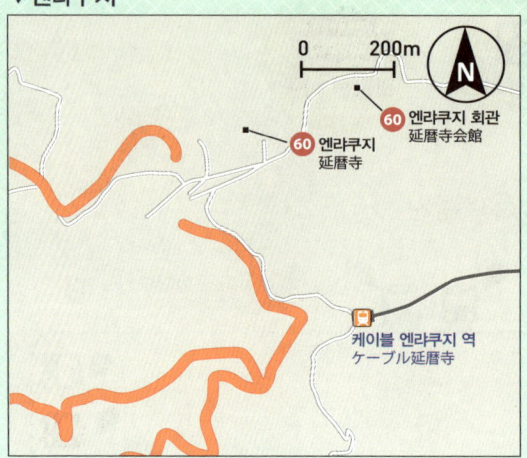

▼나가오카쿄

▼아마노하시다테

▼간센지, 조루리지

✿ 벚꽃 명소 ✿ 단풍 명소

056.
>>>>>>>>>>

일본 3대 절경 중
한 곳을
다리 사이로 만나다

_아마노하시다테 天橋立

간단정보

주소 京都府宮津市文珠314-2　　**전화번호** 0772-22-8030
홈페이지 www.amanohashidate.jp
찾아가는 길
- JR 교토 역에서 특급하시다테特急はしだて 열차를 타고 아마노하시다테天橋立 역 하차 (특급 이용 시 2시간 소요)
- 아마노하시다테를 가기 위한 교통편 참고 사이트 : www.amanohashidate.jp/access.html

아마노하시다테 뷰랜드 天橋立ビューランド
이용시간 09:00~17:00　　이용요금 대인 850엔, 소인 450엔

카사마츠코엔 케이블카 傘松公園ケーブルカ
이용시간 08:00~17:30　　이용요금 대인 640엔, 소인 320엔(왕복 기준)

아마노하시다테 관광선
주소 京都府宮津市字文珠314番地の2　　전화번호 0772-22-8030
홈페이지 www.amanohashidate.jp　　운행 노선 이치노미야-아마노하시다테-미야즈
이용요금(편도 기준)
이치노미야-아마노하시다테 : 대인 520엔, 소인 260엔
이치노미야-미야즈 : 대인 810엔, 소인 410엔
이용시간
이치노미야 출발 : 08:15부터 17:15까지 30분 간격으로 운행
아마노하시다테 출발 : 08:30부터 17:00까지 30분 간격으로 운행

어느 나라를 가더라도 아름다운 절경이 펼쳐지는 명소들이 있고, 많은 이들의 극찬으로 인하여 몇 대 명소 중 하나라는 별칭이 당연하다는 듯 붙는 곳이 있다. 일본에도 역시나 최고로 꼽히는 3대 절경이 있는데, 바로 히로시마 현의 미야지마, 미야기 현의 마츠시마, 그리고 교토 북부에 자리하고 있는 아마노하시다테이다. 350여 년 전에 히야시 가호라는 학자가 곳곳을 여행하면서 가장 아름다운 곳들을 골라 '3대 절경'이라 불렀던 곳이 '죽기 전에 꼭 가 봐야 하는 일본에서 손꼽히는 최고의 3대 명소'라는 수식어로 자리 잡게 되었다.

아마노하시다테가 3대 절경으로 손꼽히는 중요한 포인트는 인공적인 길이 아닌 자연이 만들어 낸 3.6km의 길에 8000그루 이상의 소나무들이 빼곡하게 길을 만들어 마치 하늘로 가는 다리와 같다고 하여 아름다운 절경으로 자리매김한 소나무 길이다. 정말 자연이 만들어 낸 것인지 의구심이 들 정도로 기다란 구간이

온통 모래사장이고, 그 모래사장 위에 소나무들이 가득히 자리하고 있으니 그 누가 절경이 아니라고 말할 수 있겠는가.

옛 문헌에 의하면 이자나기라는 남자신과 이자나미라는 여자신이 땅 위에 살았는데 천상으로 다니기 위해서 하늘과 땅 사이에 기다란 다리를 세워 왕래를 하였다고 전해진다. 어느 날 이자나기가 자고 있을 때 그 다리가 넘어지면서 아마노하시다테가 되었다는 전설에서 하늘로 가는 다리라는 애칭이 붙었다.

아마노하시다테에는 아름다운 절경을 마주할 수 있는 두 개의 전망대가 있는데, 역과 가까운 뷰랜드와 소나무길 반대편에 자리하고 있는 카사마츠 공원傘松公園이다. 리프트와 모노레일을 이용해서 전망대로 오르게 되는데, 각각의 포인트에서 바라보는 모습이 서로 달라 재미있다. 전망대에 오르면 괴상한 자세를 하고 있는 사람들을 만나게 되는데, 마타노조키股のぞき라고 불리는 가랑이 사이로 엿보는 행동을 하고 있는 사람들이다. 두 다리를 벌려서 균형을 잡고 몸을 90도로 접어서 다리 사이로 바라보면 소나무길이 정말로 하늘로 향하는 길처럼 보인다 해서 많은 이들이 전망대에서 마타노조키를 꼭 해 보게 된다. 또한 카사마

츠 공원과 뷰랜드 전망대에서는 카라와케나게からわけ投げ를 즐길 수 있는데, 아마노하시다테를 향해 자리하고 있는 원에 작은 토기로 만들어진 원반을 넣으면 행운이 찾아온다 해서 재미삼아 많은 이들이 즐기는 놀이 중 하나이다. 이 밖에도 아마노하시다테를 좀 더 즐길 수 있는 방법에는 대표적으로 3가지가 있다. 첫 번째 천천히 거닐며 자연을 느껴보는 것과, 두 번째 자전거를 빌려 타 곳곳을 누비며 즐겨 보는 것, 세 번째 아마노하시다테에 펼쳐지는 바닷길을 이어주는 배를 타고 건너편 카사마츠 공원으로 향하는 방법이 있다. 그 어느 것을 선택하여도 아마노하시다테의 매력은 충분히 알 수 있을 것이다.

특히나 11월에 최고로 아름다운 모습을 뽐낸다고 하니, 그도 그럴 것이 11월

이 되면 청아한 하늘 위로 아름다운 오색빛 찬란한 무지개가 자주 얼굴을 비춘다고 한다. 비바람이라도 치면 몸이 휘청거릴 정도로 바람과 마주하게 되지만, 투명한 물빛이 시원함을 절로 느끼게 해 주는 최고의 피서지이다. 그 밖에 온천이 발달된 아마노하시다테의 역 앞에서 무료로 족욕을 즐기거나 아마노하시다테의 절경을 벗 삼아 료칸에서 하룻밤을 즐겨 보는 것도 평생 기억에 남을 추억 하나를 기록할 수 있을 것이다.

기억해 둘 것

- 아마노하시다테 역에서 건너편 카사마츠 공원까지 도보, 자전거, 관광선으로 이동이 가능하다(도보 1시간 정도 소요, 자전거 20~30분 소요, 관광선 12분 소요).
- 자전거 대여는 2시간에 400엔 정도 하니 자유롭게 타면서 자연을 느끼는 것도 좋다.

포토 TIP. 아마노하시다테 사진 따라잡기!

미션 1 : 뷰랜드와 카사마츠 공원 전망대에서 아마노하시다테의 아름다운 전망을 찍어 보자.
미션 2 : 서로를 이어 주는 소나무길의 아름다움을 담아 보자.
미션 3 : 바다가 있는 항구인 아마노하시다테만의 풍경을 시원하게 담아 보자.

● 아마노하시다테에서 밥을 먹는다면?
　인근 맛집 베스트

독특한 미야즈버거를 맛볼 수 있는 전망좋은 카페
—— **카페 두팡** Café du pin/カフェドゥパン

주소 京都府宮津市文珠468
전화번호 0772-22-1313
추천 메뉴 미야즈버거宮津バーガー+커피 세트 800엔(버거는 미야즈버거, 햄버거, 치킨버거 중 택일 가능)
찾아가는 길 JR 아마노하시다테天橋立 역에서 소나무길로 들어서는 입구 / 치온지 입구에서 오른편 / 카사마츠 공원(이치노미야) 방면으로 이동하는 관광선 선착장 바로 옆

아마노하시다테 소나무 길의 입구에 자리하고 있는 카페로, 바다가 보이는 커다란 창이 돋보인다. 카페 두팡은 일본식 가옥을 개조해서 만들었으며 료칸과 와이너리, 선물가게를 함께 운영하고 있다. 또한 료칸 투숙객을 위한 공간이 별도로 마련되어 있다. 카페 두팡의 주인은 빈티지 가구나 소품을 모으는 것이 취미라서 고급스러운 난로와 가구들을 만나볼 수도 있다. 와이너리에서 만든 '아마노하시다테 와인'은 달콤한 화이트와인으로 선물가게에서 구입할 수 있다.
이곳에서만 특별히 맛볼 수 있는 '미야즈버거'는 아마노하시다테의 지명을 따와 만든 것으로, 햄이 아닌 미야즈만의 특산물인 대형멸치가 들어 있는 것이 특징이다. 멸치가 들어 있어 조금 생소하기도 하면서 약간 비릴 수도 있는 이색적인 음식인데 최고의 별미라고 칭하는 사람들도 있다. 아마노하시다테의 아름다운 풍광을 바라보며 미야즈버거와 차를 즐기는 여유를 누려 보자.

● 아마노하시다테 근처의
  또 다른 명소를 찾고 싶다면?

> 수상가옥이 멋스럽게 펼쳐져 있는
> ── **이네 후나야노사토** 伊根 舟屋の里
>
> 홈페이지 www.funaya.org
> 찾아가는 길 아마노하시다테에서 버스 타고 후나야노사토코엔마에(舟屋の里公園前)에서 하차(1시간 정도 소요, 버스가 자주 운행되지 않기 때문에 미리 확인해야 함)

아마노하시다테에서 버스를 타고 1시간 가까이 이동을 해야 만날 수 있는 어촌 마을로 일본과는 다소 어울리지 않는 듯한 수상가옥들을 볼 수 있는 곳이다.
후나야란 1층은 어선의 수납고, 2층은 주거용으로 세운 건물을 말하는 것으로, 교토의 이네 마을에 후나야가 즐비해 있어 후나야노사토(후나야 마을)이라 불린다.
엄연히 따지면 1층의 어선이 있는 곳이 지하 1층이 되고, 주거지인 2층이 땅과 연결된 1층이 되는 셈이다.
이네 후나야 마을은 특유의 수상가옥들 때문에 중요전통적건축물군 보존지구로 지정되기도 했다. 또한 후나야 마을을 전망해 볼 수 있는 전망대가 있고, 마을을 제대로 즐길 수 있는 관광선 투어도 마련되어 있다.
이네는 교토에서 당일치기로 가기 힘든 곳이라서 하룻밤 후나야 가옥에서 묵어 보는 것도 좋다. 그리고 7월 둘째 주에는 이네 마을의 바닷가 위에서 이곳만의 마츠리가 열리니 함께 즐겨 보는 것도 좋겠다.

✽ 벚꽃 명소

057.
>>>>>>>>>

짧은 기간 동안
일본의
중심이 되었던

_나가오카쿄長岡京

> **간단정보**
>
> **나가오카텐만구**
> 주소 京都府長岡京市天神2丁目15-13 전화번호 : 075-951-1025
> 홈페이지 nagaokatenmangu.or.jp
> 이용시간 4월~9월 09:00~18:00 / 10월~3월 09:00~17:00(연중무휴)
> 이용요금 무료
> 찾아가는 길
> - JR 교토센京都線 타고 나가오카쿄長岡京 역에서 하차 후 도보 20분 소요
> - 한큐교토센阪急京都線 타고 나가오카텐진長岡天神 역 하차 후 서쪽 출구에서 도보 10분 소요

나가오카쿄는 교토보다는 오사카에 좀 더 가까이 위치해 있다. 헤이안 시대의 간무 천황이 784년에 수상교통이 편리하다는 이유로 나가오카쿄로 천도하게 되었고, 그 뒤로 10여 년간 일본의 수도였던 곳이다. 하지만 안 좋은 사건과 더불어 빈번한 홍수와 역병으로 인해 헤이안쿄인 지금의 교토로 다시 천도하게 되었고, 그때 사용되었던 이름이 지금까지 변함없이 사용되고 있다.

짧은 기간 동안 일본의 중심이었던 나가오카쿄는 곳곳에 그때의 흔적들이 고이고이 담겨져 있다. 에도 시대 초기에 만들어진 황실 관상용 연못이었던 하치조가이케八条ヶ池는 1993년 대대적인 개보수를 거치면서 지금은 시민들의 편안한 휴식처로 탈바꿈되었다. 하치조가이케로 들어서는 길목에는 커다란 대형 도리이가 반기고 그 앞으로는 3m에 육박하는 기리시마쓰쓰지霧島つつじ(철쭉) 산책로가 조성되어 있다. 5월의 따사로운 햇살이 머무르면 온통 붉은 철쭉꽃들로 둘러싸여 최고로 아름다운 모습을 선보인다. 연못 주변으로는 수많은 벚나무들이 꽃의 나라로 인도해 주니, 향긋함이 행복으로 바뀌는 순간이다.

연못 위에 나무로 만들어진 수상교를 마치 물 위를 걷는 듯한 느낌으로 거닐며 시간을 보내고, 곳곳에 마련된 벤치에서 힐링하며 연못에서 철썩거리며 뛰노는 잉어들과 마주하며 친구가 되어 본다. 한없이 조용한 마을이라 북적임도 없고, 옛 모습이 고스란히 남겨진 교토의 중심부와는 사뭇 다른 풍경들이 낯설지

만 잠시 이웃집 동네에 나들이 나온 것과 같이 편안한 곳이다.

 학문의 신으로 유명한 스가와라노 미치자네가 901년에 큐슈의 다자이후로 좌천되었을 때 나가오카에 들렀는데 이곳을 떠나기 아쉬워했다고 한다. 미치자네가 죽은 후 그가 만든 목상을 안치한 것이 나가오카텐만구長岡天満宮 창립의 계기가 되었다. 지금의 나가오카텐만구는 1941년 교토의 헤이안진구의 구본전을 이축한 것으로 작은 신사에 불과하지만 텐만구만의 황소 동상이 버젓이 맞이하고 있다. 소를 쓰다듬으면 성적이 오른다는 말이 있는 텐만구. 믿거나 말거나 하는 속설일지라도 자연스레 손길은 소를 쓰다듬고 있을 것이다.

 나가오카쿄는 죽순이 유명한데, 하치조가이케 연못에서 나가오카텐만구로 향하는 연못 위에 죽순 요리를 즐겨 볼 수 있는 긴스이테이錦水亭가 있다. 메이지 시대인 1881년에 창업한 오래된 곳으로 료칸과 함께 운영되고 있다. 연못을 바라보며 즐기는 푸짐한 식사가 나가오카쿄에서의 추억을 더욱 아름답게 만들어 준다.

🍵 기억해 둘 것

한큐교토센 나가오카텐진 역 서쪽 출구에 관광안내소가 있다.

🍵 포토 TIP. 나가오카쿄 사진 따라잡기!

미션 1 : 아름다운 산책로가 마련된 하치조가이케의 연못을 담아 보자.
미션 2 : 큰 도리이와 어우러진 철쭉꽃이 가득한 산책로를 담아 보자.
미션 3 : 나가오카텐만구로 들어서는 길을 찍어 보자.

● 나가오카쿄의
  또 다른 명소를 찾고 싶다면?

교토에 유일하게 자리하고 있는 맥주공장
── **산토리 교토 맥주공장** サントリー京都ビール工場

주소 京都府長岡京市調子3-1-1
전화번호 075-952-2020
홈페이지 www.suntory.co.jp/factory/kyoto
접수시간 09:30~17:00(휴일 제외)
참고사항 사전예약제로 견학이 가능(홈페이지 또는 전화로 예약 가능). 홈페이지에서 '특별 우대권'을 출력해 가면 산토리 맥주컵을 선물로 증정
찾아가는 길 JR 나가오카長岡 역, 한큐나가오카텐진阪急長岡天神 역, 나가오카텐만구에서 출발하는 무료 셔틀버스 이용(평일 1시간에 1대 운행, 주말 30분에 1대 운행)

물이 깨끗하다고 알려진 교토에 유일하게 자리하고 있는 맥주공장이다. 맥주공장에 직접 방문해서 맥주가 만들어지는 공정을 견학하고 시음해 볼 수 있다. 정해진 시간에 안내를 받으며 맥주를 만드는 맥아(보리)나 아로마 향이 나는 홉을 직접 접해볼 수 있는 곳이다. 맥주공장 견학의 하이라이트는 대표적인 맥주 두 종류를 정해진 시간 내에 원하는 만큼 공짜로 맛보며 즐길 수 있다는 점이다.

★ 단풍 명소

058.
>>>>>>>>>>>

전통가옥이
숨 쉬는
아름다운 산골마을

_미야마초 가야부키노사토
美山町かやぶきの里

간단정보

주소 京都府南丹市美山町北　**전화번호** 0771-77-0660
홈페이지 www.kayabukinosato.com
찾아가는 길
- JR 교토 역에서 기차 타고 소노베園部 역에서 환승 후 JR 히요시日吉 역에서 하차하고 난탄南丹 버스 탑승 가야부키노사토かやぶきの里에서 하차(JR 교토 역에서 JR 히요시日吉 역까지 1시간 정도 소요, JR 히요시日吉 역에서 난탄南丹 버스 타고 가야부키노사토かやぶきの里까지 1시간 정도 소요)

우리나라에 초가집이 있다면 일본에는 일본 특유의 가옥 양식인 갓쇼즈쿠리合掌造가 있다. 대표적인 갓쇼즈쿠리 군락지는 세계유산으로 지정된 기후 현의 시라카와고白川鄕이지만, 교토의 대표적인 민속마을이라 한다면 요즘 떠오르는 명소 미야마초 가야부키노사토이다.

교토와는 조금 떨어져 있는 난탄 시에 자리하고 있는 전통가옥마을 가야부키노사토는 억새로 하나하나 엮어 만든 전통 그대로의 방식으로 제작된 지붕이 매우 특색있으며 1993년 일본 내에서 '중요전통 건조물군 보존지구'로 지정된 곳이다. 초가집과 마찬가지로 수만 단의 억새를 하나씩 손수 엮어야 하는 지붕은 20년마다 한 번씩 주기적으로 교체를 해야 하며 그 비용이 만만치 않고 관리하는 것조차도 번거로워 큰 부담으로 다가오는데, 다행히도 뒤늦게 일본 내에 이런 예스러운 마을이 있다는 것이 알려지면서 보존지구로 지정되어 대부분의 비용을 지원받고 있다고 한다.

가야부키노사토는 우리나라의 시골 마을처럼 노인들이 마을을 지켜내며 농사를 짓고 유기농으로 일군 채소와 곡식을 판매하기도 하며 하루하루를 살아가고 있는 평범한 산골마을이다. 하지만 이곳만의 매력을 주변에서 알기 시작하면서 해마다 100만 명의 관광객을 불러들이고 있다. 작은 군락지로 이루어진 마을이라 30분에서 1시간이면 충분히 거닐 수 있다.

아름다운 산골마을인 미야마초를 보호해 주기라도 하듯 주변으로는 짙푸른

삼나무들이 쭉쭉 뻗어 있어 절로 힐링이 되고, 갓 엮은 푸른 빛의 억새부터 세월의 흔적이 묻어나는 누런빛의 묵은 억새까지 다양한 색의 지붕들을 보는 것도 재미나다.

친절한 사람들의 향기가 가득한 곳에는 정도 넘치는 법. 믿음 하나로 세워지는 유기농 무인 야채 판매대에서 그 정을 가득 느낄 수 있다. 또한 마을의 자료들이 보관되어 있는 미야마민속자료관美山民俗資料館이 있으며, 일본의 옛 주

택에서 하룻밤 머물며 미야마초의 매력을 느껴볼 수 있는 숙박 시설도 있다. 미야마초 가야부키노사토와 조금 떨어진 곳에 있는 미야마초 자연문화촌美山町自然文化村에서는 미야마초에 관련된 다양한 여행 자료를 얻을 수 있을 뿐 아니라, 이색 별미인 사슴고기를 맛볼 수도 있다. 사슴고기를 얹은 덮밥, 사슴고기로 완자를 만든 탕, 사슴고기회 등 다양하게 조리된 음식들을 즐길 수 있는데, 의외로 비린 맛 없이 담백하고 육질도 굉장히 부드럽다. 여행하며 지친 체력을 고단백 사슴고기로 채워 보는 건 어떨까.

기억해 둘 것

미야마민속자료관
전화번호 0771-77-0587　홈페이지 www.kayabukinosato.com/siryokan.html
이용시간 12월~3월 10:00~16:00 / 4월~11월 09:00~17:00
휴일 월요일(공휴일인 경우 화요일), 연말연시　이용요금 대인 300엔, 초중고 200엔

미야마초 자연문화촌
주소 京都府南丹市美山町中下向56　전화번호 0771-77-0014
홈페이지 www.miyamanavi.net/s-ti0010-2, www.cans.zaq.ne.jp/m-kajika
메뉴 모미지오젠もみじ御膳 1500엔

포토 TIP. 미야마초 가야부키노사토 사진 따라잡기!

미션 1 : 일본 특유의 갓쇼즈쿠리로 이루어진 마을의 전경을 담아 보자.
미션 2 : 지붕을 교체하는 시기에 마을을 찾았다면 자주 접할 수 없는 장인의 모습을 찍어 보자.

★ 단풍 명소

059.
>>>>>>>>>>

진정한 교토 시골 마을만의
소박함과 아름다움이 숨겨진 사찰

_간센지 岩船寺
　조루리지 浄瑠璃寺

간단정보

간센지
주소 京都府木津川市加茂町岩船上／門43   전화번호 0774-76-3390
이용시간 08:30~17:00(12월~2월 09:00~16:00)
이용요금 대인 300엔, 중·고등학생 250엔, 소인 150엔

조루리지
주소 京都府木津川市加茂町西小札場40   전화번호 0774-76-2390
홈페이지 www.y-morimoto.com/hananotera/16johruri.html
이용시간 09:00~17:00(12월~2월 10:00~16:00)
이용요금 대인 300엔, 소인 150엔
찾아가는 길
- JR 카모加茂 역에서 하차 후 버스 이용
- JR 나라奈良 역에서 카모加茂행 방면 버스를 타고 조루리지마에浄瑠璃寺前 하차(30분 소요)
- JR 카모加茂 역에서 간센지를 경유해서 조루리지까지 이동하는 버스 시간표
  (조루리지–간센지 : 6분 소요, 200엔 / 조루리지–JR 카모 역 : 21분 소요, 400엔)
  JR 카모 역 출발 : 09:15, 10:15, 11:15, 12:15, 13:15, 14:15, 15:15, 16:15
  조루리지 출발 : 07:44, 09:44, 10:44, 11:44, 12:44, 13:44, 14:44, 15:44, 16:44

천 년이 넘는 역사가 고스란히 남아 있는 교토에서 가야 할 곳은 넘쳐나지만 꽁꽁 숨겨진 보물 같은 역사를 만나고 싶다면 산속에 고이 자리 잡고 있는 간센지와 조루리지를 가 보자. 교토이긴 하지만 나라와의 경계 부분에 자리하고 있으며 어찌 보면 나라와 더 가까운 사찰로, 간센지는 일본의 27점의 국보 중 2개나 보유하고 있는 곳이기도 하다.

초록 숲을 고스란히 간직하고 있는 시골 마을을 거닐다 보면 사람 한 명 보이지 않을 정도로 굉장히 조용한 것을 알 수 있다. 그곳에 살아가는 이들이 정성들여 만든 쌀과자, 직접 키운 채소들, 과일들이 나무판에 주렁주렁 매달려 누군가의 손길을 간절히 기다리고 있는 무인 자판을 만나게 되는데, 이런 사소한 것들에서도 따스함과 정이 느껴져서 발걸음을 멈추게 된다. 자그마한 돈 통이 있고, 먹을거리가 하나씩 채워져 있는 비닐봉지 옆에는 손으로 직접 적은 수제 가격표가 붙어 있다. 그 흔한 편의점도 보기 힘들 정도로 조용한 시골에서 그들의 친절함과 따스한 미소를 마주한 것만 같은 묘한 기분에 빠져든다.

간센지는 온통 초록빛에 갇혀 버린 듯 사방으로 수목이 나의 존재조차도 보이지 않을 정도로 꼼꼼하게 채워져 있다. 그 안에는 초록과는 다소 대조적인 붉은색의 탑이 강렬한 색감으로 연못과 어우러져 한 폭의 고풍스러운 그림으로 다가온다. 간센지에 있는 붉은색 탑 안에는 국보급의 중요한 문화재가 들어 있는데 아직까지 단 한 번도 공개된 적이 없다. 다른 사찰의 탑과는 달리 붉은색 탑 지붕의 이음새 부분에 원숭이 조각이 되어 있는 게 간센지만의 특징이다.

간센지에서 조루리지까지 이어지는 짧은 코스의 석불 둘레길은 홀로 산책하기 좋은 산속 탐방로로, 큰 돌에 하나하나 새겨진 부처가 신비롭기만 하다. 숲길에서 흘리는 땀방울 하나에 친구가 되어 주는 푸른 풀내음, 소박하게 농사를 짓고 있는 시골의 또 다른 모습을 만나면서 교토의 새로운 매력을 알게 된다. 조루리지는 극락정토를 표현한 사찰로 특이한 건물의 배치가 재미나고, 본전 앞의

큰 연못과 그 맞은편에 붉은색 탑이 자리하고 있는 모습이 독특하다. 조루리지의 탑들은 헤이안 시대에 만들어진 건축물로, 국보로 지정되어 있으며 아미타불과 기치조텐상이 안치되어 있다.

이곳에서 길고양이 친구들을 마주하는 것은 매우 쉬운 일이다. '넌 누구냐'는 듯 시크하게 옆으로 지나가거나 곳곳의 시원한 그늘을 찾아 석등에 들어가 자기 집인 양 잠을 청하는 아이들, 매표소 앞에 떡하니 자리를 잡고 조는 고양이도 있다. 사찰 내에서 키우는 고양이가 아닌데도 늘 이곳을 찾는 반가운 친구들이다. 조루리지를 거닐며 푸른 자연과 하나가 되어 보고 길고양이들과도 친구가 되어 보는 건 어떨까.

🐾 기억해 둘 것

간센지에서 조루리지까지는 30분 정도면 충분히 거닐 수 있다. 시골 마을의 감성에 빠져 걸어 보는 것도 좋은 추억이 될 것이다.

📷 포토 TIP. 간센지와 조루리지 사진 따라잡기!

미션 1 : 간센지의 붉은 탑과 어우러진 향긋한 수국을 한 장면에 담아 보자.
미션 2 : 간센지에서 조루리지로 향하는 길에 만나는 다양한 석불들을 기품있게 찍어 보자.
미션 3 : 조루리지의 큰 연못과 어우러진 본전을 담아 보자.

★ 단풍 명소

060.
>>>>>>>>>>

많은 승려를
배출해 낸

_엔랴쿠지 延曆寺

> **간단정보**
>
> **주소** 滋賀県大津市坂本本町4220　**전화번호** 077-578-0001
> **홈페이지** www.hieizan.or.jp
> **이용시간** 도토 08:30~16:30 / 요카와, 사이토 09:00~16:00
> **이용요금** 요카와, 사이토, 도토 공통권 대인 550엔, 중·고등학생 50엔, 소인 무료 /
> 　　　　　국보전(보물관) 대인 450엔, 중·고등학생 200엔, 초등학생 이하 100엔
> **찾아가는 길** 케이블 사카모토坂本 역에서 케이블카를 타고 케이블 엔랴쿠지延曆寺 역으로 이동 후 도보
> 　　　　　　5~10분 소요
>
> **사카모토 케이블카 坂本ケーブル**
> **주소** 大津市坂本本町4244　**전화번호** 077-578-0531
> **홈페이지** www.sakamoto-cable.jp
> **이용구간** 케이블 사카모토 역~케이블 엔랴쿠지 역(2km), 11분 소요
> **이용시간** 매시 정각, 30분 출발 / 3월 08:00~17:00 / 4, 9월~11월 08:00~17:30 /
> 　　　　　5월~8월 08:00~18:00 / 12월 08:30~16:30 / 1월~2월 08:30~17:00
> **이용요금** 대인 편도 840엔, 왕복 1570엔 / 소인 편도 420엔, 왕복 790엔
> **찾아가는 길**
> • JR 고세이센湖西線 탑승 히에이잔사카모토比叡山坂本 역 하차 후 도보 25분 소요
> • 게이한 이시야마사카모토센京阪石山坂本線 탑승 사카모토坂本 역 하차 후 도보 10분 소요
> • 사이쿄지행 버스 탑승 히요시타이샤마에日吉大社前 하차 후 도보 7분 소요

　　교토의 북동쪽과 시가 현의 경계선 부근에 자리하고 있는 해발 848m의 히에이잔比叡山에는 수많은 사찰들이 있고, 그 사찰들 모두를 통틀어 엔랴쿠지라 부른다. 시가 현과의 경계선 부근에 자리하고 있어서 '교토 시 엔랴쿠지'라고 불리기보다는 '시가 현 엔랴쿠지'라고 불리는 곳으로 히에이잔 자체가 엔랴쿠지이고, 엔랴쿠지 자체가 히에이잔이라고 말할 정도로 히에이잔 여기저기에 셀 수도 없이 많은 사찰들이 뿔뿔이 흩어져 있다. 헌데 재밌는 것은 정작 그 수많은 사찰 중에 '엔랴쿠지'라는 법당이나 탑은 없고, 각각의 이름을 지닌 히에이잔의 모든 법당들을 통틀어 엔랴쿠지라 부른다는 점이다.

　　엔랴쿠지는 788년에 사이초라는 승려가 나라의 평안과 불교계의 인재 양성을 위해 히에이잔에 작은 암자로 창건한 것이 현재의 모습으로 발전하였다. 본래는 사이초가 19살이 되던 해에 나라에 있는 도다이지로부터 구족계具足戒(비구와 비구니가 되기 위한 규칙들)를 받았지만 이를 거절하고 고향에 암자를 지

어 지내다가 여러 가지로 부족한 부분이 많아서 교토의 도지를 창건한 쿠카이와 함께 당나라로 유학을 떠났다고 한다. 그리고 당나라에서 불교계의 배움을 깨우치고 다시 일본으로 돌아와 히에이잔에 엔랴쿠지를 창건하게 된 것이다. 엔랴쿠지는 천태종의 총본산으로서 임제종파, 정토종파 등의 시조가 된 수많은 고승들을 배출해 낸 곳이며, 현재까지도 수행하고자 찾는 이들이 가득해서 '불교를 배우는 학교'라고 해도 과언이 아니다. 그리고 1994년 12월 세계문화유산으로 지정되었다.

엔랴쿠지는 전철, 버스, 케이블카 등의 다양한 교통수단을 이용해야만 찾아갈 수 있는 곳이지만 그곳만의 영험한 기운을 느껴보기 위해 찾는 이들의 발걸음이 끊이지 않고 있다. 엔랴쿠지를 찾기 위해 등산로를 직접 걸어서 올라가는 방법도 있지만 일반적으로 '사카모토 케이블카'를 이용해서 쉽게 이동하는 방법을 택한다. 사카모토 케이블카는 848m에 달하는 히에이잔의 정상까지 단번에 데려다 주는 이동수단으로 일본에서 가장 긴 거리를 운행하는 케이블카이다. 엘리베이터를 타고 올라가듯 급경사를 슬렁슬렁 올라가는 케이블카에서 보이는 푸른 숲과 숲 바깥으로 펼쳐지는 비와코는 절경을 이룬다. 일본에서 가장 큰 호수인 비와코 호수는 바다처럼 넓고 시가 현에서 빼놓을 수 없는 명소로 손꼽히며, 어느 곳에서 바라보느냐에 따라 색다른 모습을 선보인다.

하루를 할애해도 다 볼 수 없을 정도로 곳곳에 퍼져 있는 엔랴쿠지의 사찰들은 히에이잔을 순환하는 셔틀버스를 통해 쉽게 만나볼 수 있는데, 크게 요카와橫川, 사이토西塔, 도토東塔 구역으로 나뉜다. 케이블카를 타고 히에이잔 정상에서 만나는 구역은 도토 지역으로 국보로 지정된 곤폰추도根本中堂, 몬주로文殊楼, 아미다도阿弥陀堂 등으로 이루어져 있는데, 곤폰추도에는 사이초가 창건하면서 붙였다는 법등의 불이 1200년 동안 꺼지지 않고 지금까지도 불을 밝히고 있다는 '불멸의 법등不滅の法灯'이 꽤 유명하다. 요카와 구역에 있는 지에 대사의 거처라고 알려진 시키코도四季講堂에서는 오미쿠지おみくじ(신사나 절에서 길흉을 점치는 쪽지)의 발상지라고 일컫는 도깨비 모양이 그려진 비석도 만나볼 수 있다.

🔖 기억해 둘 것

히에이잔의 다양한 곳들을 셔틀버스가 운행한다(겨울 시즌 제외).

📷 포토 TIP. 엔랴쿠지 사진 따라잡기!

미션 1 : 히에이잔에서 바라보는 푸른 비와코 호수를 찍어 보자.
미션 2 : 엔랴쿠지에 있는 사찰들 하나하나를 고풍스럽게 담아 보자.
미션 3 : 붉은색 사카모토 케이블카와 어우러진 숲의 모습을 담아 보자.

● 엔랴쿠지 근처에서 밥을 먹는다면?
  인근 맛집 베스트

건강을 생각하는 사찰 도시락
── **엔랴쿠지 회관** 延暦寺会館

주소 滋賀県大津市坂本本町4220
전화번호 077-578-0047
홈페이지 syukubo.jp
추천 메뉴 미야비みやび 도시락 2100엔
찾아가는 길 사카모토 케이블카 타고 엔랴쿠지延暦寺 역으로 이동해서 도보 10분 소요 /
  불멸의 법등이 있는 곳에서 도보 5분 소요

엔랴쿠지 회관에서는 산나물과 다양한 채소들로 이루어진 사찰 도시락을 맛볼 수 있다.
오랜 시간동안 어떤 것들이 몸에 좋은지 영양들을 꼼꼼히 체크해서 마련된 사찰 도시락은
건강만을 생각한 신선한 식재료로 만들어졌고, 보통 싱겁기만 한 사찰 음식과는 달리
산나물이나 채소 본연의 맛을 잃지 않아서 담백한 맛이 살아 있다.
식사를 하면서 창밖으로는 푸르른 비와코 호수의 모습이 펼쳐지기에 꽤 분위기 있는
한 끼를 즐길 수 있는 곳이다. 식사 외에 숙박도 할 수 있고, 좌선 체험,
사경 체험과 같은 수행에 관한 프로그램도 진행 중이다.

> Special
> Tip

"교토 여행에 함께 넣으면 좋은 일정"
주변 도시 정보(나라, 효고, 시가)

1. 나라 현奈良県

>>> 천여 마리의 사슴이 살고 있는 나라공원奈良公園

홈페이지 nara-park.com
찾아가는 길 JR 나라奈良 역에서 도보 약 20분 소요, 긴테츠나라近鉄奈良 역에서 도보 약 5분 소요

일본이지만 왠지 익숙한 향기가 가득히 퍼지는 나라 현은 교토가 수도가 되기 전, 옛 수도였던 곳으로 백제의 영향을 가장 많이 받은 곳이다. 710년 헤이조쿄라고 불리는 도읍이 만들어지면서 날이 갈수록 크게 발전하였고, 교토로 수도가 옮겨진 후로 다소 외면받기도 하였지만 곳곳에 많은 역사의 흔적들이 남아 있는 사슴이 살기 좋은 행복한 자연의 도시이다.

매년 1500만 명이 찾는다는 나라의 대표적인 볼거리라 한다면 곳곳에 자유롭게 살아가는 1200여 마리의 야생 사슴들이다. 길들여지지 않는 사슴들은 처음부터 내가 살았던 사슴나라에 감히 사람들이 침입한 듯이 주인행세를 톡톡히 해낸다. 거리의 무법자일지도 모르는 사슴들은 늘 사람보다 먼저이다. 들판에서 뛰어놀고 곳곳에서 따스한 햇살 아래 꾸벅꾸벅 졸고 있는 아이들이 가득한 사슴의 세상인 나라, 사슴을 신처럼 받드는 곳이기에 감히 사슴에게 함부로 할 수 없으니, 사슴 입장에서 바라보자면 가장 행복한 곳에서 살고 있는 곳이 아닐까. 나라 여행은 산책하듯 거닐며 즐길 수 있는 곳으로, 사슴과 친구가 되며 여행할 수 있는 행복한 곳이다. 사슴이 무섭다면 덤덤하게 지나가면 될 터. 사슴 또한 사람에게 그다지 관심 갖지 않기 때문이다. 하지만 내 손에, 그리고 내 가방에 먹을 것이 있다면 어느새 사슴이 친구하자고 다가올 테지만 무서워하지는 말자. 알고 보면 천진난만한 커다란 눈망울로 똘망똘망 바라보니

그 모습이 어찌나 예쁜지, 사슴의 눈망울 속으로 하염없이 빠져들 것이다.
옛 수도였던만큼 일본식 가옥이나 료칸, 빈티지한 카페, 주조장 등 다양한 일본스러움이 나라 마치에 고스란히 담겨 있고 나라마치를 한 걸음씩 거닐다 보면 일본인들의 지혜를 엿볼 수 있는 옛 민가의 집을 만나볼 수 있다. 또한 국보급 보물이 있는 고후쿠지도 나라의 여행 포인트, 와카쿠사야마에 오르면 나라 시내를 한눈에 시원스레 내려다볼 수 있으니 소박한 사슴의 고장, 나라의 매력에 흠뻑 빠져들게 된다.

>>> 세계에서 가장 큰 목조건물 안으로 스며드는 도다이지東大寺

주소 奈良市雑司町406-1   전화 : 0742-22-5511
홈페이지 www.todaiji.or.jp   이용시간 08:00~17:00(계절에 따라 변동)
이용요금 대인 500엔, 소인 300엔
찾아가는 길 JR 나라奈良 역, 긴테츠나라近鉄奈良 역에서 도보 15분 소요

세계에서 가장 큰 목조 건물 안에 청동 불상이 있는 도다이지는 세계문화유산으로 등록된 나라를 대표하는 사찰로서 745년에 쇼무왕의 발원으로 로벤이 창건한 곳이다. 도다이지 자체로 보면 넓은 곳 사이사이로 당우가 흩어져 있지만 그 중심에는 대불전이 자리하고 있다. 대불전은 수많은 화재로 인해 여러 번 훼손되었다가 1709년에 3분의 1 크기로 재건되었다. 많이 작아진 크기라 하여도 47.5m나 되는 거대한 높이의 목조건물로 본당 내부에는 높이 16m, 무게 350톤의 일본 최대급 불상을 모시고 있기도 하다.

대불전에서 북서쪽으로 300m 거리에는 쇼소인이라는 보물보관소가 있는데 그곳에는 가치 있는 미술, 공예, 기록, 생활 등의 다양한 물품들이 보관되어 있고 매년 10월 하순부터 11월 초순까지 열리는 나라국립박물관 특별전 때 공개된다. 도다이지의 목조 건물을 하나하나 살펴보면 그 크기에 놀라움을 감추지 못하는데 자세히 살펴보면 도깨비 모자라도 쓴 것마냥 지붕 꼭대기에는 양쪽으로 금색뿔이 쫑긋 귀를 기울이고 있다. 도깨비 뿔 같은 형체는 물고기를 의미하는데, 늘 화재로 인해 훼손되었던 목조

건물이기에 화재를 예방하기 위한 부적과도 같다고.
도다이지 본당 내에는 대불전의 콧구멍과 똑같은 사이즈로 커다란 기둥에 구멍이 뚫려 있다. 많은 이들이 사이사이로 힘겹게 통과하려는 모습을 자주 볼 수 있는데 구멍이 너무 작아서 어린아이들, 마른 여자들이나 통과가 가능한 크기이다. 구멍을 통과하면 무병장수한다는 말이 있어서 재미삼아, 그리고 혹시나 하는 마음으로 꼭 시도해 보게 되는 도다이지만의 재미이다.

>>> 수천 개의 석등이 매력적인 카스가타이샤春日大社
주소 奈良市春日野町160   전화 0742-22-7788
홈페이지 www.kasugataisha.or.jp
이용시간 여름 06:00~18:00 / 겨울 07:00~17:00 / 보물전 09:00~16:00
이용요금 보물전 대인 500엔, 중·고등학생 300엔, 소인 200엔
찾아가는 길 JR 나라奈良 역, 긴테츠나라近鉄奈良 역에서 도보 15분 소요 /
　　　　　버스 이용 시 63, 70, 88, 97, 98 탑승 후 카스가타이샤혼덴春日大社本殿 하차

거니는 곳마다 사슴들이 반겨 주는 건 당연한 일. 3000여 개의 다양한 석등과 등롱들이 가득한 입구에서부터 고즈넉한 그 매력 속으로 빠져들게 되는 카스가타이샤는 도다이지와 함께 나라를 대표하는 세계문화유산이다. 768년 후지와라 가문이 창건한 신사로서 대부분의 건축물들은 국보나 중요문화재로 지정되어 있고 사슴을 신처럼 떠받드는 나라의 기본이 되는 신사이다. 카스가타이샤의 제신은 사슴을 타고 이곳에 와서 신사를 열었다고 전해지기에 당연히 사슴이 귀하고 소중한 신과 같은 것.
경내의 회랑은 금빛 등롱부터 청동색 등롱까지 서로 다른 모습을 한 1000여 개의 등롱들이 가득한데, 2월과 8월 14일, 15일에 열리는 만토로 마츠리 때는 환하게 불을 밝히기에 색다른 멋을 만나볼 수 있는 곳이다.

2. 효고 현兵庫県

>>> 버드나무와 어우러진 수로를 따라 거닐어 보는 운치있는 키노사키 온천城崎温泉

주소 兵庫県豊岡市城崎町湯島357-1   전화 0796-32-3663
홈페이지 www.kinosaki-spa.gr.jp
이용요금 (소토유메구리) 공통권(1일 무제한 온천) 1000엔
찾아가는 길 JR 신오사카新大阪 역에서 키노사키온센城崎温泉 역으로 이동(3시간 소요)

▶ 키노사키 전망대

주소 兵庫県豊岡市城崎町湯島806-1
전화번호 0796-32-2530   홈페이지 kinosaki-ropeway.jp
이용요금 편도 대인 460엔, 소인 290엔 / 왕복 대인 900엔, 소인 560엔
운행시간 09:00~16:00까지 매시 10, 30, 50분에 출발 / 전망대까지 20분 소요
찾아가는 길 JR 신오사카新大阪 역에서 키노사키온센城崎温泉 역으로 이동(3시간 소요)

효고 현 북부에 자리하고 있는 키노사키 온천마을은 거리가 꽤 멀어서인지 북적임 없는 소박한 멋으로 많은 사랑을 받고 있는 온천 마을이다. 효고 현을 대표하는 아리마 온천이 있지만 아리마 온천과는 차원이 다른 자연의 아름다움이 가득히 배어 있기에 좀 더 자유롭고 여유로운 여행을 즐길 수 있는 매력적인 마을이다.

키노사키 온천 마을은 헤이안 시대부터 있던 온천 마을로 약 1300여 년의 역사를 지니고 있으며, 에도 시대에는 카이다이다이이치센(일본 내 제1천)이라고 불렸던 곳이다. 바다와 인접해 있는 키노사키 마을의 중심으로는 자그마한 강물이 흘러내려 오고, 그 강물 위로 잉어들은 자유롭게 헤엄을 치며 행복한 나날을 보내고 있다. 늘 함께였던 것처럼 한없이 고개를 숙이며 하늘하늘 반겨 주는 푸르른 버드나무는 키노사키에서 빼놓을 수 없는 자랑거리이자 얼굴이다. 더군다나 캄캄해진 밤이 찾아오면 거리를 비춰주는 은은한 등불로 인해 버드나무와 수로는 더욱 매혹적인 자태로 인사를 건네온다.

료칸에서 하룻밤 묵으며 유카타를 입고 나막신을 신은 채 또각또각 마을을 거닐어 보는 것 자체만으로 행복함에 빠져든다. 온천물이 좋다고 알려진 키노사키 온천 마을에는 총 7개의 소토유(숙박시설을 따로 운영하지 않는 공중목욕탕)가 있어서 다양한 스타일의 온천들을 즐길 수 있는데, 작은 온천 마을임에도 불구하고 하루종일 즐겨도 시간이 부족할 지경이다.

자그마한 키노사키 온천 마을을 내려다볼 수 있는 전망대가 있는데 리프트를 타고 전망대로 오르면, 다소 볼거리는 없지만 바다와 함께 어우러진 키노사키의 전경을 조망해 볼 수 있다. 재미나게도 왠지 우리나라의 지도를 담아내는 듯한 형상이 신기할 따름이다. 홀쭉해 보이는듯 하지만 보면 볼수록 우리나라의 모습을 닮아서인지 더욱 친근하게 느껴지는 마을.

키노사키 온천 마을을 찾았다면 마루야마 가료의 달콤한 푸딩과 가을의 게는 꼭 맛보도록 하자.

▶ 소토유메구리外湯めぐり

- **사토노유(里湯)** : 800엔, 매주 월요일 휴관, 13:00~21:00
  키노사키에서 가장 크고 편리한 곳으로 남탕과 여탕이 매일 바뀌고 일본 전통적인 스타일과 서양식 스타일로 이뤄져 있다.
- **지조유(地藏湯)** : 600엔, 매주 금요일 휴관, 07:00~23:00
  천장이 높고 큰 곳으로 2개의 욕장으로 이뤄져 있는 곳이다.
- **야나기유(柳湯)** : 600엔, 매주 목요일 휴관, 15:00~23:00
  정말 작은 욕탕으로 오히려 일본 특유의 가정적인 분위기가 나는 곳이다. 키노사키의 정중앙에 자리하고 있어서 찾기 쉽다.
- **이치노유(一の湯)** : 600엔, 매주 수요일 휴관, 07:00~23:00
  사토노유가 세워지기 전까지 키노사키의 대표적인 온천이었던 곳으로, 1999년 현대식 설비로 일신하였으며, 동굴형 노천탕이 독특하다.
- **고쇼노유(御所の湯)** : 800엔, 첫째 주와 셋째 주 목요일 휴관, 07:00~23:00
  일본식의 화려한 가옥과 정원이 함께 보이는 온천으로 가을이 되면 울긋불긋한 자연과 계곡이 어우러진 노천탕이 매력적이다.
- **만다라유(まんだら湯)** : 600엔, 매주 수요일 휴관, 15:00~23:00
  2001년에 재건설된 온천으로 키노사키에서 가장 매혹적이면서 전통적인 스타일이다.
- **코우노유(鴻の湯)** : 600엔, 매주 화요일 휴관, 07:00~23:00
  7개의 소토유 중에 가장 먼 곳에 자리하고 있는 곳으로서 옛 전설에 의하면 병을 치료하기 위해 황새가 늪지에서 목욕을 하였다고 한다. 바로 그 황새가 목욕한 곳이 코우노유라고, 키노사키 온천 마을의 시작점이라 하는 최초의 목욕탕으로 대나무가 반기는 산 아래 자리 잡은 것이 특징이다.
- 키노사키 온천 마을에 있는 료칸에 숙박할 경우 소토유메구리를 무료로 즐길 수 있다.

3. 시가 현滋賀県

>>> 천상의 아름다움을 지닌 무릉도원 미호 뮤지엄 MIHO MUSEUM

주소 滋賀県甲賀市信楽町田代桃谷300
전화 0748-82-3411   홈페이지 www.miho.or.jp
이용시간 10:00~17:00   휴무일 월요일 휴무(공휴일인 경우 다음날 휴무), 겨울철
이용요금 대인 1000엔, 고교생·대학생 800엔, 초·중학생 300엔
찾아가는 길
- JR 교토 역에서 비와코센琵琶湖線 탑승 이시야마石山 역에서 하차 후 테이산帝産 버스 150번 이용 미호 뮤지엄 하차 (50분 소요)
- JR 이시야마石山 역 출발 버스시간표(편도 800엔/3번 정류장) : 평일 09:10, 10:10, 11:10, 12:10, 13:10 / 토·일요일 09:10, 09:50, 10:10, 11:10, 12:10, 13:10, 14:10
- 미호 뮤지엄 출발 버스시간표 : 평일 11:00, 12:00, 13:00, 14:00, 15:00, 16:07, 17:14 / 토·일요일 11:00, 12:00, 13:00, 14:00, 15:00, 16:07, 17:14
- 오사카에서 게이한센京阪線 탑승 게이한이시야마京阪石山 역 하차 후 버스 이용 (간사이스루패스 사용 가능)

교토 동쪽에 자리 잡은 시가 현에는 1년 365일 중 6개월 정도만 활짝 열린 문으로 반겨 주는 자연과 하나가 되어 버린 미호 뮤지엄이 있다. 산 언덕에 자리 잡은 미호 뮤지엄은 리셉션동을 지나 본관으로 들어서게 되는데, 도보로 이동을 하거나 5분 간격으로 운행되는 무료 전기자동차를 타고 이동하는 방법이 있다. 리셉션동에서 본관까지 이어진 길에는 수많은 벚꽃길들이 커다란 터널을 만들었고, 그 끝에는 진짜 터널이 자리하고 있다. 건축가 I.M.Pei의 작품으로 터널 특유의 울림 현상을 없애고, 선으로 이뤄진 불빛이 터널을 비춰주는데 그 모습이 마치 일직선으로 보이도록 설계해 놓은 것이 독특하며 최대한 자연을 훼손하지 않은 채로 만들어 놓은 것 자체가 인상적이다.

오늘날의 미호 뮤지엄을 있게 한 코야마 미호코는 다도를 참 좋아해서 다도 도구를 모으는 게

취미였다. 그래서 자신이 모아 놓은 것들을 하나의 전시관을 통해 여러 사람들과 공유하고자 하였던 것이 시초가 되는데, 기왕이면 멋진 외관을 갖고 싶었던 코야마 미호코는 프랑스 루브르박물관의 유리 피라미드를 설계한 화족 출신의 건축가 I.M.Pei를 알게 되었다고 한다.

그때 I.M.Pei는 '다도도 좋지만 너무 흔하면서 정확한 주제가 없다. 뮤지엄의 외관도 중요하지만 내용도 국제적인 미술관이어야 한다'라고 조언을 하였고 그 뒤로 코야마 미호코는 그 조언에 따라 고대 중국에서 이집트에 이르기까지 40여 년 동안 수많은 작품들을 수집하게 되면서 지금의 미호 뮤지엄을 탄생시켰다.

종교법인의 일환으로 1997년에 만들어진 미호 뮤지엄은 자연과 친화적으로 이뤄진 건축물로 인해 건축 디자인상 외에도 다양한 상을 받은 경력을 갖고 있다. 1997년 11월 비와코의 동남쪽, 자연 경치가 빼어난 호남 알프스의 산 속에서 탄생한 미호 뮤지엄의 설계 테마는 자연환경과의 조화를 기준으로 하는 '도원향'이었다. 길을 잃은 어부가 우연히 선경의 낙원, 도원향을 발견한다고 하는 도연명의 '도화원기'에 묘사된 이야기를 사가라키의 자연 속에 실현시킨 것이다.

"한 어부가 고기를 잡기 위해 강을 거슬러 올랐더니 물 위로 복숭아 꽃잎이 떠내려 왔고 너무나 향기로워서 그 향기를 쫓아 커다란 산이 가로막고 있는 곳으로 향하였다. 산이 가로막고 있는 양쪽으로는 복숭아꽃이 만발하였고 그 길을 걷는데 계곡 밑으로 동굴이 뚫려 있어서 안으로 들어가 보니 들어갈수록 넓어지면서 확 트인 밝은 세상이 나타났다. 확 트인 밝은 세상에는 기름진 논과 밭, 이 세상 어느 곳에서도 볼 수 없는 아름다운 풍경과 사람들의 미소 띤 얼굴과 함께 극진한 대접을 받았고 그렇게 대접을 받은 후에 다시 이 세상으로 나올 때 너무 신기한 나머지 길목마다 표시를 하고 돌아왔는데 다시 찾으려 하니 그 표시가 하나도 남아 있지 않아서 다시 찾아갈 수가 없었다."라는 스토리와 걸맞는 뮤지엄을 만들기 위해서 복숭아 꽃잎 대신 미호 뮤지엄으로 향하는 길목에는 온통 연분홍 벚나무들로 표현하였고 동굴 대신 터널을 표현함으로서 확 트인 세상에서 만나 보는 또 다른 아름다운 세상을 미호 뮤지엄으로 표현했다. '자연과 건축과 미술품', '전통과 현대', '동양과 서양' 등의 융합을 테마로 건설한 미호 뮤지엄의 건축 용적의 80% 이상을 땅 속에 매설하고 다시 건물의 상층부에 자연을 복원하면서 기하학적인 문양의 일본가옥을 형상화한 듯한 격자 유리 지붕으로 들어오는 밝은 태양 빛들이 여행객들을 더 없이 즐겁고 따사롭게 만든다. 본관 내에는 수많은 다도용품을 비롯하여 불교 미술, 도자기, 옻칠 공예 등 일본 미술에서 점차 세계의 고대 미술로 확대되면서 동서 문화를 아우르는 다양한 작품들 2000여 점 이상이 특별 전시와 함께 반겨 주고 있다.

작품의 세계를 이해하고 잘 알지 못하여도 시가 현에서 만나는 자연과의 조화로운 무릉도원에서 또 다른 자연의 소중함과 따스한 이야기에 귀 기울여 보는 것은 어떨지.

>>> 지금도 닌자가 살고 있을 것 같은 코우가노사토 닌주츠무라甲賀の里忍術村

주소 滋賀県甲賀市甲賀町隠岐394
전화 0748-88-5000   홈페이지 koka.ninpou.jp   코우카시 관광협회 www.KOKA-kanko.org
이용시간 10:00~17:00   휴무일 월요일, 연말연시
이용요금 대인 1000엔, 중학생 800엔, 초등학생 700엔, 유아 500엔 / 닌자옷 대여료 대인 1000엔, 소인 600엔 / 표창 던지기 체험(8개 기준) 600엔

찾아가는 길
- 오사카 또는 교토에서 JR 도카이도혼센東海道本線 탑승 후 구사츠草津에서 JR 구사츠센草津線으로 환승 코우카甲賀 역에서 하차 후 도보 20분 소요
- JR 코우카甲賀 역에서 셔틀버스 운행(예약 필수/북쪽 출구에서 출발)

옛 문화가 고스란히 남아 있는 곳이 많은 일본에는 아직도 닌자의 이야기가 전해 내려오는 곳들이 있는데, 대표적으로 '이가 닌자'와 '코우가 닌자'로 나뉘고 그중 코우가 닌자 마을이 교토와 가까운 시가현 코우카 시에 자리하고 있다.

닌자는 538년에 출현한 이들로 쇼토쿠 태자의 소가상에 대한 정보 수집으로 이용되었고 그 이후에 오다 노부나가의 정리 정책으로 타격을 입고 위축되었지만 17세기 초에 다시 부흥하여 도쿠가와 가문에게 많은 충성을 바쳤다고 한다. 탐정, 첩자, 자객, 도둑 등으로 활동하는 변장술의 1인자라 할 수 있는 닌자.

코우가노사토 닌자 마을은 1983년쯤에 개원한 곳으로 둔갑술 마을이라 불리는 테마파크이다. 실제 닌자는 아니지만 닌자에 관한 다양한 정보를 얻을 수 있는 곳으로 직접 닌자로 변신해서 다양한 체험을 즐길 수 있는 독특한 재미를 선사해 준다.

닌자는 영화 속에서처럼 대부분 검은 복장에 두건으로 얼굴을 가리고 숨어 지낼 것만 같겠지만 실제로 닌자들은 일반인과 전혀 다름없는 생활을 했다고 한다. 그렇게 사람들 속에 묻히듯 살아갔기 때문에 그 사람이 닌자인지 아무도 알 수 없게 완벽히 변장을 했다는 사실. 그러니 누가 닌자인지도 전혀 알 수 없고 현재까지 우리들과 함께 살아가고 있다고 해도 전혀 이상하지 않을 일이다.

코우가노사토 닌자 마을로 들어서면 닌자 복장을 한 사람이 나와서 반겨 주며 하나씩 안내를 해주는데, 가장 먼저 닌자 옷을 입고 산속을 거닐며 체험을 해 보는 것이 포인트이다. 생각과는 달리 빨강, 분홍, 노랑, 녹색, 검정, 군청 등 다양한 색상의 닌자 옷은 다소 입기 불편한 듯하지만 어디에서도 즐겨 볼 수 없는 색다른 재미를 선사해 준다.

마을 안에는 닌자가 되기 위한 수행장들이 있고 닌자 박물관이 있어서 다양한 표창들 외에 사용된 무기들과 세계 제일의 둔갑자료를 만나볼 수 있다.

실제로 살았다고 전해지는 집이 고스란히 보존되어 있는데, 작은 집안에 미로라도 설치해 놓은 것처럼 적들이 침입했을 때 닌자들에게 유리하도록 숨고, 공격할 수 있게 만들어 놓은 구조들이 너무나도 독특하기만 하다.

마치 요술을 부리듯이 벽을 밖에서 밀고 들어가도 안에서는 밀리지 않게 만들어진 것과 벽면의 서랍장으로 들어가면 집안 내부의 또 다른 통로로 숨어 들어갈 수 있는 길, 그리고 추울 때 난로로 사용하는 화로를 옆으로 밀어서 그 밑으로 숨어 들어갈 수 있는 방법, 천장 위에 얇은 천장 하나를 덧대어 마치 천장처럼 속여 놓고 그 위에서 숨어서 지낼 수 있게 만들어 놓았다는 것들이 지혜롭다. 또한 최고의 술책으로 집안에서 아무도 알 수 없는 비밀 통로를 만들어 집 밖의 우물로 탈출할 수 있게 만들어 놓은 것은 설계 자체만으로도 놀라울 따름.

다양한 닌자 체험이 끝나면 '이제부터 널 닌자로 임명하겠어!'라는 '면허 전수받음'이라는 두루마리 한 장을 받게 된다. 닌자 무리들 중에 여자를 쿠노이치라 부르는데 누구나가 닌자 또는 쿠노이치도 될 수 있다는 사실.

ABOUT KYOTO

교토 기본 정보

여행 준비는 이렇게!

공항에서 교토 가는 법

교토의 교통

유용한 교통 패스

숙소 정하기

여행 일본어

교토
기본 정보

천년의 역사가 고스란히 숨 쉬고 있고, 그 자체가 박물관이자 역사책인 교토. 현재 일본의 수도는 도쿄이지만 도쿄 이전의 일본의 수도는 교토였다. 간사이関西 지역의 대표적인 관광지로 가마쿠라에 수도를 옮긴 약 200여 년을 제외한 1705년 동안 일본의 수도였던 곳이다. 우리나라의 경주와 비슷하다 하면 이해하기 쉬울까.

헤이안쿄平安京라는 이름으로 불렸던 교토는 794년 간무 천황이 교토에 자리 잡은 이래 1868년까지 수도의 역할을 톡톡히 해내었는데, 1300여 년 전 간무 천황이 중국 당나라의 수도 장안을 모방해서 격자무늬 형식으로 도시를 구성함으로 인해 지금까지도 편리한 교통로로 알려져 있다.

교토가 오랜 세월 수도의 역할을 해낸 만큼 도시 곳곳이 문화재들이고 사찰만 해도 2000여 개가 넘는다. 그러다 보니 자연스레 전통과자나 절임 음식들이 유명해졌고, 오래된 풍습들이 지금까지도 고스란히 남아 있어서 일본 전통과 역사를 그대로 느껴볼 수 있는 일본의 대표적인 여행지이며 꼭 가봐야 하는 여행지라고 할 수 있다.

기후

분지로 이뤄져 있어서 여름에는 30℃를 넘는 후덥지근한 날의 연속이다. 그래서 여름에는 교토 여행을 하는 것 자체가 힘겨울 수도 있다. 반면에 겨울에는 평균 최저 기온이 영하 1℃로 분지의 냉량다습한 공기로 인해 따사롭게 느껴진다. 하지만 분지 지형이기에 북서풍이 불어오면서 일교차가 상당히 큰 편이라서 주의해야 한다. 다소 변덕스러운 듯한 날씨라서 뜬금없이 비가 내리는 일도 종종 있기 때문에 우산을 꼭 지참하거나 잠시 쉬어가는 것도 좋다. 금세 맑은 날씨로 돌변하는 것이 교토의 매력이기 때문.

전압

일본은 110V의 전압을 사용하기에 변압기가 필요하다. 호텔마다 다르지만 변압기를 마련해 놓지 않는 곳들이 많기 때문에 필히 변압기를 준비해야 한다.

시차

일본과 우리나라의 시차는 없다.

팁

일본에서 구매하는 물건, 음식들은 대부분 소비세 5%가 포함되어 있기 때문에 별도의 팁은 준비하지 않아도 된다. 하지만 대부분 이자카야에서는 오토시라고 하여 작은 접시에 기본 안주를 내어주고 자릿세를 받으므로 놀라지는 말자.

관광안내소

간사이국제공항 관광안내소
- 이용시간 : 08:30~20:30
- 전화번호 : 072-456-6025
- 위치 : 간사이국제공항 1층 입국장 한가운데

교토역 관광안내소
- 이용시간 : 08:30~19:00
- 전화번호 : 075-343-0548
- 위치 : 교토역 2층, 교토역 중앙출구 앞

📌 일본의 공휴일

공휴일이 일요일과 겹칠 때는 다음날 월요일로 대체 공휴일이 적용된다.

- 1월 1일 : 설날
- 1월 둘째 주 월요일 : 성인의 날
- 2월 11일 : 건국 기념일
- 3월 20일 : 춘분절
- 4월 29일 : 녹색의 날
- 4월 29일~5월 5일 : 골든위크
- 5월 5일 : 어린이날
- 7월 15일 : 바다의 날
- 8월 15일 전후 일주일 : 오봉 야스미
- 9월 16일 : 경로의 날
- 9월 23일 : 추분절
- 10월 둘째 주 월요일 : 체육의 날
- 11월 3일 : 문화의 날
- 11월 23일 : 근로 감사의 날
- 12월 23일 : 천황 탄생일
- 12월 27일~1월 4일 : 연말 휴일

📌 일본 내 긴급 연락처

- 주오사카 대한민국 총영사관 :
  06-6213-1401~2. 난바역에서 도보 10분 소요
  홈페이지 http://jpn-osaka.mofat.go.kr)
  - 화재 및 구급차 : 119
  - 경찰서에 신고 : 110
  - 전화번호 안내 : 104

📌 참고할 만한 교토 여행정보 관련 사이트

- 일본정부관광국
  www.welcometojapan.or.kr
- 일본 관광청(JROUTE)
  www.jroute.or.kr/2013
- 재팬인사이드
  www.japaninside.kr
- 간사이국제공항
  www.kansai-airport.or.jp/kr
- 교토부 관광정보
  www.pref.kyoto.jp/kr
- 교토관광
  www.kyotokanko.co.jp
- 교토 관광가이드
  www.kyoto.travel/kr
- 교토여행카페 네일동
  cafe.naver.com/jpnstory
- 간사이 공식블로그
  blog.naver.com/kansaiw
- 간사이윈도우
  www.kansai.gr.jp/kr/
- 한큐한신과 함께하는 간사이여행 블로그
  blog.naver.com/gokansai

여행 준비는 이렇게!

교토에 가고 싶은데 어떻게 가야 해?

여권은 있나?

가장 먼저 해야 할 일은 여권이다. 여권이 있다면 유효기간이 6개월 이상이 남았는지를 먼저 확인해야 하고, 없다면 어떠한 경우에도 외국을 출입할 수 없기 때문에 새로 발급받아야 한다. 새로 발급받을 경우, 가장 먼저 사진관에서 여권용 사진(증명사진과는 다름)을 찍어야 하고, 이 후에 신분증을 들고 가까운 구청이나 도청에서 신청하면 3~5일 내에 발급된다. 여권은 1년간 단 1회만 사용 가능한 단수 여권이나 5년 또는 10년간 사용할 수 있는 복수 여권으로 발급받을 수 있으며, 가까운 구청이나 도청으로 갈 시간이 없다면 가까운 여행사에서도 약간의 수수료를 받고 대행해준다.

항공권 준비하기

여권이 준비되었다면 며칠 정도 여행을 할 것인지 기간을 먼저 정해야 한다. 기간이 정해졌다면 단연코 가장 먼저 할 일은 항공권이다. 여권과 항공권이 있어야 교토에 갈 수 있고, 그래야 무얼 해도 하는 법이니 말이다.

항공권은 시기마다 항공권 요금이 달라지며 특히 성수기(주말, 공휴일, 여름 휴가철, 연말, 벚꽃 시즌인 4월, 단풍 시즌인 11월)에는 1~3개월 전에 미리 구입하는 것이 좋다. 항공권을 구입할 때에는 항공사마다 특가 상품이 나오기 때문에 가격 비교를 해 보면 좀 더 저렴하게 티켓을 구할 수 있다. 정말 저렴하게 가고 싶다면 비수기 평일을 이용하는 것이 가장 좋은 방법 중 하나. 그리고 항공사마다 비교하며 항공권을 구매하기 귀찮다면 일본여행 전문 여행사를 이용하는 것도 하나의 방법이다. 또한 일정도 짜 주고 내가 원하는 스타일로 제안해 주는 여행사도 많기 때문에 여행사를 통해 여행을 하는 것도 좋다.

> **TIP 참고할 만한 항공사 사이트**
> - 제주항공 www.jejuair.net
> - 에어부산 www.airbusan.com
> - 대한항공 kr.koreanair.com
> - 아시아나항공 flyasiana.com
> - JAL 일본항공 www.kr.jal.com/krl/ko
> - 피치항공 www.flypeach.com/kr
> - 이스타항공 www.eastarjet.com

> **TIP 참고할 만한 일본여행 전문 여행사 사이트**
> - 여행박사 www.tourbaksa.com
> - 엔타비 ntabi.kr
> - 인터파크투어 tour.interpark.com
> - 제이트래블 www.jtravel.co.kr
> - 노랑풍선 www.ybtour.co.kr
> - 웹투어 www.webtour.com

본격적인 여행의 준비! 일정 계획하기

낯선 도시의 낯선 여행 지명들이 어렵고 일정을 짜는 것이 막막한 것은 당연한 일이다. 이 점을 가장 잘 해결해 줄 수 있는 것은 바로 가이드북이다. 가장 먼저 가고자 하는 여행지라면 가이드북 한두 권은 참고하는 것이 좋다. 더군다나 보통은 추천 여행지들이 있으니, 그 여행지대로 동선을 짜는 것도 나쁘지 않다. 교토에 대하여 더 많은 정보를 알고 싶다면 인터넷을 이용해 일본여행 전문 카페나 일본여행을 전문적으로 이야기하는 블로그를 참고하는 것이 좋다. 때로는 가이드북보다 더 꼼꼼하게 알려주고 있으니 좀 더 자세히 살펴볼 수 있고, 내가 원하는 여행 코스대로 일정에 넣을 수 있다는 것이 장점이다. 또 궁금한 것은 직접 물어볼 수 있어 짧은 시간 내에 궁금증을 해결할 수 있는 장점도 있다. 단, 여러 번 검색해서 살펴봐야 하기에 시간이 다소 소요된다는 것이 단점이라면 단점.

TIP 다른 건 몰라도 내가 가고자 하는 관광지명이나 식당들의 이름 정도는 메모해서 가자. 한자로 된 지명 이름을 알면 길을 찾기도 쉽고 물어보기도 쉽기 때문이다. 읽는 방법만 믿고 가도 일본식 발음과 한국식 일본어 발음이 살짝 다르기 때문에 못 알아들을 수도 있으니 필히 메모해서 가는 것이 좋다. 물론 가이드북 자체를 가지고 가거나 사진도 함께 준비하는 것도 좋다.

TIP 가고자 하는 여행지의 휴무일과 이용시간도 필히 체크하자. 보통은 일찍 문을 열고 일찍 문을 닫기 때문에 괜한 헛걸음이 될 수도 있으니 꼭 체크해 보는 것이 좋다.

여행 기간은 며칠이 좋을까?

여행이라는 것은 오래 머물면 많이 보이는 것이고 짧게 머물면 짧게 볼 수밖에 없는 법이다. 가장 먼저 내 스케줄이 어떤지가 관건이다.

교토는 도시 전체가 박물관인 곳이라 봐도 봐도 끝이 없다. 유명한 명소만 꼽는다고 해도 일주일, 한 달이라는 시간조차도 짧게 느껴지는 것이 교토의 매력.

교토여행에 적당한 기간이라는 것은 없다. 계절마다 아름다운 매력이 가득이지만 그래도 가장 좋은 시기라고 한다면 대표적으로 벚꽃 시즌이나 단풍 시즌을 꼽을 수 있다.

매년 시기가 조금씩 다르지만 보통 교토의 벚꽃이 만개된 모습을 보고 싶다면 4월 첫째 주에서 둘째 주가 가장 좋으며 단풍의 붉은 모습을 만나보고 싶다면 11월 마지막 주에서 12월 첫째 주가 보편적이다. 하지만 당연한 것은 없으니 매년 시기를 살펴보는 것이 좋다.

여행 가방은 어떻게 준비해야 할까?

집밖을 나가기 전에 이것만 생각하면 된다. 여권은 챙겼는지, 돈은 챙겼는지, 항공티켓은 챙겼는지. 그리고 여권은 늘 내 몸과 함께 해야 하는데, 여권을 잃어버리면 다시 한국으로 돌아올 수 없으니 주의하도록 하자. 혹시 모를 분실에 대비해 일본에서 임시 입국 여권을 발급받을 수 있도록 여권 복사본과 여권용 사진을 준비하는 것이 좋다.

비행기 탑승 시 기내반입은 20L 또는 10kg을 초과할 수 없고 수하물로 부치는 짐은 20kg까지만 허용된다. 쇼핑을 하지 않는다고 해도 최소 몇 가지는 구매하게 되니 여행을 떠날 때는 최대한 가볍고 꼭 필요한 것만 챙기는 것이 좋다.

여행 중에 혹시 비가 내릴지도 모르므로 우산은 필히 준비하는 것이 좋으며, 호텔에 숙박하는 경우에는 세면도구, 수건이 준비되어 있지만 게스트하우스에서 숙박하는 경우 수건이 없을 수도 있기 때문에 그 점은 미리 체크해 두자.

TIP 여행 시 길을 몰라서 도움을 받는 경우가 종종 있다. 예를 들어 잘 몰라서 물어봤는데 상대방이 목적지까지 데려다 주거나 상대방도 모르지만 주변에 물어보면서까지 도움을 주는 경우가 있다. 그런 감사한 분들에게 드릴 작은 한국식 선물을 준비하는 것은 어떨까?

TIP 일본어를 몰라도 여행할 수 있다. 만일 조금이라도 알고 싶다면 히라가나 정도만이라도 외운 후 떠나보자. 여행 시 큰 도움이 될 것이다.

여행 예산은 어느 정도가 적당해?

가장 먼저 며칠 여행을 하고 일정을 어떻게 짜느냐에 따라 달라지는 것이 여행 예산이다. 또 어떤 숙소에 머물고 어떤 음식들을 먹느냐에 따라 다르고, 쇼핑을 어느 정도로 할 것인지에 따라 여행 예산은 천차만별이다.

평균 한 끼의 식사를 1000~2000엔으로 계산한다면 하루의 식비를 5000엔으로 생각하고, 며칠 정도 여행을 할 것인지 계산해 보면 된다. 교통비는 사용하는 교통패스에 따라 많이 달라지기에 일정에 따른 교통패스를 알아보는 것이 좋으며, 그 외에 항공권, 숙박비와 일정에 따라 방문하는 관광지의 요금들을 계산해 보면 여행 예산이 대략적으로 나올 것이다. 교토만 여행하는 3박 4일을 기준으로 하였을 때 교통비, 항공권, 숙박비, 식비, 관광지 요금 등 대충 계산해도 60~100만 원 정도는 생각해둬야 할 듯(2014. 6월 환율 100엔=1007원 기준).

엔(円)화로 환전하기

100円 = 1,007원(2014. 06 기준)
일본의 엔화에는 지폐 10000円, 5000円, 2000円, 1000円이 있고 동전 500円, 100円, 50円, 10円, 5円, 1円이 있다.
환전은 지폐로만 가능하며, 여행 시에 동전이 많이 생기기 때문에 동전지갑을 별도로 준비하는 것도 좋다. 여행이 끝난 후 다시 일본에 갈 일이 없을 것 같다고 생각될 경우, 동전은 은행에서 원화로 환전이 불가능하기 때문에 일본에서 최대한 동전을 사용하고 돌아오는 것이 좋다.

TIP 여행사에서 상품을 예약하면 환전 수수료 할인 쿠폰을 주기 때문에 쿠폰을 이용하면 조금이라도 저렴하게 환전할 수 있다. 또는 직접 방문해서 환전하는 것보다 인터넷 환전을 하면 수수료를 조금 더 할인받을 수 있다.

TIP 혹시 무슨 일이 생길지도 모른다는 전제하에 조금은 넉넉하게 환전하는 것이 좋다. 남으면 다시 원화로 환전하면 되기 때문이다. 그리고 혹시 모르기에 해외 사용이 가능한 카드를 준비하는 것도 좋다. 하지만 의외로 일본에서 카드결제가 안 되는 곳들도 제법 있기 때문에 카드만 믿고 여행을 한다면 큰일 날지도.

일본어 하나도 못해서 고민?

패키지여행을 한다면 단연코 고민할 것도 없다. 가이드만 잘 따라다니면 되니까 말이다. 하지만 배낭여행을 꿈꾼다면 언어 문제는 당연히 고민될 터. 영어를 알아도 영어가 잘 통용되지 않는 게 일본이다. 물론 대도시에 가면 영어가 통용되는 경우가 많지만 시골 여행을 하거나 일반적인 호텔에서조차도 영어가 통용되지 않는 경우가 의외로 많다.
하지만 걱정도 고민도 하지 말자. 일본어를 하나도 모른다 해도 제대로 교토 여행을 즐길 수 있으니 말이다. 일본어를 전혀 못해서 고민이라면 두 가지 방법이 있다. 첫 번째는 여행용 일본어 회화책을 준비하는 일이다. 가까운 서점에 다양한 스타일로 구성된 여행용 일본어 회화책이 손바닥 크기로 구비되어 있기 때문에 필요한 일본어들은 모두 있다고 생각하면 된다. 두 번째는 요즘 다들 사용하는 스마트폰을 데이터 로밍하여 구글 번역기 앱을 이용하는 것이다. 제법 제대로 번역이 되기 때문에 꽤 유용한 편이다.
그리고 우리나라와 발음이 비슷한 말들이 있어서 금세 익숙해진다. 또한 아무리 공부를 안 했다고 하더라도 눈에 익숙한 한자들로 인해 쓰지는 못해도 읽을 수 있는 눈을 갖고 있을 터. 금세 적응하는 것이 일본여행의 매력 중 하나이며, 찾아가는 방법과 한자 지명만 잘 안다면 워낙 친절한 교토인들이라 길 안내를 잘 해줄 것이다. 그리고 의외로 한국어들이 제법 표기되어 있기 때문에 국제미아가 될 일은 없으니 걱정하지 말자. 혹, 일본어도 못하고 영어도 못하는데 어떻게 길을 물어보냐고 한다면 한자지명이나 사진을 보여주면 된다. 그러면 대부분 본인이 몰라도 주변에 물어봐서 도움을 주려고 하는 게 일본인들의 특징이라서 그들의 도움을 받을 수 있을 것이다.

알아 두면 유용한 팁이 있나?

- 우리나라와는 달리 좌측통행이니 에스컬레이터를 탈 때 필히 왼쪽에 서고 오른쪽은 비워두는 것이 좋다.
- 음식점에 들어섰을 때 빈자리가 있어도 보통은 안내해 줄 때까지 기다리는 것이 좋다.
- 공중화장실에서는 입구 앞에서 한 줄 서기로 빈칸에 들어가게 되니 화장실 문 앞에서 기다리는 행동

공항에서 교토 가는 법

은 하지 말자. 은행이나 티켓 매표소에서도 마찬가지이며 전철을 탈 때에도 사람들이 모두 내린 후에 탑승하고 한 줄 서기로 탑승해야 한다.

- 우리나라처럼 흡연하는 이들이 가득한 일본이지만 금연 빌딩, 금연 구역들이 대부분이니 흡연이 가능한 장소에서만 흡연을 하는 것이 좋다. 적발 시에는 벌금이 청구된다.
- 시대가 바뀌어도 교토 곳곳에서 신용카드 결제가 안 되는 경우가 많으니 현금을 넉넉히 준비하는 것이 좋다.
- 가는 곳마다 부정기 휴무가 많고, 의외로 주말에 쉬는 경우도 많기 때문에 휴무일은 필히 체크하는 것이 좋다.
- 관광명소나 계절마다 차이가 있지만 보통 4시에서 5시에 문을 닫고 관광객 입장은 3시 30분이나 4시 30분에 마감하기 때문에 미리 체크하는 것이 좋다.
- 갑자기 비가 내렸다가 해가 뜨거나, 해가 떴는데도 비가 내리는 경우가 종종 있으니 우산을 미리 챙기거나 날씨를 미리 체크하도록 하자.
- 교토에 관광객이 가장 많이 몰리는 시기인 벚꽃 시즌과 단풍 시즌에만 특별공개하거나 밤하늘을 반짝반짝 빛나게 해주는 야간라이트업을 하는 경우가 많으니 벚꽃 시즌과 단풍 시즌에 여행을 한다면 언제부터 시작하는 것인지, 언제부터 개방하는 것인지 미리 체크하도록 하자.

JR 하루카はるか

JR 간사이쿠코関西空港 역 〉 JR 교토京都 역 :
1시간 15분 소요, 2980엔
(JR 웨스트 간사이 패스 1일권 2060엔)
JR선 특급 열차로서 지정석과 자유석으로 나뉘며 가격이 서로 다른데, 자유석 기준으로 1회 이동하는 데 2980엔으로 다소 비싼 편이지만 1시간 15분 만에 교토역에 도착할 수 있다.

TIP 간사이공항에서 교토역으로 이동을 한다면 'JR 웨스트 간사이 패스'를 이용하는 것이 효과적이다. 1회 이용 시에 2980엔이라고 한다면 JR 웨스트 간사이패스는 1일 사용권이 2060엔이기에 920엔을 아낄 수 있다. JR 웨스트 간사이 패스는 JR 안내소에서 구매할 수 있다. 자세한 사항은 p.446 참고.

난카이센南海線 전철

① 난카이센南海線 간사이쿠코関西空港 역 〉 난바難波 역(920엔/라피트 이용 시 1130엔) 〉 난바難波 역에서 미도스지센御堂筋線 전철 타고 우메다梅田 역으로 이동(260엔) 〉 한큐우메다阪急梅田 역 〉 한큐가와라마치阪急河原町 역(42분 소요, 390엔)

② 난카이센南海線 간사이쿠코関西空港 역 〉 난바難波 역(920엔/라피트 이용 시 1130엔) 〉 난바難波 역에서 미도스지센御堂筋線 전철 타고 요도야바시淀屋橋 역으로 이동(260엔) 〉 게이한요도야바시京阪淀屋橋 역 〉 게이한시조京阪四条 역(46분 소요, 400엔)

난카이센 전철은 오사카 난바 역으로 이동하는 전철로, 간사이공항에서 난카이센 급행을 탑승하면 난바까지 45분이 소요되며 920엔이다. 보통을 탑승하게 되면 더 오랜 시간이 소요된다. 급행보다 더 빨리 도착하는 열차를 이용하고 싶다면 라피트를 이용하면 된다. 라피트를 탑승하면 920엔에서 추가 요금 210엔이 더 부과되며 37분 정도 소요된다.

교토의 교통

교토로 이동하려면 난카이센으로 난바 역에 도착해서 일반 사철을 이용해 우메다梅田 역으로 이동을 해야 하고 우메다 역에서 또 다시 한큐센阪急線 특급을 이용해서 교토로 이동해야 하는데 그때의 종점은 교토 역이 아닌 한큐가와라마치川原町阪急 역으로 42분 정도 소요되며 390엔이다. 또는 난바 역에서 요도야바시淀屋橋 역으로 이동해서 게이한京阪 전철을 이용하여 게이한 시조四条 역으로 이동할 수 있는데 46분이 소요되며 400엔이다.

리무진 버스

간사이공항 〉 JR 교토역 : 1시간 28분 소요, 2500엔
다소 비쌀 수 있지만 빠른 시간 내에 이동하는 방법 중 하나로서 간사이국제공항 1층 버스터미널에서 탑승해서 쉽게 이동할 수 있다. 편도 요금이 2500엔이고 왕복 요금이 4000엔인데 승차일로부터 14일까지 유효하기에 일정에 따라 왕복티켓으로 구매하면 500엔을 아낄 수 있다.

택시

간사이공항에서 쉽고 편하게 원하는 목적지까지 모셔다 주는 점보 택시이다. 편도 3500엔이 기본이며 캐리어는 1인당 2개까지 무료이지만 그 이상일 경우에는 추가 요금이 발생된다.
짐이 많거나 늦은 시간에 공항에 도착했을 경우에는 편리하지만 비싸다는 것이 단점이고, 미리 예약을 해야 한다는 것이 번거롭다. 예약하지 않고도 이용할 수 있지만 빈자리가 날 때까지 대기해야 한다.

TIP 야사카 택시 이용 시 1인당 캐리어 1개까지 무료

버스

교토의 어떤 버스정류장이던 버스가 오는 시간이 정확하고 자세하게 표기되어 있기 때문에 무턱대고 버스가 오기만을 하염없이 기다릴 필요가 없다. 더군다나 탑승하는 손님이 없어도, 하차할 손님이 없어도 꼭 정차를 해 주기 때문에 '그냥 지나가면 어쩌나'라는 걱정도 할 필요 없다. 단, 교토에 관광객이 많은 성수기 시즌(벚꽃 시즌, 단풍 시즌)에는 유명한 관광지에서 다소 늦어지는 경우가 있기 때문에 이 점은 감안해야 한다.
버스를 탈 때에는 뒷문으로 탑승하고 앞문으로 내리게 되며, 요금은 내릴 때 지불하면 된다. 혹여나 동전은 없고 지폐만 갖고 있다면 앞문의 운전기사 옆에 있는 요금함에서 잔돈으로 바꿀 수 있으니 크게 신경 쓰지 않아도 된다.
뒷문으로 탑승할 때 양쪽으로 자판기와 같은 기계에서 내밀고 있는 정리권을 꼭 뽑아 들고 내릴 때 요금을 확인해야 한다. 뽑아든 정리권에는 정류장마다 서로 다른 번호가 인쇄되어 있는데, 자신이 탑승한 정류장 번호가 표기되어 있으며 버스 앞부분의 전광판에서 자신이 뽑은 종이게 적힌 번호에 표기된 요금을 내릴 때 지불하면 된다. 멀리 이동할수록 요금이 조금씩 자동으로 올라가게 되므로 수시로 요금을 확인할 필요 없이 내릴 때 정리권을 확인해서 표와 함께 요금을 요금함에 넣으면 된다.
시버스 1일권을 사용할 경우에는 내릴 때 운전기사에게 보여주면 되는데, 첫 날 개시하는 첫 번째 버스 탑승 시에는 내릴 때 요금을 넣는 판독기에 넣으면 된다.

그러면 패스권 뒷면에 사용할 수 있는 유효 날짜가 찍히게 되고, 두 번째 버스를 탈 때부터는 뒷면에 날짜가 찍힌 부분을 운전기사에게 보여 주기만 하면 된다.
보통 버스 뒷문에 정리권을 뽑을 수 있는 기계가 교토시 부근만 순환하는 버스에는 없고, 교토시 외곽으로 운행하는 버스에만 있다. 그러니 교토시 버스 1일권을 사용하더라도 정리권을 뽑아들고 내릴 때 요금함에 넣고 1일권의 뒷면을 운전기사에게 보여주면 된다. 그리고 1일권 구간 밖으로 이동할 때에는 추가 요금이 발생하기 때문에 탑승할 때 반드시 정리권을 뽑도록 하자. 뽑은 정리권의 번호가 어느 정도의 추가 요금이 발생하는지 알려 주기 때문이다.

지하철
노선도만 잘 보면 여행하는 데 헤매는 일이 없을 정도로 제법 잘 되어 있다. 교토에는 JR 기차와 시영지하철인 가라스마센烏丸線, 도자이센東西線이 있고 그 외에도 긴테츠센近鉄線, 한큐센阪急線, 게이한센京阪線, 구라마센鞍馬線, 기타노센北野線, 우지센宇治線, 게이후쿠京福 전차, 에이잔叡山 전차 등이 있다.
우리나라와 같이 노선도에서 가고자 하는 역 이름을 확인한 후에 역 이름 아래에 쓰인 요금대로 표를 끊어서 개찰구에 집어넣고 탑승하면 된다. 일반 전철들은 우리나라의 지하철과 동일하지만 교토가 아닌 다른 지역으로 이동하는 한큐센, 게이한센의 경우에는 보통, 특급, 급행으로 나뉘어 있는데, 건너뛰는 역이 있을 수도 있으니 탑승 전에 필히 가고자 하는 역을 한 번 더 확인할 필요가 있다.

택시
우리나라와는 달리 아무데서나 택시를 잡는 것이 아니라 꼭 승강장에서 택시를 잡는 것을 원칙으로 한다. 그리고 택시의 문은 자동이기 때문에 택시 문을 함부로 열거나 닫아서는 안 되고 열릴 때까지, 그리고 닫힐 때까지 기다려야 한다. 손님이 탑승한 후에 안전하다 생각될 때 자동으로 닫히며, 내릴 때에도 손님이

안전하게 내린 후에 자동으로 닫히기 때문에 절대 힘으로 닫으려는 실수를 범하지 말자.
택시는 크기에 따라 요금도 많이 달라지는데, 대략적인 기본요금은 600~650엔이며 약 400m에 80엔씩 올라가고, 밤 11시부터 오전 5시까지는 심야 할증 요금이 붙는다.
택시를 타지 않더라도 교토에만 있는 특별한 네잎클로버 택시를 찾아보자. 택시마다 서로 다른 모양의 모자가 자동차 지붕 위에 장착되어 있는데, 그중 흔히 만날 수 있는 것이 야사카 택시의 세잎클로버 모양이다. 이 야사카 택시 중에는 딱 4대의 특별한 네잎클로버 택시가 있다. 네잎클로버 택시를 탑승하면 행운이 찾아온다는 설이 있고, 특별한 승차 증명권도 발급해 준다.

자전거
격자형식으로 도시구성이 잘 되어 있는 교토는 도시 유명한 명소가 아니어도 곳곳에 볼거리와 매력이 넘치는 골목들이 가득하다. 더군다나 전체적으로 교토의 도심 속에 모여 있기 때문에 자전거를 타고 무작정 달리며 여행을 즐기는 것도 교토이기에 가능한 일. 자전거를 타고 구석구석 알지 못하는 교토의 골목과 정다움을 나눠 보는 것도 또 하나의 추억이다.

TIP 게스트하우스에서는 숙박객들에게 대여해 주는 경우도 있다(보통 무료 또는 500엔에 대여해 준다).

유용한 교통 패스

TIP 자전거 대여점

교토 사이클링 투어 프로젝트
京都サイクリングツアープロジェクト

주소 京都府京都市 下京区油小路通塩小路下る東油小路町552-13
전화번호 075-354-3636
홈페이지 www.kctp.net
대여시간 09:00~19:00
이용요금 1000엔~(자전거 종류에 따라 다름, 보증금 300엔)
참고사항 대여 시 수하물을 무료로 보관해 준다 / 다른 지점에 반환 시 별도로 400엔 추가 요금

참고 사이트
www.city.kyoto.lg.jp/kotsu/

교토 100엔 버스

- 이용구간 : 교토시청京都市役所 앞 – 가라스마오이케烏丸御池 – 가라스마산조烏丸三条 – 시조가라스마四条烏丸 – 시조가와라마치四条河原町 – 교토시청京都市役所 앞을 한 방향으로 순환하는 버스이다.
- 이용료 : 어른, 어린이 모두 100엔
- 운행일 : 토요일, 일요일, 공휴일(단, 1월 1일은 제외)
- 운행시간 : 11:00~17:50 / 10분 간격으로 운행
- 장점 : 기온 근처를 쉽고 간편하게 즐길 수 있는 버스이다. 일반 교토시 버스도 운행하지만 벚꽃 시즌이나 단풍 시즌에는 많은 관광객들로 인해 1분 거리가 5분 이상 소요되는 경우가 많기 때문에 100엔 버스로 이동하면 유용하다.
- 단점 : 기온 주변의 다른 교토 관광지를 운행하지 않으며, 한 방향으로만 운행한다는 불편함을 갖고 있다.

교토시 버스 1일 승차권
Bus One Day Pass/市バス・京都バス一日乗車券カード

- 이용구간 : 교토시 버스, 교토버스, 100엔 버스라고

표기된 모든 버스 이용 가능
- 이용료 : 대인 500엔, 고등학생 400엔, 소인 250엔
- 구매 장소 : 교토 관광안내소, 버스 티켓센터, 버스 내에서 운전기사에게 직접 구매 가능
- 장점 : 대부분의 교토 관광명소들은 모두 갈 수 있고, 수십 번을 타더라도 1일 승차권이면 무제한 탑승이 가능하기 때문에 하루에 3번 이상 탑승 시에는 꼭 필요하다(기본적으로 1구간 이용 시 어른 230엔, 어린이 120엔).
- 단점 : 교토시에서 벗어나는 오하라, 이치조지를 갈 때에는 추가 요금이 발생한다. 또한 JR버스, 민영버스는 탑승할 수 없으며 심야버스 탑승 시에는 추가 요금이 발생한다.

교토시영지하철 1일 승차권
Subway One Day Pass/
市営地下鉄1dayフリーチケット/地下鉄1日乗車券

- 이용구간 : 도자이센東西線과 가라스마센烏丸線 이용 가능
- 이용료 : 어른 600엔, 어린이 300엔
- 구매장소 : 교토 관광안내소, 지하철 역 창구
- 장점 : 니조조, 난젠지, 다이고지, 교토역, 교토시야쿠쇼(교토시청), 지온인, 기온 등 대부분 명소들을 버스보다는 빠른 시간 내에 간편하게 이용 가능하다. 또한 교토부립식물원에서 티켓을 제시하면 우대할인을 받을 수 있고(어른 200엔을 160엔에 입장 가능) 어린이 승차권으로는 교토국제만화박물관, 교토수족관에서도 할인받을 수 있다.
- 단점 : 교토를 지나다니는 란덴, 한큐센, 게이한 열차는 이용할 수 없기 때문에 사용 가능 구간이 일부분에 불과하다. 그래서 시영지하철을 3번 이상 탑승할 경우 유용하다(기본적으로 1구간 이용 시 220엔).

교토 관광 승차권
京都観光一日(二日)乗車券

- 이용구간 : 교토시 버스, 교토버스, 100엔 버스, 교토시영지하철 이용 가능
- 이용료 : 1일 어른 1200엔, 어린이 600엔 / 2일 어른 2000엔, 어린이 1000엔
- 구매 장소 : 교토 관광안내소
- 장점 : 아라시야마와 오하라를 여행할 때 최고의 패스이다. 뿐만 아니라 교토시 버스, 교토버스, 교토시영지하철을 무제한으로 이용 가능하니 하루 종일 대중교통을 이용할 때에는 최고로 유용한 패스이다.
- 단점 : 아라시야마를 가기 위한 란덴, 한큐센은 이용이 불가하기에 아라시야마를 갈 때에는 버스를 이용하는 것이 좋다.

교토지하철&란덴 1일 승차권
京都地下鉄・嵐電1dayチケット

- 이용구간 : 교토시영지하철, 란덴(게이후쿠 전차)

- 이용료 : 어른 1000엔
- 구매 장소 : 교토 관광안내소, 지하철 역 창구
- 장점 : 교토의 대부분 관광지들(니조조, 다이고지, 기온, 아라시야마, 닌나지, 묘신지, 료안지, 기타노텐만구, 히라노진자, 코류지 등)을 쉽게 이동할 수 있다. 보통 교토시영지하철 1일권이 600엔이고 란덴 1번 탑승 시에 200엔이기에 란덴 전차를 3번만 탑승한다고 생각하면 꽤 유용하다.
- 단점 : 교토 시버스, 게이한 전철 등 탑승할 수 없다.

구라마&기부네 1일 티켓
Kurama & Kibune Oneday Ticket

- 참고 홈페이지 : www.keihan.co.jp/kr/recommend/kurama-kibune1day.html
- 이용구간 : 게이한센 전철 역(승차권 끊은 역)~데마치야나기 역 왕복. 에이잔 전차 모든 역 승·하차 자유(단, 되돌아올 때 승차한 역이 도착한 역이 되어야 한다. 그리고 산조 역에서는 도중 하차가 가능하다)
- 이용료 : 승차역에 따라 요금이 다름(발매한 당일 사용) / 기온시조 역에서 탑승 시 대인 1140엔, 소인 570엔 / 추쇼지마에서 탑승 시 대인 1320엔, 소인 660엔
- 구매 장소 : 게이한센 전철 역 어디서나. (데마치야나기 역, 오츠센 전철 역에서는 구매 불가)
- 장점 : 구라마·기부네 방면을 여행할 때 가장 편리하고 유용한 패스로 일반 요금보다는 절약하며 여행을 즐길 수 있다. 또한 에이잔 전차 연선의 제휴시설인 곳에서는 특별 우대도 받을 수 있는 패스이다.
- 단점 : 교토 다른 지역을 여행하거나 게이한센 전철을 이용해서 여행할 때에는 불필요하며, 구라마나 기부네 여행 시 게이한센 전철을 이용하지 않고 구라마 여행을 하고자 할 때에는 사용하지 않는 것이 좋다(에이잔 전차 데마치야나기 역~구라마 편도 이용 요금 : 410엔).

오하라 원데이 티켓
Ohara One Day Pass

- 이용구간 : 게이한센 전철 역(승차권 끊은 역)~데마치야나기 역 왕복. 데마치야나기 역~오하라까지 이동하는 버스 1일 무제한(오하라 관광지에서 할인 적용/오하라산소, 오하라노사토의 히가에리온센 입욕 할인)
- 이용료 : 승차역에 따라 요금이 다름 / 기온시조 역에서 탑승 시 1210엔 / 후시미이나리 역에서 탑승 시 1250엔
- 구매 장소 : 게이한센 전철 역 어디서나.
- 장점 : 오하라를 여행할 때 유용한 패스로 오하라내의 관광지에서 특별 할인이 적용된다. 오사카에서 출발하거나 게이한센 전철역 근처에서 출발하는 여행자들에게 특히 유용한 패스이다.
- 단점 : 교토의 다른 패스를 사용하고 있을 때는 유용하지 않다.

교토 아라시야마&비와코 오츠 1일 승차권
京都嵐山・びわ湖大津1dayチケット

- 이용구간 : 교토시영지하철, 게이한 오츠센, 란덴(게이후쿠 전차)
- 이용료 : 어른 1400엔
- 구매장소 : 교토 관광안내소, 지하철 역 창구
- 장점 : 교토의 아라시야마뿐만 아니라 니조조, 다이고지를 여행할 수 있고, 시가 현의 오츠 시까지 운행하기 때문에 엔랴쿠지를 여행할 때 유용한 패스이다.
- 단점 : 교토 시버스는 탑승할 수 없다.

나라&이카루가 1일 승차권
奈良・斑鳩1dayチケット

- 이용구간 : 교토시영지하철, 긴테츠 나라선, 긴테츠 교토선, 나라교통버스
- 이용료 : 어른 1630엔
- 구매장소 : 교토 관광안내소, 지하철 역 창구

- 장점 : 교토 시영지하철과 긴테츠 전철(나라센, 교토센, 이코마 케이블 외), 나라버스(이카루가, 니시노쿄의 지정 구간)를 자유롭게 이용할 수 있기 때문에 교토에서 나라를 당일치기로 여행할 때 유용한 패스이다.
- 단점 : 교토를 여행하거나 교토에서 나라로 이동해서 나라를 도보로만 여행할 때에는 유용하지 않다.

간사이 스루 패스
Kansai Thru Pass

- 이용구간 : 교토시영지하철, 란덴(게이후쿠 전차), 교토시 버스, 교토버스, 교토100엔버스, 한큐전철, 난카이전철, 게이한전철, 긴테츠전철, 한신전철 등 이용가능
- 이용료 : 2일 어른 4000엔, 어린이 2000엔 / 2일 어른 5200엔, 어린이 2600엔
- 구매 장소 : 국내 여행사, 교토 관광안내소, 간사이국제공항 관광안내소, 난바역 지하철 역내
- 장점 : 오사카, 교토, 고베, 나라, 히메지, 와카야마, 고야산 등을 여행할 때에 유용한 패스로 간사이국제공항에서 교토까지 이동할 때, 오사카에서 교토로 이동할 때, 교토시내에서의 버스와 지하철 모두 이용이 가능하기에 간사이 여행 시에 유용한 패스이다. 더군다나 노선주변의 주요 관광명소 350곳의 우대 할인 특전을 받을 수 있다.
- 단점 : JR열차와 특급열차 라피트는 사용 불가하고 다소 비싼 가격이기 때문에 교토만 여행할 때에는 유용하지 않은 패스이다.

JR 웨스트 간사이 패스
JR West Kansai Area Pass

- 참고 홈페이지 : www.westjr.co.jp/global/kr/travel-information/pass/kansai/
- 이용구간 : 오사카, 교토, 고베, 나라, 히메지, 간사이국제공항 이용 가능
- 이용료 : 1일 어른 2060엔, 어린이 1030엔 / 2일 어른 4110엔, 어린이 2050엔 / 3일 어른 5140엔, 어린이 2570엔 / 4일 어른 6170엔, 어린이 3080엔
- 구매장소 : 국내 여행사, JR 안내소
- 장점 : 간사이 지역의 대부분을 이동하기 때문에 간사이 전체를 여행할 때 좋은 패스이다. 굳이 간사이 여행을 하지 않더라도 간사이공항에서 교토로 이동하는 특급 하루카만 이용해도 훨씬 저렴하게 이용할 수 있다. 또한 원하는 날짜별로 패스를 이용할 수 있어서 좋다(ex. 간사이공항-교토까지 특급 하루카(자유석) 이용 시 2980엔이므로 1일권 사용해서 이동하면 920엔을 아낄 수 있다).
- 단점 : 신칸센이나 특급열차는 이용 불가하다.

JR 간사이 와이드 패스
JR Kansai Wide Pass

- 참고 홈페이지 : www.westjr.co.jp/global/kr/travel-information/pass/kansai_wide/
- 이용구간 : 오사카, 교토, 고베, 히메지, 나라, 와카야마, 키노사키 온천, 오카야마, 나오시마, 간사이 국제공항 이용 가능
- 이용료 : 4일 어른 7200엔, 어린이 3600엔
- 구매 장소 : 국내 여행사, JR 안내소

- 장점 : JR 웨스트 간사이 패스에서 좀 더 보완된 패스로서 간사이로 이동하는 특급열차와 오사카에서 오카야마, 고베, 히메지로 이동하는 신칸센을 이용할 수 있기 때문에 간사이 여행 시에 훨씬 저렴하게 이용할 수 있는 최고의 패스이다.
- 단점 : 교토만 여행할 때에는 유용하지 않고, 연속 4일을 사용해야만 한다.

바다의 교토 에어리어 패스
Kyoto Sea Area Pass

아마노하시다테 패스
- 이용구간 : 아마노하시다테 관광선, 렌탈자전거, 카사마츠 공원 전망대로 이동하는 케이블카 이용 가능 / 마이즈루 지역 교토교통 이용 가능 / 기타킨키단고 철도 이용 가능(미야즈센의 도요오카 역에서 니시마이즈루 역까지, 미야후쿠 선의 후쿠치야마 역에서 미야즈 역까지)
- 이용료 : 1일 대인 1600엔, 소인 800엔
- 구매 장소 : 기타킨키단고 철도 역내 및 버스 내에서 운전기사에게 직접 구매 가능 / 후쿠치야마, 니시마이즈루, 미야즈, 아마노하시다테, 도요오카 역내 / 특급 하시다테 열차 후쿠치야마~아마노하시다테 역간의 차내
- 장점 : 아마노하시다테 방면을 여행할 때 가장 편리하고 유용한 패스로 일반적으로 사용되는 관광지 입장료들이 포함되어 있어서 절약하며 여행을 즐길 수 있다.
- 단점 : 아마노하시다테의 전망대를 오르지 않고 소나무길을 도보로 이용한다면 적합하지 않은 패스이다.

이네 패스
- 이용구간 : 단고반도 일대(교토고시, 미야즈시, 요사노초, 이네초)의 버스 이용가능 / 히데선착장에서 이네만 순환 유람선 탑승가능 / 마이즈루 지역 교토교통 이용 가능 / 기타킨키단고 철도 이용 가능 (미야즈선의 도요오카 역에서 니시마이즈루 역까지, 미야후쿠센의 후쿠치야마 역에서 미야즈역까지)
- 이용료 : 1일 대인 1600엔, 소인 800엔
- 구매장소 : 기타킨키단고 철도 역내 및 버스 내에서 운전기사에게 직접 구매 가능 / 후쿠치야마, 니시마이즈루, 미야즈, 아마노하시다테, 도요오카 역내 / 특급 하시다테 열차 후쿠치야마~아마노하시다테 역간의 차내
- 장점 : 이네 방면을 여행할 때 가장 편리하고 유용한 패스로 아마노하시다테나 마이즈루에서 이네를 여행할 때 가장 유리하게 이용된다.
- 단점 : 이네지역에서만 사용한다면 유용하지 않다.

와이드 패스
- 이용구간 : 아마노하시다테 패스+이네 패스를 합쳐 놓은 패스 / 마이즈루 구역만의 특별한 혜택(주유관광루프버스 이용 가능 / 아카렌가 박물관, 마이즈루 히키야게 기념관, 고로 스카이 타워 입장료 무료 / 해군 유카리 항구 순환 유람선 50% 할인)
- 이용료 : 2일 대인 2600엔, 소인 1300엔
- 구매장소 : 기타킨키단고 철도 역내 및 버스 내에서 운전기사에게 직접 구매 가능 / 후쿠치야마, 니시마이즈루, 미야즈, 아마노하시다테, 도요오카 역내 / 특급 하시다테 열차 후쿠치야마~아마노하시다테 역간의 차내
- 장점 : 아마노하시다테와 이네 쪽을 하루만에 여행하기 어려운데, 그 부분에 있어서 2일 동안 교통, 입장료 무료의 혜택을 즐길 수 있다. 또한 마이즈루 여행도 함께하며 단고 지역을 여행할 때 가장 유리한 조건을 갖추고 있다.
- 단점 : 다소 비싼 요금 때문에 아마노하시다테와 이네 지역을 여행하지 않고 마이즈루에서만 사용한다면 적합하지 않다.

숙소 정하기

숙소는 어떻게 예약해야 하지?

교토에서 묵을 수 있는 숙박 스타일은 여러 가지가 있다. 온천이 있는 료칸(여관), 온천은 없지만 다다미방으로 이뤄진 료칸(여관), 비즈니스호텔, 게스트하우스, 한인민박 등 다양하다. 가장 먼저 여행하고자 하는 여행 예산을 먼저 생각하고, 여행 일정을 생각해서 위치와 가격대를 비교해 보고 예약하는 것이 좋다.

예약은 쉽게 한국 여행사에서 대행해 주는 숙박사이트를 통해 예약할 수 있고 직접 전화통화를 하거나 이메일로 예약을 하거나 현지에서 예약할 수도 있다. 다만, 성수기 때는 직접 현지에서 예약하려 할 때 방이 없을 수도 있다는 것을 감안하고 숙소를 알아보는 것이 좋다.

TIP 알아도 어렵고 헷갈리는 숙소 용어
- 도미토리 : 한 방에서 여럿이서 자는 스타일, 다인실을 일컫는다.
- 싱글 : 침대 한 개를 혼자 사용하는 방
- 더블 : 침대 한 개를 둘이서 사용하는 방
- 세미더블 : 침대 한 개인 싱글룸을 둘이서 사용하는 방(더블룸보다 저렴하다)
- 트윈 : 침대가 두 개 있는 방
- 트리플 : 침대가 세 개 있는 방

TIP 참고할 만한 숙소예약 전문 사이트
- 오마이호텔 www.ohmyhotel.com
- 호텔재팬닷컴 www.hoteljapan.com
- 자란넷(한국어) www.jalan.net/kr
- 자란넷(일본어) www.jalan.net

교토의 다양한 숙소 추천

1. 지유진 게스트하우스
　時遊人/Jiyu-Jin Guest House

주소 京都府京都市下京区東洞院通五条下る和泉町524番
전화번호 075-708-5177
홈페이지 www.0757085177.com
체크인/체크아웃 16:00 / 11:00
이용요금(1박 기준) 도미토리(4인실) 1인 3100엔, 2인실 1인 3700엔, 싱글룸(1인실) 4300엔, 다다미방(1~4명) 11,500엔
팁 전 객실 와이파이 가능 / 카드결제 불가능 / 타월, 칫솔은 별도 준비 / 드라이기, 샴푸, 바디클렌저 구비 / 자전거 렌트 500엔, 게스트하우스 내에서 교토시 버스 1일권 구매 가능
찾아가는 길 JR 교토 역에서 도보 15분 소요 / 가라스마고조烏丸五條 버스정류장에서 도보 3분 소요

여행을 하게 되면 새로운 여행자들과 소통하고 싶다는 꿈을 꾸게 된다. 그 꿈을 실현시켜 주는 교토의 대표적인 게스트하우스로서 '시간을 자유롭고 즐겁게 보내는 사람들'이라는 뜻을 지녔다. 교토 역과도 가까워서 여행하기도 편리하고, 2010년 10월에 오픈한 곳이라서 깔끔하다. 욕실이나 세면대를 공동으로 사용한다는 불편함이 있을 수도 있지만 함께 어울릴 수 있는 키친이 마련되어 있고, 컴퓨터도 마련되어 있어서 직접 정보를 찾는 것도 가능하다(한글 자판은 불가능). 지유진 게스트하우스 직원들이 너무 친절해서 교토 여행지를 추천받고 싶거나, 숨겨진 명소를 알고 싶을 때 많은 도움을 받을 수 있다. 비록 한국어는 불가능하지만 영어가 가능한 직원이 있다. 그리고 게스트하우스 내에 교토여행에 관련된 수많은 정보와 한국어로 된 가이드북도 마련되어 있다.

2. 퍼스트 캐빈 교토 가라스마
　First Cabin Kyoto-Karasuma

주소 京都府京都市下京区 仏光寺通烏丸東入上柳町331
전화번호 075-361-1113
홈페이지 first-cabin.jp
체크인/체크아웃 15:00 / 10:00
이용요금(1박 기준) 60,000원 정도

팁 전 객실 와이파이 가능 / 영어 가능
찾아가는 길 가라스마센 전철 타고 시조四条 역에서 하차한 후 5번 출구에서 도보 1분 소요 / 가라스마마츠바라烏丸松原 버스정류장에서 도보 7분 소요

숙박비가 유독 비싸기로 알려진 교토에서 저렴하게 묵을 수 있는 호텔이다. 호텔이라기보다는 게스트하우스 같은 곳으로 욕실과 화장실은 공동사용이지만 잠자는 곳만큼은 구분되어 있다.
나만의 공간을 구분지어 주는 문이 커튼으로 열고 닫을 수 있게 이뤄져 있어서 짐 정리를 하거나 기침 소리 하나에도 민감해지지만 2평 남짓한 작은 공간에 텔레비전, 침대, 타월, 칫솔들이 모두 마련되어 있다는 장점도 있다. 커튼이 문 역할을 하다 보니 다소 위험하게 느껴지지만 남자들이 묵는 곳과 여자들이 묵는 곳이 층별로 나뉘어져 있고 문을 열고 닫을 때 카드키를 이용하기 때문에 위험하지 않다.

3. 알몬트 호텔 교토
アルモントホテル京都

주소 京都府京都市南区東九条西岩本町26-1
전화번호 075-681-2301
홈페이지 www.almont.jp
체크인/체크아웃 14:00 / 11:00
팁 전 객실 와이파이 가능 / 조식(1층) 06:30~10:00 / 대욕장(2층) 16:00~02:00, 06:00~10:00
찾아가는 길 JR 교토 역 8조 동쪽 출구八条東口(하치조 히가시구치)에서 도보 5분 소요

2012년 12월에 새로 생긴 호텔로 깔끔하다. 시대가 바뀌었다고 해도 일본에서는 와이파이가 로비에서만 가능한 곳들이 꽤 많은데, 알몬트 교토 호텔은 전 객실에서 와이파이가 가능하고, 교토 역과도 가까워서 이동하기에 굉장히 편리한 장점을 갖고 있다. 친절한 서비스와 편안한 잠자리는 물론이고, 욕실뿐만 아니라 별도로 대욕장이 마련되어 있는 것도 특징적이다.

4. 하나야시키 우키후네엔
花やしき浮き舟園

주소 京都府宇治市宇治塔川20
전화번호 0774-21-2126
홈페이지 www.ukifune-en.co.jp
체크인/체크아웃 16:00 / 10:00
팁 와이파이 가능(로비만) / 조식(1층) 07:00~09:00 / 대욕탕(여자 2층, 남자 1층) 16:30~21:30, 07:00~08:00
찾아가는 길 우지宇治 역에서 도보 10분 소요 / 보도인에서 도보 5분 소요

녹차 맛이 일품이라고 알려진 우지에서 편안하게 하룻밤을 묵을 수 있는 료칸(일본식 여관)이다. 료칸이라 하면 왠지 온천이 있고 다다미방이 있는 곳이라 생각되는데, 하나야시키 우키후네엔은 별도로 온천이 있지는 않다. 하지만 뜨끈한 물이 흐르는 대욕장이 있고, 창밖으로는 시원스레 우지 강의 물줄기가 흘러내려서 한 폭의 수묵화를 보는 듯하다.
하나야시키 우키후네엔으로 들어서면 무거운 짐을 방까지 옮겨주는 친절한 서비스에 반하게 된다. 우리나라의 온돌방과는 사뭇 다른 일본 특유의 다다미방으로 이뤄져 있는 것이 특징이며, 우렁이 각시가 몰래 와서 깔아 놓은 건지 이부자리가 곱게 자리하고 있기도 하다.
침대의 매트릭스만큼 두툼한 이불들이 잠자리까지 아늑하게 해 주고, 따스한 차 한잔과 우지 강의 물줄기 소리가 자장가가 되어 주니, 교토만의 색다름을 느낄 수 있는 숙소이다.

5. 도센보 산장
童仙房山荘

주소 京都府相楽郡南山城村大字童仙房小字道宣40
전화번호 0743-93-0224
홈페이지 www.dosenbo.com

체크인/체크아웃 16:00 / 10:30
이용요금(1박 기준) 12,600엔(저녁, 아침 포함)
팁 와이파이 가능(현관에서만) / 목욕탕이 1개로 남녀가 시간을 정해 번갈아 가며 사용해야 함 / 산속 마을이라 편의점이 별도로 없기 때문에 먹거리는 미리 준비해서 방문해야 함 / 블루베리 체험 가능(7월 하순~10월 하순) 500엔~1200엔
찾아가는 길 JR 간사이혼센 오오가와라大河原 역에서 하차한 후 차로 15분 소요(픽업 가능)

체크인/체크아웃 오후 4시 / 오전10시
이용요금(1박 기준) 11,550엔~
찾아가는 길 교토 역에서 JR특급 탑승 후 아마노하시다테로 이동해서 이네 방면 버스 타고 후나야노사토 코엔마에舟屋の里公園前에서 하차(교토 역에서 아마노하시다테까지 특급열차로 2시간 소요되고 아마노하시다테 역에서 요사소까지 1시간 정도 소요)

교토 도심 속에서 벗어나 산속 깊은 곳으로 꼬불꼬불 들어서면 작은 산골마을이 나오는데, 그 조용한 마을에서 운영하는 민박집이다. 산장 안으로 들어서면 모두가 모여서 도란도란 이야기를 나눌 수 있는 공간이 있는데. 시골집에서나 맛보던 계절에 맞는 주전부리와 차를 내어주는 서비스가 정겹기만 하다.
5개의 객실은 모두 다다미방이고, 욕실은 1개라 남자와 여자가 시간을 맞춰 번갈아 가며 사용해야 한다는 단점이 있지만, 뭐니뭐니해도 도센보 산장의 매력은 음식이 아닐까 싶다. 여름에는 새콤하고 달달한 블루베리를 직접 수확하며 맛볼 수 있고, 도센보 산장만의 별미인 꿩 요리와 멧돼지 요리를 맛볼 수 있다. 조금만 요리를 잘못하면 비린 맛이 강하게 풍기는 재료들인데, 한국식 입맛에 잘 맞는 국물의 담백함에 반하면 도센보 산장을 절대 잊을 수 없을 터.
친절한 아주머니와 아들이 함께 살아가는 곳으로 호텔이나 식당에서 맛볼 수 없는 평범한 가정집에서 먹을 법한 아침 식사를 즐길 수 있다는 것도 도센보 산장만의 특별함이다.

6. 워터 프런트 인 요사소
  WATER FRONT INN 与謝荘
주소 京都府与謝郡伊根町平田507
전화번호 0772-32-0278
홈페이지 ine-kankou.jp/kankou/stay/000101.php

교토 북부 지역에 있는 이네에 자리하고 있는 료칸으로서 이네만의 독특한 가옥인 '후나야' 스타일로 이뤄진 이색적인 숙소이다. 후나야는 바다를 끼고 있는 이네만의 독특한 가옥으로서 지하 1층은 배가 들어올 수 있게 바다와 연결되어 있고, 그 위로 바다에 떠 있듯이 1층 또는 2층으로 이뤄져 있는 가옥구조인데, 요사소는 후나야만의 독특한 구조를 살짝 개조하여 지하 1층인 배를 주차해 놓는 공간을 식사하는 공간으로 만들어 놓았다. 식사하는 공간에 커다란 창이 있어서 그곳에서 바라보는 후나야 마을만의 색다른 정취를 느끼며 즐길 수 있는 제법 로맨틱한 곳이다.
다소 작은 료칸으로 총 8개의 다다미방이 있는데, 화장실, 욕실, 세면대는 1층에 있으며 공동사용이고, 식사는 이네에서 직접 잡은 생선 요리로 마련된다. 단점

이라면 객실 안에서는 문을 잠글 수 있지만 외출할 때 밖에서 문을 잠글 수 없다는 점이다. 하지만 후나야만의 멋진 전망을 함께할 수 있어서 후나야 여행 시에 위치적으로 꽤 적합한 곳이다.

7. 리조피아 구미하마
リゾーピア久美浜

주소 京都府京丹後市久美浜町湊宮1302-2
전화번호 0772-83-1380
홈페이지 reserve.resort.co.jp/hotels/smc/kumi
체크인/체크아웃 15:00 / 11:00
셔틀버스 운행 호텔 - 구미하마久美浜 역 - 도요오카 豊岡 역

- 체크인 할 때 : 도요오카 역 15:00 - 구미하마 역 15:25 - 호텔 도착 15:35 / 도요오카 역 17:00 - 호텔 도착 17:30 / 구미하마 역 17:50 - 호텔 도착 18:00
- 체크아웃 할 때 : 호텔 09:45 - 구미하마 역 09:55 - 도요오카 역 도착 10:20 / 호텔 10:45 - 구미하마 역 10:55 - 도요오카 역 도착 11:20

이용요금(1박 기준) 싱글 15000엔~, 트윈 27000엔~
찾아가는 길 오사카에서 JR코노토리 탑승 후 도요오카 역에서 하차 후
셔틀버스 이용(2시간 20분 정도 소요) / 도요오카 역에서 기타킨키탄고철도 아마노하시다테 방면 승차 후 구미하마 역 하차

교토 북부 지역에서 효고 현과 경계를 이루는 부분에 자리하고 있는 호텔로, 아름다운 해안쪽에 자리하고 있는 곳이다. 대리석으로 심플하게 꾸며진 관내와 특유의 반원형 베란다가 있고, 독특하게 양실과 다다미방이 합쳐진 객실로 이뤄져 있어서, 침대 또는 다다미방에 이불을 깔고 잠을 잘 수 있다. 그 외에도 수영장, 대욕장, 게임센터, 테니스코트, 게이트볼 등이 마련되어 있어서 가족들과 함께 편안하고 즐겁게 즐길 수 있는 리조트이다. 바닷가와 함께 어우러져 있어서 신선한 생선요리를 즐길 수 있고, 낚시를 즐길 수도 있다.

8. 교토타워 호텔
京都タワ-ホテル

주소 京都府京都市下京区烏丸通七条下ル東塩小路町721-1
전화번호 075-361-3212
홈페이지 www.kyoto-tower.co.jp/tower_hotel
체크인/체크아웃 13:00 / 11:00
이용요금(1박 기준) 싱글 8000엔~, 트윈 19000엔~ (조식 별도)
찾아가는 길 JR 교토 역 가라스마 추오(중앙) 출구에서 도보 5분

여행 일본어

교토역 중앙출구 정면에 마주하고 있는 교토타워와 같은 건물 내에 있는 호텔로, 대부분의 교토 관광지를 순환하는 버스의 출발점이 되는 지점과 가까워서 여행할 때의 이동거리를 단축시켜 주는 최고의 조건을 갖춘 호텔이다. 현대적이면서도 깔끔한 객실로 창밖으로는 교토 역의 모습이 눈앞으로 펼쳐지며, 숙박객들에게는 교토타워 입장권을 제공하기도 한다.
횡단보도 하나만 건너면 교토 역이기 때문에 다른 지역으로 이동해야 할 때, 교토여행을 버스로 하고자 할 때 최적의 위치를 자랑하는 곳이다.

기본 인사말

아침인사
오하요- 고자이마스 おはようございます。

점심인사
곤니찌와 こんにちは。

저녁인사
곰방와 こんばんは。

헤어질 때
사요나라 さようなら。

감사합니다.
아리가또- 고자이마스 ありがとうございます。

실례합니다.
시쯔레이시마스, 스미마셍 失礼します。すみません。

죄송합니다.
고멘나사이 ごめんなさい。

괜찮습니다.
다이조부데스 大丈夫です。

처음뵙겠습니다.
하지메마시떼 はじめまして。

부탁합니다.
오네가이시마스 お願いします。

저는 한국에서 왔습니다.
와따시와 캉꼬꾸까라 키마시따 私は韓国から来ました。

잘 먹겠습니다.
이따다끼마스 いただきます。

잘 먹었습니다.
고찌소-사마데시따 ごちそうさまでした。

어디입니까?
도꼬데스까 どこですか。

얼마입니까?
이꾸라데스까 いくらですか。

무엇입니까?
　난데스까 何ですか。
네.
　하이 はい。
아니오.
　이이에 いいえ。
주세요.
　구다사이 ください。
일본어를 할 줄 모릅니다.
　니혼고가 데끼마셍 日本語ができません。
알려주세요.
　오시에떼 구다사이 教えてください。
보여주세요.
　미세떼 구다사이 見せてください。
써주세요.
　카이떼 구다사이 書いてください。
이것은 어떻게 읽습니까?
　고레와 도-요미마스까 これはどう読みますか。

숫자
1 이찌 いち
2 니 に
3 상 さん
4 시, 욘 し, よん
5 고 ご
6 로꾸 ろく
7 시찌, 나나 しち, なな
8 하찌 はち
9 큐-, 쿠 きゅう, く
10 쥬 じゅう
100 햐꾸 ひゃく
1000 센 せん
10000 만 まん

외워 두면 좋을 단어들
왼쪽 히다리 左
오른쪽 미기 右
역 에끼 駅
표 킵뿌 きっぷ
버스 바스 バス
급행 큐-코우 急行
쾌속 카이소쿠 快速
특급 톡큐우 特急
보통 후쯔- 普通
지하철 치카테츠 地下鉄
출발 슙빠쯔 出発
도착 토-챠쿠 到着
동쪽 히가시 東
서쪽 니시 西
남쪽 미나미 南
북쪽 기타 北
요금 료-킹 料金
공항 쿠-코- 空港
여권 파스포-토 パスポート
여행 료코- 旅行
지도 치즈 地図
화장실 토이레 トイレ

여행할 때 필요한 일본어 회화
| 교통편 이용할 때 |
가까운 지하철역은 어디입니까?
　치카이 치카테츠노에끼와 도꼬데스까
　近い地下鉄の駅はどこですか。
이 버스는 어디 행입니까?
　고노 바스와 도꼬마데 이끼마스까
　このバスはどこまで行きますか。

어디에서 갈아탑니까?
　도꼬데 노리까에마스까　どこで乗り換えますか。

~까지 가 주세요.
　마데 잇떼 구다사이　~まで行ってください。

여기서 세워 주세요.
　고꼬데 도메떼 구다사이　ここで止めてください。

여기서 가깝습니까?
　고꼬까라 치카이데스까　ここから近いですか。

어느 정도 걸립니까?
　도레쿠라이 가까리마스까
　どれくらいかかりますか。

걸어갈 수 있는 거리입니까?
　아루이떼 이케루 쿄리데스까
　歩いて行ける距離ですか。

길을 잃어버렸습니다.
　미찌니 마요이마시따　道に迷いました。

어디서 자전거를 빌릴 수 있습니까?
　도꼬데 지뗀샤오 카리라레마스까
　どこで自転車を借りられますか。

| 관광할 때 |

사진을 찍어 주시겠습니까?
　샤싱오 톳떼 이따다께마스까
　写真を撮っていただけますか。

사진을 찍어도 됩니까?
　샤싱오 톳떼모 이이데스까
　写真を撮ってもいいですか。

저랑 함께 사진 찍으실래요?
　와따시또 잇쇼니 샤싱오 도리마셍까
　私と一緒に写真を撮りませんか。

관광안내소는 어디에 있습니까?
　캉꼬- 안나이쇼와 도꼬니 아리마스까
　観光案内所はどこにありますか。

한국어 팜플렛이 있습니까?
　캉꼬꾸고노 팜후렛또가 아리마스까
　韓国語のパンフレットがありますか。

시내 지도가 있습니까?
　시나이노 치즈가 아리마스까
　市内の地図がありますか。

출구는 어디입니까?
　데구찌와 도꼬데스까　出口はどこですか。

| 쇼핑할 때 |

한번 입어봐도 될까요?
　이찌도 키떼미떼모 이이데스까
　一度着てみてもいいですか。

다른 색깔이 있습니까?
　호까노 이로가 아리마스까　他の色がありますか。

쌉니다.
　야스이데스　安いです。

비쌉니다.
　다까이데스　高いです。

선물용입니다.
　프레젠또요-데스　プレゼント用です。

영수증 주세요.
　료-슈-쇼 구다사이　領収書ください。

계산해주세요.
　오카이케이 오네가이시마스
　お会計お願いします。

카드로 지불해도 됩니까?
　카-도데 시하랏떼모 이-데스까
　カードで支払ってもいいですか。

환불해주세요.
　하라이 모도시떼 구다사이　払い戻してください。

다른 것으로 교환 가능합니까?
　호카노 모노니 코-깐 데키마스까
　他のものに交換できますか。

About Kyoto

이것들을 따로따로 싸 주세요.
고레라오 베쯔베쯔니 츠츤데구다사이
これらを別々に包んでください。

| 음식점에서 |

이 집은 어떻게 찾아가면 되나요?
고노 미세와 도-얏떼 이케바 이이데스까
この店はどうやって行けばいいですか。

이 근처에 싸고 맛있는 집이 있나요?
고노 치카쿠니 야스꾸떼 오이시이 미세가 아리마스까
この近くに安くておいしい店がありますか。

어느 정도 기다려야 합니까?
도레쿠라이 마찌마스까 どれくらい待ちますか。

조금 이따가 주문하겠습니다.
스꼬시 아또데 추몬시마스
少しあとで注文します。

추천요리는 무엇입니까?
오스스메와 난데스까 おすすめは何ですか。

| 호텔에서 |

짐을 맡길 수 있습니까?
니모쯔오 아즈갓떼 모라에마스까
荷物を預かってもらえますか。

체크인 부탁합니다.
체크인 오네가이시마스
チェックインお願いします。

0시에 모닝콜을 부탁합니다.
0지니 모-닝구 코-루오 오네가이시마스
0時にモーニングコールをお願いします。

인터넷 사용 가능합니까?
인타-넷또와 카노-데스까
インターネットは可能ですか。

무료입니까?
무료-데스까 無料ですか。

체크아웃은 몇 시까지입니까?
체쿠아우토와 난지마데데스까
チェックアウトは何時までですか。

| 긴급상황 |

도와주세요.
다스케떼 구다사이 助けてください。

여권을 잃어버렸습니다.
파스포-또오 나쿠시마시따
パスポートを失くしました。

여기가 아픕니다.
고꼬가 이따이데스 ここが痛いです。

병원에 데려다 주세요.
뵤-잉니 쯔레떼 잇떼 구다사이
病院に連れて行ってください。

한국어를 할 수 있는 사람을 불러주세요.
캉꼬꾸고가 데끼루 히또오 욘데 구다사이
韓国語ができる人を呼んでください。

어떻게 하면 됩니까?
도-스레바 이이데스까 どうすればいいですか。

INDEX

ㄱ
간센지 415
겐닌지 128
겟케이칸오쿠라기념관 244
고다이지 94
고쇼지 384
고토바노하오토 72
곤푸쿠지 59
교토고쇼 160
교토교엔 160
교토국립박물관 206
교토국제만화박물관 182
교토부립 도판 명화의 정원 186
교토부립식물원 186
교토수족관 215
교토 역 202
교토타워 202
구라마 386
기부네진자 386
기오지 352
기온 탄토 142
기요미즈데라 78
기타노텐만구 291
긴카쿠지 20

ㄴ
나가오카쿄 406
나다이 돈카츠 카츠쿠라 산조본점 143
나카무라토키치 본점 379
난젠지 32
난젠지 준세이 본점 37
네네노미치 84
네자메야 241
노노미야진자 314
니넨자카 84
니손인 341
니시진오리 회관 177

니시키 시장 146
니시키텐만구 151
니조조 169
닌나지 279

ㄷ
다이고지 250
다이카쿠지 347
다이호안 380
데츠가쿠노미치 26
도게츠쿄 320
도미에이도 249
도에이우즈마사 영화마을 303
도지 210
도후쿠지 228

ㄹ
라바추르 52
런던북스 333
로잔지 168
료마도오리 246
료안지 273
료키덴 68

ㅁ
마루야마 공원 106
만푸쿠지 385
모미 카페 353
묘신지 285
무린안 43
미미코우 99
미야가와초 132
미야마초 가야부키노사토 411

ㅂ
본토초 137
뵤도인 374

ㅅ
사가노 도롯코 326
사가노유 332

사가도리이모토마치 341
산넨자카 84
산젠인 358
산토리 교토 맥주공장 410
세료 362
세이료지 343
세이메이진자 181
센뉴지 231
소우겐 카페 67
쇼렌인 90
스마트 커피 167
시라카와 144
시센도 53
시조가라와마치 137
신센엔 174

ㅇ
아다시노넨부츠지 341
아라시야마 몽키파크 334
아라시야마 오르골 박물관 318
아마노하시다테 398
아시유 카페 373
아카만마 319
알파벳 193
야사카진자 100
야스이콘피라구 131
에이칸도 38
엔랴쿠지 419
엔랴쿠지 회관 423
엔코지 60
오타기넨부츠지 342
요지야 카페 긴카쿠지점 31
요지야 카페 사가노아라시야마점 324
우지가미진자 381
우지진자 381
이네 325
이네 후나야노사토 405
이노다 커피 본점 166

이시베코지 84
이와시미즈하치만구 255
이즈주 105
이치조지 나카타니 69
잇센요쇼쿠 127
잇포도차호 71

ㅈ
잣코인 369
조루리지 415
조잣코지 338
주반셀 기온점 89
지온인 100
짓코쿠부네 243

ㅊ
치쿠린 314

ㅋ
카가리 킷사 284
카페 두팡 404
카페 라인벡 173
카페 마블 70
케이분샤 이치조지점 65
코류지 300
쿄 키나나 70
키사라도 66
킨카쿠지 268

ㅌ
테라다야 246
텐류지 320
토요우테이 192

ㅎ
하나미코지 122
헤이안진구 47
호센인 363
호즈가와쿠다리 331
후시미 242
후시미이나리타이샤 235
히라노진자 296